AF550503

Yoram Hazony

NATIONALISMUS ALS TUGEND

Ich widme dieses Buch mit Liebe
den Angehörigen meines Stammes:

AVITAL
TEKHELET
EPHRAIM
JARDENA
HADAR AHIAD
GAVRIEL
BENJAMIN ZE'EV NETZAH
JOSEF
ELIAHU

YORAM HAZONY

NATIONALISMUS ALS TUGEND

ARES VERLAG

Umschlaggestaltung: DSR – Digitalstudio Rypka/Monika Wittmann, Dobl
Umschlagabb. Vorder- und Rückseite: iStock / CarlosAndreSantos

Titel der englischen Originalausgabe: Yoram Hazony: The Virtue of Nationalism, Basic Books, New York 2018, ISBN 978-1-541645-37-0 | Copyright © 2018 by Yoram Hazony

Aus dem Amerikanischen ins Deutsche übertragen von Nils Wegner

Bibliografische Information der Deutschen Nationalbibliothek
Die Deutsche Nationalbibliothek verzeichnet diese Publikation in der Deutschen Nationalbibliografie; detaillierte bibliografische Daten sind im Internet unter https://www.dnb.de abrufbar.

Hinweis: Dieses Buch wurde auf chlorfrei gebleichtem Papier gedruckt. Die zum Schutz vor Verschmutzung verwendete Einschweißfolie ist aus Polyethylen chlor- und schwefelfrei hergestellt. Diese umweltfreundliche Folie verhält sich grundwasserneutral, ist voll recyclingfähig und verbrennt in Müllverbrennungsanlagen völlig ungiftig.

Auf Wunsch senden wir Ihnen gerne kostenlos unser Verlagsverzeichnis zu:
Ares Verlag GmbH
Hofgasse 5 / Postfach 438
A-8011 Graz
Tel.: +43 (0)316/82 16 36
Fax: +43 (0)316/83 56 12
E-Mail: ares-verlag@ares-verlag.com
www.ares-verlag.com

ISBN 978-3-99081-025-5

Layout: Ecotext-Verlag Mag. G. Schneeweiß-Arnoldstein, Wien I.
Druck: Finidr, s.r.o., Tschechische Republik

Inhalt

Vorbemerkung des Übersetzers

Diese Übersetzung basiert auf der englischsprachigen Erstausgabe von „The Virtue of Nationalism“ (New York 2018). Der Text enthält umfangreiche Wiedergaben sowohl originär englischsprachiger als auch aus anderen Sprachen ins Englische übersetzter Quellen. Wo verfügbar, wurden für die deutschsprachige Ausgabe anerkannte bestehende Übersetzungen englisch- und anderssprachiger Werke herangezogen; wo solche nicht vorlagen, wurde nach bestem Wissen und Gewissen anhand der Zitate in der Erstausgabe bzw. anhand der englischsprachigen Originalquellen übersetzt (vgl. die jeweiligen Anmerkungen).

Sämtliche wiedergegebenen Bibelstellen folgen der Einheitsübersetzung 2016.

Einleitung: Eine Rückkehr zum Nationalismus

In Großbritannien und Amerika hat die Politik eine Wende hin zum Nationalismus vollzogen. Das ist für viele beunruhigend gewesen, besonders in gebildeten Kreisen, wo das globale Zusammenwachsen seit langer Zeit als Voraussetzung vernünftiger politischer Entscheidungen und moralischen Anstands gilt. Aus diesem Blickwinkel scheinen die britische Volksbefragung über den Austritt aus der Europäischen Union und die „America-first"-Rhetorik aus Washington einen Rückfall auf eine primitivere geschichtliche Stufe einzuläuten, wo Kriegshetze und Rassismus offen geäußert wurden und die politische Agenda ganzer Nationen bestimmen konnten. Personen des öffentlichen Lebens, Journalisten und Gelehrte rechnen mit dem Schlimmsten und haben deshalb die Rückkehr des Nationalismus in die amerikanische und britische Gesellschaft auf das Schärfste verurteilt.

Doch der Nationalismus galt nicht immer als das Böse, als das ihn der derzeitige öffentliche Diskurs hinstellt. Noch bis vor ein paar Jahrzehnten war eine nationalistische Politik in der Regel mit Toleranz und einem großzügigen Denken verbunden. Progressive Denker betrachteten das 14-Punkte-Programm Woodrow Wilsons und die Atlantik-Charta von Franklin Roosevelt und Winston Churchill als Zeichen der Hoffnung für die Menschheit – und zwar gerade weil sie als Ausdrucksformen des Nationalismus angesehen wurde, die den unterjochten Völkern auf der ganzen Welt nationale Unabhängigkeit und Selbstbestimmung versprachen. Konservative von Teddy Roosevelt bis Dwight Eisenhower haben ebenfalls vom Nationalismus als einer positiven Eigenschaft gesprochen, und sowohl Ronald Reagan als auch Margaret Thatcher wurden zu ihrer Zeit von Konservativen sehr positiv bewertet für den „Neuen Nationalismus", den sie in das politische Leben einbrachten. In anderen Ländern führten Staatsmänner von Mahatma Gandhi bis David Ben-Gurion nationalistische politische Bewegungen an, die ihre Völker in die Freiheit führten und sich damit überall Bewunderung und Wertschätzung erwarben.[1]

Sicher, die vielen Staatsmänner und Intellektuellen, die sich vor ein paar Generationen den Nationalismus zu eigen machten, wussten etwas über dieses Thema und versuchten nicht einfach nur, uns in ein primitiveres Stadium unserer Geschichte zurückzuzerren, zurück zu Kriegshetze und Rassismus. Was also sahen sie im Nationalismus? Ob nun in der öffentlichen Diskussion oder im akademischen Betrieb: Es hat nur überraschend wenige Versuche gegeben, diese Frage zu beantworten.

Durch meinen eigenen Hintergrund ist mir ein gewisser Einblick in die Materie vergönnt. Ich bin mein ganzes Leben lang ein jüdischer Nationalist gewesen, ein Zionist.[2] Wie die meisten Israelis habe auch ich diese politische Anschauung von meinen Eltern und Großeltern geerbt. Meine Familie kam in den 1920er- und frühen 1930er-Jahren ins jüdische Palästina mit dem Ziel, dort einen unabhängigen jüdischen Staat zu errichten. Sie hatten Erfolg, und ich habe den Großteil meines Lebens in einem Land verbracht, das von Nationalisten geschaffen wurde und bis zum heutigen Tage weitgehend von Nationalisten regiert wird. Über die Jahre hinweg habe ich unzählige Nationalisten kennengelernt, einschließlich Personen des öffentlichen Lebens und Intellektuelle sowohl aus Israel als auch aus anderen Ländern. Und auch wenn sie nicht alle nach meinem Geschmack waren, so hege ich doch insgesamt eine tiefe Bewunderung für diese Menschen – für ihre Treue und ihren Mut, ihre praktische Vernunft und ihre moralische Anständigkeit. Für sie ist der Nationalismus keine unergründliche politische Krankheit, die in regelmäßigen Abständen ohne erkennbaren Grund und mit bösen Auswirkungen Länder ergreift, so wie ihn in Amerika und Großbritannien heute viele zu sehen scheinen. Der Nationalismus ist stattdessen eine vertraute politische Theorie, mit der sie aufgewachsen sind, eine Theorie darüber, wie die politische Welt geordnet werden sollte.

Worum geht es in dieser nationalistischen politischen Theorie? Der *Nationalismus*, mit dem ich aufgewachsen bin, ist die prinzipielle Ansicht, wonach die Welt am besten geregelt ist, wenn Nationen ohne fremde Einmischung ihren eigenen unabhängigen Kurs fahren, ihre eigenen Traditionen pflegen und ihre eigenen Interessen verfolgen können. Dies steht im Gegensatz zum *Imperialismus*, der der ganzen Welt Frieden und Wohlstand bringen will, indem er die Menschheit

– so weit wie möglich – unter einem einzigen politischen System vereint. Ich gehe nicht davon aus, dass die Argumente eindeutig zugunsten des Nationalismus ausfallen. Es lassen sich für jede dieser Theorien Erwägungen anstellen. Was man aber nicht ohne Verdunkelung kann, ist sich darum zu drücken, sich für eine der beiden Positionen zu entscheiden: Entweder unterstützt man grundsätzlich das Ideal einer internationalen Regierung oder eines internationalen Systems, das den ihm unterworfenen Nationen seinen Willen aufzwingt, wenn es das für nötig hält – oder man glaubt daran, dass Nationen die Freiheit haben sollten, ohne eine solche internationale Regierung oder ein internationales System ihren eigenen Weg zu bestimmen.[3]

Mit dem Fall der Berliner Mauer 1989 wurde dieser Widerstreit zwischen Nationalismus und Imperialismus wieder äußerst bedeutungsvoll. Zu jener Zeit endete der Kampf gegen den Kommunismus, und das Denken der westlichen Führer vertiefte sich in zwei große imperialistische Projekte: die Europäische Union, die ihre Mitgliedstaaten schrittweise um viele der Kompetenzen erleichtert hat, die man für gewöhnlich mit politischer Unabhängigkeit verbindet, sowie das Vorhaben der Errichtung einer amerikanischen „Weltordnung", in welcher Nationen, die das Völkerrecht nicht einhalten, dazu gezwungen werden sollen, vor allem mithilfe der amerikanischen Militärmacht. Dies sind imperialistische Projekte, auch wenn ihre Verfechter sie nicht gerne so nennen, und zwar aus zwei Gründen: Erstens dienen sie dem Zweck, unabhängigen nationalen Regierungen die Entscheidungsfindung zu entwinden und sie internationalen Regierungen oder Behörden zu überantworten. Und zweitens – wie man an ihren Veröffentlichungen sehr leicht ablesen kann – sind die Individuen und Institutionen, die diese Bestrebungen unterstützen, ganz bewusst Teil einer imperialistischen politischen Tradition, die ihre geschichtliche Inspiration vom Römischen Reich, der Österreichisch-Ungarischen Monarchie und dem Britischen Empire bezieht. Charles Krauthammers Plädoyer für eine amerikanische „Weltherrschaft" beispielsweise, das zum Anbruch der Ära nach dem Kalten Krieg geschrieben wurde, ruft Amerika dazu auf, einen „Super-Souverän" zu schaffen, der über die endgültige „Abschreibung [...] des Begriffs der Souveränität" für alle Nationen der Erde wachen soll. Krauthammer bedient sich der lateinischen Phrase *pax Americana*, um diese Vision zu beschreiben, und beschwört so das Bild der Vereinigten Staaten als neuem Rom herauf: So wie das Römische Reich angeblich eine *pax Romana* (einen „römischen Frieden“) errichtet habe, der Sicherheit und Ruhe für ganz Europa bewirkte, so würde nun Amerika der gesamten Welt Sicherheit und Frieden bringen.[4]

Diese Blütezeit imperialistischer politischer Ideen und Vorhaben in der vergangenen Generation hätte eine lebhafte Debatte zwischen Nationalisten und Imperialisten entzünden sollen, darüber, wie die politische Welt organisiert werden sollte. Doch bis vor sehr kurzer Zeit wurde eine Diskussion dieser Art weitgehend vermieden. Seit 1990, als Margaret Thatcher von ihrer eigenen Partei gestürzt wurde, nachdem sie Zweifel an der Europäischen Union geäußert hatte, hat so gut wie niemand in einer einflussreichen Position in Amerika oder Europa Interesse daran gezeigt, sich mit der großen Vision im Zentrum dieser beiden Pläne zum Aufbau von Imperien anzulegen.[5] Diese unheimliche Einmütigkeit hat es der Europäischen Union ebenso wie der amerikanischen „Weltordnung“ gestattet, weiter fortzuschreiten, ohne eine brisante öffentliche Debatte anzustoßen.

Gleichzeitig waren sich die politischen und intellektuellen Fürsprecher dieser Projekte deutlich bewusst, dass die Europäer möglicherweise keinen großen Gefallen an der Aussicht auf ein erneuertes „Deutsches Reich“ finden würden, selbst wenn dieses dem Namen nach von Brüssel aus regiert würde. Auch hatten sie zu berücksichtigen, dass die Amerikaner schon oft vor der Idee eines „Amerikanischen Empire“ zurückgescheut sind. Aus diesen Gründen wurden so gut wie alle öffentlichen Diskussionen über diese Bestrebungen in einem undurchsichtigen Neusprech geführt, voller Euphemismen wie „Neue Weltordnung“, „immer engerer Zusammenschluss“, „Offenheit“, „Globalisierung“, „Global Governance“, „gemeinsame Souveränität“, „regelkonforme Ordnung“, „Weltrechtsprinzip“, „internationale Gemeinschaft“, „liberaler Internationalismus“, „Transnationalismus“, „amerikanische Führungsrolle“, „amerikanisches Jahrhundert“, „unipolare Welt“, „unverzichtbare Nation“, „Hegemon“, „Subsidiarität“, „nach den Regeln spielen“, „auf der richtigen Seite der Geschichte“, „Ende der Geschichte“ und so weiter.[6] Das alles ging eine Generation lang gut – bis die Bedeutung dieser Phrasen endlich einer breiten Öffentlichkeit klar zu werden begann. Die Folgen sehen wir heute vor uns.

Ob der Ausbruch nationalistischer Gefühle in Großbritannien und Amerika nun letztendlich das Beste für diese Länder sein wird, muss sich zeigen. Aber vielleicht können wir uns alle auf eines einigen:

Die Zeit des leeren Geschwafels ist vorbei. Wir stehen mitten in der Debatte zwischen Nationalismus und Imperialismus. Imperialismus und Nationalismus sind eindrucksvolle und entgegengesetzte Ideen, die schon früher gegeneinander angetreten sind und ihre alte Auseinandersetzung in unseren Tagen wieder aufgenommen haben. Jeder dieser Standpunkte verdient es, dass man ihn sorgfältig durchdenkt und mit dem gebotenen Respekt erörtert, und dazu gehört eine geradlinige und unzweideutige Sprache, damit wir alle verstehen, worum es geht. Wir wollen hoffen, dass diese so lange überfällige Debatte in einer Weise geführt wird, die gleichermaßen offen, vernünftig und klar ist.

Ich habe dieses Buch geschrieben als Feststellung der Gründe dafür, ein Nationalist zu sein.[7] Um zu einer Diskussion beizutragen, die so klar und verständlich wie möglich sein soll, werde ich den „Globalismus" als das auffassen, was er offensichtlich ist – ein Abklatsch des alten Imperialismus. Und ebenso werde ich keine Zeit damit verschwenden, den Nationalismus aufzuhübschen, indem ich ihn „Patriotismus" nenne, wie es heute viele in Kreisen tun, in denen Nationalismus als etwas Ungehöriges gesehen wird.[8] Normalerweise bezieht sich *Patriotismus* auf die Liebe oder Loyalität eines Individuums zu seiner oder ihrer eigenen unabhängigen Nation. Der Begriff *Nationalismus* lässt sich ganz ähnlich gebrauchen, wenn wir etwa von Mazzini als einem italienischen Nationalisten oder von Gandhi als einem indischen Nationalisten sprechen. Nationalismus kann aber auch mehr als das sein. Es gibt, wie ich bereits anmerkte, eine lange Tradition des Gebrauchs dieses Worts für eine Theorie der besten politischen Ordnung – nämlich einer antiimperialistischen Theorie, die eine Welt der freien und unabhängigen Nationen schaffen möchte. In diesem Sinne werde ich den Begriff in diesem Buch verwenden.

Wenn die Dinge erst einmal im Lichte dieser seit Langem bestehenden Konfrontation zwischen zwei einander unversöhnlich gegenüberstehenden Wegen des Denkens über politische Ordnung gesehen werden, dann lässt sich das gesamte Thema viel leichter verstehen, und der Weg ist frei für eine intelligentere Konversation.

Meine Erörterung wird folgendermaßen aussehen:

Im ersten Teil des Buches, „Nationalismus und westliche Freiheit", biete ich einen einfachen historischen Rahmen für das Verständnis der Konfrontation zwischen dem Imperialismus und dem Nationalismus, wie sie sich in den westlichen Nationen entwickelt hat. Ich eröffne die Unterscheidung zwischen einer politischen Ordnung, die auf dem *nationalen Staat* beruht, welcher über eine einzige Nation zu herrschen bestrebt ist, und einer solchen, die zum Ziel hat, Frieden und Wohlstand zu bringen, indem die Menschheit unter einem einzigen politischen System vereint wird – einem *imperialen Staat*.[9] Diese Unterscheidung ist von zentraler Bedeutung für die politische Lehre der hebräischen Bibel (des „Alten Testaments"), und im Nachgang der Reformation inspirierte sie in Nationalstaaten wie England, den Niederlanden und Frankreich den Abfall von der Autorität des Heiligen Römischen Reiches. Damit begann eine Ära von vier Jahrhunderten, in denen die Völker Westeuropas und Amerikas unter einem neuen protestantischen Entwurf der politischen Welt lebten, in welchem die nationale Unabhängigkeit und Selbstbestimmung als grundlegende Prinzipien anerkannt wurden. Tatsächlich sollten sie schließlich als einige der wertvollsten menschlichen Güter und Ursprung all unserer Freiheiten gelten. Eine Weltordnung der unabhängigen Nationen würde diverse Formen der Selbstverwaltung, des religiösen Bekenntnisses und der Kultur zulassen, eine „Welt der Experimente", die der gesamten Menschheit zugutekäme.

Noch bis zum Zweiten Weltkrieg glaubten viele, dass der Grundsatz der nationalen Freiheit der Schlüssel zu einer gerechten, vielfältigen und verhältnismäßig friedlichen Welt sei. Doch Hitler hat all das verändert, und heute leben wir mit der Nachwirkung, dass eine unablässig wiederholte, holzschnittartige Erzählung behauptet, „Nationalismus" habe „zwei Weltkriege und den Holocaust verursacht". Und wer würde schon ein Nationalist sein wollen, wenn Nationalismus bedeutete, Rassismus und Blutvergießen in einem unvorstellbaren Ausmaß zu unterstützen?

Da der Nationalismus dermaßen angeschwärzt wurde und die größten Übel unseres Zeitalters verursacht haben soll, überrascht es nicht, dass die alten Institutionen im Dienste der nationalen Unabhängigkeit allmählich geschwächt und schließlich sogar um ihr Ansehen gebracht worden sind. Heutzutage gilt vielen eine intensive persönliche Loyalität zum Nationalstaat und seiner Unabhängigkeit als nicht nur unnötig, sondern moralisch verdächtig. Diese Menschen betrachten nationale Loyalitäten und Traditionen nicht länger als vernünftige Grundlagen zur Bestimmung der Gesetze, die unser tägliches Leben bestimmen, oder um die Wirtschaft zu regulieren, Entscheidungen über Verteidigung und Sicherheit zu treffen, allgemeine Normen in Sachen Religion und Bildung festzusetzen – oder um darüber zu entscheiden, wer in welchem Teil der Welt leben darf. Die neue Welt, die ihnen vorschwebt, ist eine, in der liberale Theorien von Rechtsstaatlichkeit, von Marktwirtschaft und von Individualrechten – die sich allesamt im innerstaatlichen Kontext von Nationalstaaten wie Großbritannien, den Niederlanden und Amerika entwickelt haben – als allgemeingültige Wahrheiten betrachtet und für die angemessene Grundlage eines internationalen Systems gehalten werden, das die Unabhängigkeit der Nationalstaaten unnötig machen wird.[10] Was sie vorschlagen, ist also in anderen Worten ein neues „liberales Reich", das die alte protestantische Ordnung auf Basis der unabhängigen Nationalstaaten ersetzen soll. Das Imperium soll uns vor den Übeln des Nationalismus retten.

Doch haben die Unterstützer des neuen Imperialismus korrekt dargestellt, was Nationalismus ist und woher er kommt? Haben sie recht, wenn sie dem Nationalismus die größten Übel des letzten Jahrhunderts anhängen? Und ist ein erneuerter Imperialismus wirklich die Lösung?

Aus meiner Sicht ist all das äußerst zweifelhaft. Und im zweiten Teil, „Plädoyer für den nationalen Staat", trete ich dafür ein, dass eine Welt aus unabhängigen nationalen Staaten als die beste politische Ordnung anzusehen ist, und erläutere, warum wir den jetzt so beliebten Imperialismus ablehnen sollten. Dieser Teil des Buches bietet eine Philosophie der politischen Ordnung auf Grundlage eines Vergleichs zwischen den drei konkurrierenden Wegen einer Organisation der politischen Welt, die wir aus Erfahrung kennen: der Stammes- und Clanordnung, die sich in so gut wie allen vorstaatlichen Gesellschaften findet, einer internationalen Ordnung unter einem imperialen Staat und einer Ordnung unabhängiger nationaler Staaten.

Die meisten jüngeren Versuche, eine „globalistische" politische Ordnung mit einer Welt von nationalen Staaten zu vergleichen, haben sich auf die geplanten wirtschaftlichen und sicherheitspolitischen Vorteile einer einheitlichen Rechtsordnung für die ganze Welt beschränkt. Gemäß der Ansicht hingegen, die ich hier vertrete, sind Argumente auf der Grundlage von Wirtschaft und Sicherheit zu eng gefasst, um eine angemessene Antwort auf die Frage nach der besten politischen Ordnung zu geben. In der Wirklichkeit ist vieles von dem, was im politischen Leben stattfindet, von Bedenken getragen, die unserer Zugehörigkeit zu Kollektiven wie Familien, Stämmen und

Nationen entspringen. Menschen werden in solche Kollektive hineingeboren oder nehmen sie später im Leben an, und sie sind ihnen durch mächtige Bindungen der gegenseitigen Loyalität unter ihren Mitgliedern verbunden. Tatsächlich betrachten wir diese Kollektive als einen integralen Teil unserer selbst. Viele, wenn nicht die meisten politischen Ziele entwickeln sich aus gefühlten Verantwortlichkeiten oder Verpflichtungen, die wir nicht gegenüber uns selbst als Individuen haben, sondern gegenüber einem erweiterten „Selbst“, das unsere Familie, unseren Stamm oder unsere Nation einschließt. Dazu gehört die Sorge um das Leben und den Besitz anderer Mitglieder des Kollektivs, dem gegenüber wir loyal sind. Wir werden aber auch erheblich motiviert durch gemeinsame Anliegen, die nicht derart materiell sind: das Bedürfnis, den inneren Zusammenhalt der Familie, des Stammes oder der Nation zu bewahren, und das Bedürfnis, das einzigartige kulturelle Erbe des Kollektivs zu stärken und es an die nächste Generation weiterzugeben.

Wir können diese Dimensionen der politischen Motivation des Menschen nicht hinreichend beschreiben, wenn wir nur das Streben des Individuums in den Blick nehmen, sein Leben, seine persönliche Freiheit und sein Eigentum zu schützen. In Wahrheit will und braucht jeder von uns darüber hinaus noch etwas anderes, für das ich die Bezeichnung *kollektive Selbstbestimmtheit* vorschlage: die Freiheit der Familie, des Stammes oder der Nation. Diese Freiheit spüren wir, wenn das Kollektiv, dem gegenüber wir loyal sind, an Stärke gewinnt und jene speziellen Eigenschaften und Charakteristika entwickelt, die ihm in unseren Augen eine einzigartige Bedeutung verleihen.

In der liberalen politischen Tradition wird die Sehnsucht und das Bedürfnis nach solcher kollektiven Selbstbestimmtheit meist als primitiv und überflüssig angesehen. Es wird davon ausgegangen, dass mit der Heraufkunft der Moderne die Individuen sich von Motivationen dieser Art befreit hätten. Ich werde aber darlegen, dass nichts dergleichen wirklich passiert. Die britischen und amerikanischen Konzepte der individuellen Freiheit sind keine Universalien, die jedermann sofort verstehen und begehren könnte, auch wenn das oft behauptet wird. Sie sind selbst das kulturelle Erbe bestimmter Stämme und Nationen. Wenn Amerikaner oder Briten danach streben, diese Konzepte auf die ganze Welt auszudehnen, dann äußert sich darin der uralte Drang nach kollektiver Selbstbestimmtheit, der sie dazu bewegt, ihrem eigenen kulturellen Erbe zu Macht und Einfluss verhelfen zu wollen – selbst wenn das bedeutet, das Erbe anderer zu zerstören, die die Dinge möglicherweise anders sehen.

Mein Einwand verweist auf einige entscheidende Vorzüge einer Ordnung der politischen Welt um unabhängige nationale Staaten herum. Unter anderem behaupte ich, dass die Ordnung der nationalen Staaten die höchste Möglichkeit für kollektive Selbstbestimmtheit bietet, dass sie den Menschen eine Abneigung gegen die Eroberung fremder Nationen einprägt, dass sie der Toleranz vielfältiger Lebensentwürfe die Tür öffnet und dass sie zu einem Leben erstaunlich produktiven Wettbewerbs unter Nationen führt, weil jede von ihnen danach strebt, die weitestmögliche Entwicklung ihrer eigenen Fähigkeiten und der ihrer individuellen Angehörigen zu erreichen. Des Weiteren bin ich der Ansicht, dass die mächtigen gegenseitigen Loyalitäten, die den Kern des nationalen Staates bilden, uns die einzig bekannte Grundlage zur Schaffung freier Institutionen und individueller Freiheiten liefern.

Diese und andere Erwägungen legen nahe, dass eine Welt der unabhängigen nationalen Staaten die beste politische Ordnung ist, die wir anstreben können. Das bedeutet gleichwohl nicht, dass wir ein universales Recht auf Selbstbestimmung, wie es Woodrow Wilson vorschlug, unterstützen sollten. Nicht jedes der zigtausend staatenlosen Völker dieser Erde kann oder wird politische Unabhängigkeit erlangen; welchen Stellenwert sollte also das Prinzip der nationalen Unabhängigkeit im Verhältnis der Nationen zueinander einnehmen? Ich schließe den zweiten Teil mit Überlegungen darüber, wie relevant die Ordnung der nationalen Staaten auf einer realen internationalen Bühne sein kann, wo sich politische Unabhängigkeit nicht immer und überall herstellen lässt.

Das am häufigsten gegen nationalistische Politik in Stellung gebrachte Argument besagt, dass sie Hass und Intoleranz schüre. Und gewiss liegt darin ein Stück Wahrheit: In jeder nationalistischen Bewegung findet man Hassprediger und Intolerante. Aber welche Schlussfolgerung sollten wir daraus ziehen? Meiner Ansicht nach wird die Bedeutung dieser Tatsache durch die Erkenntnis abgeschwächt, dass universalistische politische Ideen – von der Sorte, die beispielsweise in der Europäischen Union sehr deutlich hervortreten – ausnahmslos mindestens genauso viel Hass und Intoleranz hervorzubringen scheinen wie nationalistische Bewegungen. Im dritten Teil, „Antinationalismus und Hass“, gehe ich diesem Phänomen nach und vergleiche den Hass zwischen konkurrierenden nationalen oder stammesbasierten Gruppen, die sich voneinander bedroht fühlen, mit dem Hass der Verfechter imperialistischer oder universalistischer Ideologien auf nationale oder stammesbasierte Gruppen, die sich weigern, ihre Behauptung zu akzeptieren, dass sie der Welt Erlösung und Frieden bringen würden. Das bekannteste Beispiel für den Hass, der aus imperialistischen oder universalistischen Ideologien entspringt, ist wohl der christliche Antisemitismus. Doch der Islam, der Marxismus und der Liberalismus haben ebenfalls ihre Fähigkeit unter Beweis gestellt, ähnlich barbarische Hassgefühle gegenüber Gruppen zu entfachen, die zum Widerstand gegen ihre universalen Lehren entschlossen sind. Tatsächlich behaupte ich, dass liberal-imperialistisches Gedankengut zu einem der mächtigsten Akteure geworden ist, die in der heutigen westlichen Welt zu Intoleranz und Hass aufhetzen. Das ist an sich noch keine Empfehlung für den Nationalismus. Aber es deutet darauf hin, dass Hass ein grundsätzlicher Bestandteil aller politischen Bewegungen sein könnte und die Auseinandersetzung zwischen Nationalismus und Imperialismus auf einer anderen Ebene ausgetragen werden sollte.

Im Fazit, „Nationalismus als Tugend“, liefere ich einige knappe Bemerkungen zum Verhältnis zwischen Nationalismus und persönlichem Charakter. Mein ganzes Leben lang habe ich gehört, dass Nationalismus die menschliche Persönlichkeit verderbe. Ich habe diese Ansicht von Christen und Muslimen, von Liberalen und Marxisten gehört, die alle miteinander den Nationalismus für eine Sünde halten, weil er Grenzen zwischen den Menschen hochziehen wolle, wo wir sie doch stattdessen niederreißen sollten. Meine eigene Auffassung ist eine andere. Im Haus meines Vaters wurde ich gelehrt, dass es eine Tugend ist, Nationalist zu sein. Ich werde erklären, wie das wahr sein kann, und zeigen, dass eine Ausrichtung hin auf eine Ordnung der unabhängigen Nationen den Weg ebnen kann für gewisse positive Charakterzüge, die schwieriger – wenn nicht gar unmöglich – zu erwerben sind, solange man weiterhin dem Traum vom Imperium anhängt.

* * * * *

Vieles bleibt unklar über den genauen Kurs, den der wiederbelebte Nationalismus in Großbritannien, Amerika und anderen Nationen einschlagen wird. Doch in welche Richtung sich der politische Wind auch noch drehen mag, sicher ist, dass die im Zentrum der westlichen Öffentlichkeit freigelegte Spannungslinie nicht einfach verschwinden wird. Die Politik der Nationen richtet sich entlang dieser Linie neu aus und trennt alle, die die alten nationalistischen Grundlagen unserer politischen Welt beibehalten möchten, von Bildungseliten, die sich in unterschiedlichem Ausmaß einer Zukunft unter imperialer Herrschaft verschrieben haben. Von daher kann es zum jetzigen Zeitpunkt kaum ein Thema geben, das eine sorgfältige Behandlung mehr verdient hätte als jenes von Nationalismus und Imperialismus.

Indem ich dieses Thema angehe, werde ich verschiedene politische Begriffe verwenden und entwickeln, etwa *Nation*, *Reich*, *Unabhängigkeit*, *nationale Freiheit*, *Selbstbestimmung*, *Loyalität*, *Stamm*, *Tradition* und *Duldung*. Viele dieser Begriffe machen einen etwas antiquierten Eindruck, doch ich bitte den Leser diesbezüglich um Geduld. Es stimmt, dass diese und anverwandte Begriffe in den letzten Jahren weitgehend beiseitegeschoben worden sind, zugunsten eines Diskurses, der politische Probleme beinahe ausschließlich in Zusammenhängen von *Staat*, *Gleichheit*, *persönlicher Freiheit*, *Rechten*, *Einverständnis* und *Rasse* verstehen will. Doch diese Verengung unserer politischen Perspektive ist selbst eine der wesentlichen Schwierigkeiten, denen wir heute gegenüberstehen. Die politische Welt lässt sich nicht auf diese Schlagwörter reduzieren, und der Versuch, es trotzdem zu tun, führt zur Blindheit in entscheidenden Bereichen – erst zur Blindheit, dann zur Orientierungslosigkeit, wenn wir anfangen, mit Dingen zusammenzustoßen, die noch immer sehr real sind, selbst wenn wir sie nicht länger sehen können. Ein breites Spektrum politischer Begriffe, die für den heutigen Gebrauch aufpoliert wurden, kann viel dazu beitragen, das volle Ausmaß unserer Perspektive wiederherzustellen und die Verwirrung zu zerstreuen, die uns überwältigt hat. Und wenn wir erst einmal die Pfade deutlich erkennen können, wird es auch einfacher, zu entscheiden, welche Richtung einzuschlagen ist.

Erster Teil: Nationalismus und westliche Freiheit

1. Zwei Entwürfe der Weltordnung

Jahrhundertelang war die Politik der westlichen Nationen gekennzeichnet von einem Kampf zwischen zwei entgegengesetzten Entwürfen der Weltordnung: einer Ordnung der freien und unabhängigen Nationen, von denen eine jede ihre politischen Ziele im Einklang mit ihren eigenen Traditionen und Auffassungen verfolgt, sowie einer Ordnung der unter einer einzigen Rechtsordnung vereinten Völker, die von einer einzigen supranationalen Obrigkeit verkündet und aufrechterhalten wird. Über die letzten Generationen hinweg wurde der erste Entwurf von Nationen wie Indien, Israel, Japan, Norwegen, Südkorea und der Schweiz vertreten – und natürlich von Großbritannien, im Kielwasser seiner Wende hin zur Unabhängigkeit. Der zweite Entwurf wird vom Großteil des Führungspersonals der Europäischen Union vertreten, welche 1992 im Vertrag von Maastricht ihre Verpflichtung auf das Vorhaben einer „immer engeren Union" der Völker nochmals bekräftigt hat und seitdem dazu übergegangen ist, in den meisten Mitgliedstaaten EU-Gesetze und eine EU-Währung einzuführen sowie die Freizügigkeit zwischen ihnen einzufordern.[11] Die Vereinigten Staaten, seit ihrer Gründung dem Idealbild des unabhängigen nationalen Staates verpflichtet, waren bis zum Zweiten Weltkrieg in der Lage, diesen Charakter größtenteils beizubehalten. Doch angesichts der Herausforderung durch die Sowjetunion und insbesondere nach dem Ende des Kalten Krieges sind sie von diesem Modell der nationalen Unabhängigkeit abgewichen und haben sich mehr und mehr dem Streben nach Errichtung einer weltweiten Rechtsordnung hingegeben, die allen Nationen mittels amerikanischer Macht aufgezwungen werden soll.[12]

Der Konflikt zwischen diesen beiden Entwürfen der besten politischen Ordnung ist so alt wie der Westen selbst. Die Vorstellung, dass die politische Ordnung auf unabhängigen Nationen beruhen sollte, war ein wichtiger Bestandteil des altisraelitischen Denkens, wie es sich in der hebräischen Bibel (dem „Alten Testament") niedergeschlagen hat.[13] Und auch wenn die westliche Zivilisation den größten Teil ihrer Geschichte hindurch von allumfassenden imperialen Träumen beherrscht war, so hat der Platz der Bibel im Zentrum dieser Zivilisation doch sichergestellt, dass das Ideal der selbstbestimmten, unabhängigen Nation ein ums andere Mal neu belebt wurde.[14]

Warum ist der Bibel dermaßen an der Unabhängigkeit der Nationen gelegen? Die Welt der Propheten Israels stand ganz im Zeichen einer Abfolge imperialer Mächte: Ägypten, Babylonien, Assyrien und Persien, die einander nach und nach verdrängten. Ungeachtet ihrer Unterschiede versuchte jedes dieser Imperien, der Menschheit als Ganzes eine universale politische Ordnung aufzuzwingen, wonach es von den Göttern gesandt worden sei, um die unnötigen Auseinandersetzungen zwischen den Völkern zu unterdrücken und ein geeintes internationales Reich zu schaffen, in dem die Menschen in Frieden und Wohlstand zusammenleben könnten. „Nicht hungerte man in meinen Jahren, nicht dürstete man da", schrieb einige Jahrhunderte vor Abraham der Pharao Amenemhet I., „Man sitzt bei dem, was ich geschaffen habe und spricht über mich".[15] Und das war keine leere Angeberei. Indem sie in weiten Landstrichen die Kriegstreiberei beendeten und die Bewohner für ertragreiche landwirtschaftliche Arbeit einspannten, waren imperiale Mächte tatsächlich in der Lage, Millionen von Menschen einen verhältnismäßig verlässlichen Frieden zu bringen und der Gefahr von Hungersnöten ein Ende zu setzen. Kein Wunder also, dass die imperialen Herrscher des Altertums es – mit den Worten des babylonischen Königs Hammurabi – als ihre Aufgabe ansahen, „die vier Weltgegenden im Gehorsam zu halten". Dieser Gehorsam war es, der die Erlösung von Kriegen, Seuchen und Hunger möglich machte.[16]

Und doch, trotz der offensichtlichen wirtschaftlichen Vorteile eines ägyptischen oder babylonischen Friedens, der die Menschheit geeint hätte, entsprang die Bibel einem tief sitzenden Widerstand gegen genau dieses Ziel. Für die Propheten Israels war Ägypten das „Sklavenhaus", und sie verurteilten mit deutlichen Worten das Blutvergießen und die Grausamkeit der imperialistischen Eroberung und des imperialen Herrschaftsgebarens, dessen Rückfall in Sklaverei und Mord sowie seine Wegnahme von Frauen und Eigentum.[17] All dies, so behaupteten die israelitischen Propheten, sei eine Folge der Götzenverehrung der Ägypter – ihrer Unterwerfung unter Götter, die jedes Opfer rechtfertigten, solange es die Ausdehnung des imperialen Friedensreiches vermehrte und die Getreideproduktion unter Volllast am Laufen hielt.

Gab es eine brauchbare Alternative zum universalen Imperium? Der Nahe Osten der Antike hatte viel Erfahrung mit ortsgebundener politischer Macht in Form von Stadtstaaten. Diese aber waren gegenüber imperialen Armeen und der diese motivierenden Ideologie des universalen Imperiums in den allermeisten Fällen hilflos gewesen. In der Bibel finden wir die erste kontinuierliche Vorstellung einer anderen Möglichkeit: einer politischen Ordnung, die auf der Unabhängigkeit einer Nation fußt, welche innerhalb klarer Grenzen an der Seite anderer unabhängiger Nationen lebt.

Mit *Nation* meine ich eine gewisse Anzahl von Stämmen mit gemeinsamer Sprache oder Religion und einer Geschichte des Zusammenwirkens als Einheit zum Zwecke der gemeinsamen Verteidigung oder einer anderen großen Unternehmung.[18] Die Bibel propagiert systematisch die Idee, dass die Angehörigen einer Nation einander als „Brüder“ betrachten sollten, und das Gesetz Mose bot den Israeliten eine Verfassung, die sie zusammenbringen sollte in dem, was man heute einen *Nationalstaat* nennt.[19] Der König eines solchen Staates sollte „aus der Mitte deiner Brüder“ eingesetzt werden. Auch seine Propheten sollten „aus deiner Mitte, unter deinen Brüdern“ erstehen. Ebenso seine Priester, deren Aufgabe es war, die traditionellen Gesetze der Nation zu bewahren und durch sie den König zu lehren, „sein Herz nicht über seine Brüder zu erheben“.[20] Darüber hinaus setzte Moses Israel Grenzen, indem er seinem Volk befahl, die Finger von den Ländereien benachbarter Königreiche wie jenen der Moabiter, der Edomiter und der Ammoniter zu lassen, die ihre eigene Unabhängigkeit verdienten. Wie er es dem Volk in Gottes Namen verkündigte:

> Ihr werdet jetzt durch das Gebiet von Stammverwandten ziehen, durch das Gebiet der Nachkommen Esaus, die in Seïr wohnen. Wenn sie Furcht vor euch zeigen, dann seid auf der Hut und beginnt keine Feindseligkeiten gegen sie! Von ihrem Land gebe ich euch keinen Fußbreit; denn das Gebirge Seïr habe ich für Esau zum Besitz bestimmt. […] Begegne Moab nicht feindlich, beginn keinen Kampf mit ihnen! Von ihrem Land bestimme ich dir kein Stück zum Besitz; denn Ar habe ich für die Nachkommen Lots zum Besitz bestimmt. […] Wenn du heute durch das Gebiet von Moab, durch Ar, ziehst, kommst du nahe an den Ammonitern vorbei. Begegne ihnen nicht feindlich, beginne keine Feindseligkeiten gegen sie! Vom Land der Ammoniter bestimme ich dir kein Stück zum Besitz; denn ich habe es für die Nachkommen Lots zum Besitz bestimmt.[21]

Das sind auch keine ungewöhnlichen Sätze. Überall in der Bibel lesen wir, dass das politische Bestreben der Propheten Israels nicht auf ein Imperium gerichtet war, sondern auf eine freie und geeinte Nation, die in Gerechtigkeit und Frieden unter anderen freien Nationen leben sollte.[22]

Die Bibel brachte damit ein neues politisches Konzept aufs Tapet: einen Staat einer einzelnen Nation, der geeint, selbstregiert und an der Eroberung seiner Nachbarn nicht interessiert sein sollte. Dieser Staat wurde nicht von Ausländern regiert, die einem Herrscher in einem fernen Land verantwortlich waren, sondern von Königen und Statthaltern, Priestern und Propheten, die der Nation selbst entwachsen waren – Individuen, die aus genau diesem Grunde vertrauter sein sollten mit den Wünschen ihres eigenen Volkes, ihrer „Brüder", und zwar auch der Bedürftigen darunter.

Hinzu kommt, dass der König der Israeliten aus dem Volk stammt und nicht der Repräsentant irgendeiner abstrakten universalen Zielsetzung ist, sodass seine Macht begrenzt werden kann, um Missbrauch vorzubeugen. Anders als die Könige von Ägypten oder Babylonien hat der israelitische König nach dem Gesetz Mose nicht die Macht, die Gesetze zu ändern, weil diese die Überlieferung seines Volkes darstellen und nicht seinen Launen unterworfen sind. Ebenso wenig liegt es in seiner Macht, die Priesterschaft zu ernennen, womit er sich Gesetz und Religion dienstbar machen würde. Des Weiteren schränkt das Gesetz Mose das Recht des Königs ein, sein Volk zu besteuern und zu versklaven, ebenso wie die Festsetzung der Grenzen Israels den König davon abhält, im Traum universaler Eroberungen zu schwelgen.[23]

Es muss angemerkt werden, dass die israelitische Auffassung von Nation nichts zu tun hat mit Biologie oder dem, was wir *Rasse* nennen.[24] Für die biblischen Nationen hing alles von einer gemeinsamen Geschichte, Sprache und Religion ab, welche von den Eltern an die Kinder weitergegeben wurde, der jedoch auch Außenstehende beitreten konnten. So erzählt das Buch Exodus davon, dass sich auf der Flucht aus Ägypten viele Ägypter den hebräischen Sklaven anschlossen und zusammen mit diesen am Berg Sinai die Zehn Gebote (genauer übersetzt: die „Zehn Grundregeln") empfingen. In gleicher Weise lädt Moses den midianitischen Priester Jitro dazu ein, dem jüdischen Volk beizutreten. Und Rut, die Moabiterin, wird Teil Israels, als sie dazu bereit ist, Noomi zu sagen: „Dein Volk ist mein Volk und dein Gott ist mein Gott“, und ihr Sohn wird ein Ahn König Davids sein. Doch die Fähigkeit Israels, diese in der Fremde geborenen Einzelnen in seine Reihen aufzunehmen, hängt ab von ihrer Bereitschaft dazu, den israelitischen Gott, die israelitischen Gesetze und das israelitische Geschichtsverständnis anzunehmen. Ohne diese zentralen Aspekte der israelitischen Tradition zu erfassen, werden sie kein Teil der Nation der Israeliten werden.[25]

2. Die römische Kirche und ihr Reichsgedanke

Die Juden waren nicht das einzige Volk, das das Potenzial einer nationalen politischen Organisationsform als Bollwerk gegen die Tyrannei eines universalen Imperiums erkannte. Der griechische Geschichtsschreiber Polybios tadelte die griechischen Stadtstaaten dafür, in ihrem verlorenen Kampf gegen Rom nicht als geeinte Nation vorgegangen zu sein. In der Geschichte hatte es noch niemals einen griechischen nationalen Staat gegeben. Doch Polybios hatte die Beispiele der Armenier und der Juden unter Führung der Makkabäer – zweier Nationen, die sich während seiner Lebenszeit erfolgreich gegen das seleukidisch-griechische Reich erhoben und sich selbst als unabhängige nationale Staaten erhoben hatten – vor Augen, und offensichtlich hoffte er darauf, dass es eines Tages auch ein geeintes Griechenland geben werde.[26]

Den Großteil der Geschichte der westlichen Völker hindurch blieb die Idee der nationalen Unabhängigkeit jedoch weitgehend in der Schwebe. Das Christentum setzte sich schließlich damit durch, zur römischen Staatsreligion zu werden. Auf dem Weg dorthin übernahm es den römischen Traum vom universalen Imperium und den Entwurf des römischen Rechts, das den einheitlichen Rahmen für eine sich auf alle Nationen erstreckende *pax Romana* („Römischer Friede") darstellen sollte.[27] Für mehr als tausend Jahre verfocht das Christentum deshalb nicht das Ideal, die Nationen frei zu machen, so wie es die israelitischen Propheten gefordert hatten, sondern ein ganz ähnliches Streben wie jenes, das die ägyptischen, assyrischen und babylonischen Reiche hatte entstehen lassen: das Streben, ein universales Imperium des Friedens und Wohlstands zu errichten.[28]

Indem sie sich selbst als die „katholische" oder allumfassende Kirche betrachtete, stand die römische Kirche in der Theorie – und oft auch in der Praxis – im Bunde mit den römisch-deutschen Kaisern des Heiligen Reiches, die mit der Errichtung des allumfassenden christlichen Reiches betraut waren. Darin ähnelte das römisch-katholische politische Denken oft dem der muslimischen Kalifen und der chinesischen Kaiser, die ebenfalls glaubten, dass es ihnen aufgetragen sei, der Welt durch ein universales Imperium unter ihrer eigenen Führung Frieden und Wohlstand zu bringen.[29]

Doch das christliche politische Denken unterschied sich in mindestens einem wesentlichen Aspekt von dem des Islam oder dem Chinas: Das Christentum verfügte über die hebräische Bibel mit ihrem Leitbild der Gerechtigkeit einer Welt der unabhängigen Nationen.[30] Dieses Leitbild sorgte unablässig für Probleme mit dem Ideal eines universalen katholischen Imperiums, indem es die Bildung nationaler Staaten inspirierte, die sich eine faktische politische Unabhängigkeit bewahrten, auch wenn sie weiterhin die symbolische Autorität des Kaisers und die religiöse Autorität der Kirche anerkannten. Beispielsweise war es das Vorhandensein der hebräischen Bibel innerhalb des christlichen Kanons, das der eigentümlichen Geschichte des französischen Katholizismus eine Form gab, welcher einen unabhängigen nationalen Charakter nach Vorbild des biblischen Königreichs Davids annahm und sich der Kontrolle durch Päpste und Kaiser hartnäckig verweigerte. Ebenso beeinflusste es Jahrhunderte vor der Reformation die Entstehung geschlossener und unabhängiger nationaler Staaten wie England, Polen und Ungarn.[31]

So kam es, dass mit dem Aufkommen des Protestantismus im 16. Jahrhundert (zusammen mit der Erfindung der Druckpresse und dem weiten Umlauf der in die nationalen Sprachen übersetzten Bibel) der neue Ruf nach der Freiheit, die Heilige Schrift ohne die Vorgaben der katholischen Kirche auszulegen, sich nicht allein auf die religiöse Doktrin auswirkte. Insbesondere unter dem Einfluss am Alten Testament orientierter Denker wie Ulrich Zwingli und Johannes Calvin machte sich der Protestantismus die nationalen Eigenheiten der Völker zu eigen, die sich gegen als fremd angesehene Ideen und Institutionen sträubten, und wurde schnell mit ihnen verknüpft. Im Jahre 1534 machte Heinrich VIII. die Unabhängigkeit einer englisch-anglikanischen Nation geltend, ein Status, der schließlich 1588 erreicht wurde, als seine Tochter Elisabeth eine spanisch-katholische Invasionsflotte bezwang.[32] Die Auflehnung der Niederländer gegen ihre spanischen Oberherren setzte in gleicher Weise auf einen calvinistischen Aufstand gegen das katholische Imperium und gipfelte darin, dass sich die Vereinigten Niederlande 1581 zur unabhängigen Nation erklärten. Die schottischen nationalen Zusammenschlüsse ebendieser Zeit, die den jüdischen nationalen Bunden der Bibel nachempfunden waren, waren ähnlich motiviert. Das Selbstbild dieser protestantischen Völker, im Angesicht des imperialen Gegners rechtmäßig unabhängig zu sein, war oft ausdrücklich an den Bemühungen des biblischen Israel orientiert, seine nationale und religiöse Freiheit den Zwängen der universalen Imperien Ägyptens und Babyloniens zu entreißen.[33]

Es heißt oft, der Dreißigjährige Krieg, der 1648 mit dem Westfälischen Frieden endete, sei ein „Religionskrieg" zwischen Protestanten und Katholiken gewesen. Doch das stimmt nicht ganz. Tatsächlich standen in diesem Krieg die aufkommenden nationalen Staaten Frankreichs, der Niederlande und Schwedens (Nationen, die in dieser Reihenfolge katholisch, calvinistisch und lutheranisch waren) gegen deutsche und spanische Armeen, die der Vorstellung verschrieben waren, dass das universale Imperium Gottes Wille sei und allein ein solches Reich der Menschheit das wahre Heil bringen könne. Es war der Dreißigjährige Krieg, in dem die Vorstellung von einem universalen christlichen Imperium, die dreizehn Jahrhunderte lang das politische Vorstellungsvermögen des Westens beherrscht hatte, eindeutig besiegt wurde.[34]

3. Die protestantische Struktur des Westens

Die Zeit zwischen der englischen Suprematsakte und dem Westfälischen Frieden bescherte dem Westen eine neue, protestantische Struktur. Mitte des 17. Jahrhunderts hatte ein Ring von unabhängigen nationalen Staaten am Rand des Heiligen Römischen Reiches – England, die Niederlande, Frankreich, die Schweiz, Portugal, Schweden, Dänemark und Polen – dem später sogenannten Westfälischen System seine unverkennbare Form gegeben. Obgleich der Friede von der katholischen Kirche nicht offiziell anerkannt wurde (Papst Innozenz X. sagte, dieser sei „nichtig, ungültig, unbillig, ungerecht, verdammt, verworfen, vergeblich, der Kräfte und Erfolge entbehrend für alle Zukunft“[35]), formte er doch in der Praxis die gesamte politische Ordnung um, in Übereinstimmung mit der Theorie des unabhängigen nationalen Staates, die im vorangegangenen Jahrhundert durch den englischen und niederländischen Protestantismus befördert worden war.[36] Innerhalb dieser protestantischen Struktur wurde das politische Leben Europas auf zwei Prinzipien neu errichtet, die beide ihren Ursprung im Alten Testament hatten:

1. dem moralischen Minimum legitimer Herrschaft. Erstens hatte sich der König oder Herrscher, um rechtmäßig zu herrschen, dem Schutz des Lebens, der Familien und des Eigentums seines Volkes, der Gerechtigkeit der Gerichte, der Einhaltung des Feiertags und der öffentlichen Anerkennung des einen Gottes zu verschreiben – also im Groben den auf dem Berg Sinai empfangenen Zehn Geboten, die sowohl Luther als auch Calvin als Naturrecht anerkannt hatten, das alle Menschen anerkennen könnten. Diese Regeln wurden als Mindestvoraussetzungen betrachtet, um allen ein Leben in persönlicher Freiheit und Würde zu ermöglichen. Eine Regierung, die nicht in der Lage war, dieses moralische Minimum zu gewährleisten, konnte ihre grundlegendsten Verpflichtungen gegenüber dem Wohlergehen ihres Volkes nicht erfüllen.[37]

2. dem Recht auf nationale Selbstbestimmtheit. Zweitens wurden fortan Nationen, die über genug Zusammenhalt und Stärke verfügten, um ihre politische Unabhängigkeit zu sichern, als Inhaber dessen betrachtet, was man später ein Recht auf Selbstbestimmung nannte, nämlich dem Recht dazu, sich durch ihre eigenen nationalen Verfassungswerke und Kirchen ohne Einmischung fremder Mächte selbst zu regieren. Demnach wurde – auch wenn akzeptiert wurde, dass es Mindestvoraussetzungen für die Aufrechterhaltung einer zivilisierten Gesellschaft gab und dass diese in Übereinstimmung mit dem ersten Prinzip für alle Regierungen bindend waren – nicht davon ausgegangen, dass alle Nationen in ihrem Denken, ihren Gesetzen oder ihren Lebensweisen einmal eins würden.[38]

Die zwei Prinzipien der protestantischen Struktur waren nicht gänzlich neu. Die Vorstellung, dass ein Herrscher als der Beschützer seines Volkes zu dienen habe, hatte das gesamte Christentum hindurch in unterschiedlichen Formen bestanden. Sie war bereits im 12. Jahrhundert von katholischen politischen Theoretikern ausdrücklich geäußert worden, so etwa von Honorius Augustodunensis und Johannes von Salisbury, die sich auf das Gesetz Mose im Deuteronomium sowie auf die Beschreibungen der israelitischen Königreiche in den Büchern Samuel und Könige stützten.[39]

Das zweite Prinzip aber – das es jeder Nation erlaubte, selbst zu bestimmen, was einen legitimen Herrscher, eine legitime Kirche und angemessene Gesetze und Vorrechte ausmachte – brachte die christliche Welt in unmittelbaren Dialog mit der biblischen Vision einer Ordnung der unabhängigen Nationen. Und es war dieses Prinzip, das die Welt frei machte. Im europäischen Zusammenhang nach dem Westfälischen Frieden bedeutete das, dass manche Nationen zu Monarchien und andere zu Republiken werden würden. Es bedeutete, dass verschiedene Nationen verschiedene Formen nationaler Religionen ebenso wie unterschiedliche Bestimmungen zum Schutz von Minderheitenreligionen haben würden. Es bedeutete auch, dass verschiedene Nationen in vielen Bereichen unterschiedliche Grade persönlicher Freiheit ausprägen würden. Ein herausragendes Beispiel für diese Vielfalt war die englische Grundordnung, die sich – wie John Fortescue um 1543 in seinem „Lob der englischen Gesetze" betonte – dramatisch von der französischen und deutschen unterschied, indem sie dem biblischen Präzedenzfall folgte und dem König die Festlegung der Gesetze aus der Hand nahm – ein entscheidendes Merkmal jener Beschränkung der Zentralgewalt, die später als „Gewaltenteilung“ bekannt wurde.[40] Die niederländische Republik der Sieben Vereinigten Provinzen bot ebenfalls ein außergewöhnliches Maß an Meinungsfreiheit, was dazu führte, dass Wissenschaft, Handel und Buchdruck aus anderen Nationen, die dem Wert einer solchen Offenheit skeptischer gegenüberstanden, nach Amsterdam flossen. Was diese Neuerungen ermöglichte, war jedoch mitnichten eine Doktrin, die mit einer Liste „allgemeiner Rechte“ daherkam. Vielmehr waren es die „Privilegien und alten Gewohnheiten“ der englischen und niederländischen Nationen.[41]

In den Werken der protestantischen politischen Theorie, etwa in John Seldens *On Natural Law and National Law* von 1640, werden die beiden Prinzipien der protestantischen Struktur als einander verstärkend verstanden. Diese Eingebung wird aus der hebräischen Bibel hergeleitet, welche unterstreicht, dass eine Nation, deren Herrscher ihr Volk beschützen und sein Wohlergehen betreiben, wechselseitige Loyalität ausbilden und an Zusammenhalt im Angesicht der Not gewinnen wird. Innere Brüderlichkeit und Gerechtigkeit sind nach Glauben der Propheten die notwendige Voraussetzung für die Langlebigkeit einer Nation und ihre Fähigkeit, fremden Übergriffen zu widerstehen.[42]

Und doch stehen diese Prinzipien auch in einem Spannungsverhältnis zueinander. Die Vorstellung, dass es natürliche Maßstäbe der Legitimität gibt, die den Rechtssätzen einer jeden konkreten Regierung übergeordnet sind, bedeutet einerseits, dass Nationen nicht rechtmäßig einfach tun können, was immer ihnen gefällt. Sie sind stets dem Urteil Gottes und des Menschen unterworfen, und dadurch wird Herrschaft zwangsläufig abhängig.[43] Auf der anderen Seite stärkt und schützt das Prinzip der nationalen Freiheit die einzigartigen Institutionen, Traditionen, Gesetze und Ideale jeder konkreten Nation vor der Forderung, dass sie im Namen von Doktrinen umgestürzt werden müssten, die die Verfechter einer universalen Kirche oder eines universalen Reiches propagieren. Während die Existenz eines moralischen Minimums allgemein anerkannt wird, ist die Auslegung, wie dieses Minimum zu artikulieren sei, das Recht jeder unabhängigen Nation, die diese Frage von einem Blickwinkel aus betrachtet, der auf ihren ganz eigenen geschichtlichen Umständen, Erfahrungen und Erkenntnissen beruht.

Die der Einhaltung beider Prinzipien der protestantischen Struktur inhärente Spannung verlieh den Nationen Europas eine einzigartige Dynamik, entfesselte einen Sturm schlummernder Energien und beförderte ein erstaunliches Ausmaß an Experimenten und Innovationen in Politik und Theologie, Wirtschaft und Wissenschaft. Indem sie innerhalb unterschiedlicher Länder eine Vielfalt an konstitutionellen und religiösen Vereinbarungen zuließ, schuf die protestantische Struktur auch nationale Versuchsstätten zur Entwicklung und Erprobung jener Institutionen und Freiheiten, die wir heute mit der westlichen Welt assoziieren. Und der Wettbewerb zwischen konkurrierenden nationalen Perspektiven ging weit über politische Theorie und Theologie hinaus. In England wurde die empirische Wissenschaft von der Empörung über den kombinatorischen Charakter des Cartesianismus angefacht, von dem die Franzosen ihrerseits behaupteten, dass er der einzige wirklich „vernünftige" Weg sei, die Wissenschaft voranzubringen. Ebenso gedieh die deutsche Philosophie durch den Glauben, dass es sich beim britischen Empirismus um ein großes Unglück handele und der Idealismus Immanuel Kants die Welt retten werde. Das Gleiche lässt sich über so gut wie jedes Feld sagen, in dem die europäische Zivilisation wesentliche Fortschritte machte, einschließlich Finanzwesen, Industrie, Medizin, Philosophie, Musik und Kunst. In jedem Fall wurden konkurrierende Sichtweisen, die zu jener Zeit einen dezidiert nationalen Charakter besaßen, als das Beste für die Menschheit insgesamt angepriesen und spornten so andere dazu an, nachzuahmen, was ihnen erfolgreich zu sein schien, selbst wenn sie dabei auch vermehrte Bemühungen anfachten, unterlegene Vorgehensweisen intelligenter neu zu begründen und auf kommende Auseinandersetzungen vorzubereiten.

All das soll nicht heißen, dass Europa nach dem Westfälischen Frieden ein idyllischer Ort gewesen wäre. Die christlichen nationalen Staaten führten unentwegt Kriege um Ländereien und Handelswege, eine Angewohnheit, die uns kaum als etwas anderes erscheinen kann als eine Bereitschaft, grundloses Blutvergießen in Kauf zu nehmen. Und obwohl die Engländer, Niederländer und Franzosen im europäischen Zusammenhang auf dem Westfälischen Prinzip der nationalen Unabhängigkeit und Selbstbestimmung beharrten, waren sie nur zu bereit, Gründe zu erfinden, um auf Grundlage der Eroberung und Unterwerfung fremder Völker in Asien, Afrika und den amerikanischen Kontinenten Kolonialreiche zu unterhalten. Diese Staaten

– ebenso wie später auch die Vereinigten Staaten – unterhielten auch über lange Zeit hinweg skrupellos rassistische Gesetze und Institutionen und schufen eine Vielzahl von Hindernissen für die Teilnahme der Juden am nationalen Leben. Die Liste der Gebräuche jener Zeit, die wir heute verwerflich finden würden und sollten, ließe sich leicht fortsetzen.

Doch trotz all ihrer offensichtlichen Mängel bleibt das wesentliche Argument für die internationale Ordnung, die in der Frühen Neuzeit in Europa eingeführt wurde: Als eine Ordnung auf Grundlage des Prinzips der nationalen Freiheit verlieh sie den westlichen Nationen eine bemerkenswert nutzbringende politische und religiöse Form – eine Form, die der letztendlichen Korrektur vieler ihrer Schwächen den Weg bereitete. Im Laufe der Zeit bereitete das protestantische Prinzip der nationalen Freiheit den überseeischen Reichen Europas ein Ende. Und indem es das tat, führte es zur Gründung neuer nationaler Staaten überall auf der Welt, etwa der Vereinigten Staaten von Amerika und eines wiederhergestellten jüdischen Staates Israel.

4. John Locke und der liberale Entwurf

IM AUGUST 1941, MEHRERE Monate vor dem Eintritt Amerikas in den Zweiten Weltkrieg, unterzeichneten Franklin Roosevelt und Winston Churchill jene Erklärung, die später als Atlantikcharta bekannt wurde und die das Prinzip der nationalen Freiheit („das Recht aller Völker, sich jene Regierungsform zu geben, unter der sie zu leben wünschen“) erneut als Wesenskern des Planes der Westmächte für die Nachkriegswelt bekräftigte. Beide Staatslenker fuhren fort, von ihren Nationen als den „alten Idealen des Christentums“, wie es Roosevelt nannte, verbunden zu sprechen, welche sie als Untermauerung der Freiheit ihrer eigenen Nationen ebenso wie anderer Nationen auffassten. Zu diesem kritischen Zeitpunkt blieb die protestantische Struktur weiterhin die Grundlage der politischen Ordnung im Westen. Die große Herausforderung war es, die Nazis und die Sowjets in ihren Bemühungen, diese Ordnung zu stürzen, niederzuringen.[44]

Doch die Bezwingung der Nazis und letzten Endes auch der Sowjets führte nicht zur Wiederherstellung der protestantischen Struktur des Westens. In Wahrheit ist die Zukunft dieser politischen Ordnung in den Jahren seit dem Ende des Zweiten Weltkrieges nur noch unsicherer geworden. Wir erkennen dies an der fortschreitenden Preisgabe der Ansicht, dass die Familie, der Feiertag und das öffentliche Bekenntnis zu Gott ebenso von legitimen Regierungen unterstützte Institutionen sind wie Minimalanforderungen einer gerechten Gesellschaft (das heißt: das erste Prinzip). Und wir erkennen es in der scharfen Abnahme der Sorgen um die Sicherung der politischen Unabhängigkeit der Nationen als wirksamster Barriere gegen die Tyrannei des universalen Imperiums, die in der Neugründung Europas unter einer multinationalen Führung gipfelt, ebenso wie in der zunehmenden Tendenz, amerikanische Macht mit einer Neuen Weltordnung gleichzusetzen, die die Unabhängigkeit der nationalen Staaten verdrängen werde (das heißt: das zweite Prinzip).

Die Krise der protestantischen politischen Struktur beruht auf dem Druck einer aufkommenden Alternative zu ihr – einer Alternative, die wir als den liberalen Entwurf des Westens bezeichnen können.

Obwohl ihr letztendlicher Triumph in keiner Weise gesichert ist, stellt doch der Aufstieg dieser neuen liberalen Ordnung – bis zu dem Punkt, an dem sie es geschafft hat, die gesamte protestantische Ordnung zu gefährden – die wichtigste politische Entwicklung unserer Zeit dar.

Was genau ist dieser liberale Entwurf? Ich will einige seiner wichtigsten Merkmale ansprechen, einige davon uns vertrauter als andere.

Im Gegensatz zur protestantischen Struktur, die von der Spannung zwischen den beiden aus der Bibel abgeleiteten Prinzipien von nationaler Freiheit und dem moralischen Minimum legitimer Herrschaft lebte, geht der liberale Entwurf des Westens davon aus, dass im Herzen der legitimen politischen Ordnung nur ein einziges Prinzip liegt: die individuelle Freiheit. Eine klassische und bis heute einflussreiche Quelle dieser Vorstellung ist das berühmteste liberale Manifest der Neuzeit, John Lockes *Zweite Abhandlung über die Regierung*. Sie wurde 1689 veröffentlicht, beginnt mit der Behauptung, dass alle Menschen in einen Zustand „völliger Freiheit" und „vollkommener Gleichheit" hineingeboren würden, und beschreibt weiterhin, wie diese Menschen in einer Welt der auf Zustimmung basierten Abmachungen Leben, Freiheit und Eigentum verfolgen. Von dieser Grundlage ausgehend entwickelt Locke sein Modell des politischen Lebens und seine Theorie der Regierung.

Locke war selbst ein Produkt der protestantischen Struktur, und seine Arbeit sollte diese stärken, nicht untergraben.[45] Bei der Ausarbeitung seiner Theorie aber hat Locke wesentliche Aspekte menschlicher Natur und menschlichen Handelns heruntergespielt oder gänzlich ausgelassen, ohne die keine politische Theorie einen Sinn entfalten kann. Natürlich beinhaltet jede Theorie eine Verkürzung oder Vereinfachung ihres Materials. Doch eine wohldurchdachte Theorie sollte die folgenreichsten Aspekte des betrachteten Bereichs erfassen, während eine undurchdachte Theorie entscheidende Punkte unbemerkt unter den Tisch fallen lässt. Genau so verhält es sich mit der *Zweiten Abhandlung*, die eine rationalistische Sichtweise auf das politische Leben des Menschen präsentiert, in der bis auf die Zustimmung jede menschliche Wesen aneinander bindende Verpflichtung wegabstrahiert worden ist.[46] Wenn er von „Zustimmung" spricht, dann meint Locke, dass das Individuum nur dadurch Mitglied eines menschlichen Gemeinwesens werde, dass es diesem zustimmt, und dass es diesem Gemeinwesen gegenüber nur dann Verpflichtungen habe, wenn es diese akzeptiert.[47] Das ist zwar sehr schmeichelhaft für das Individuum, weil diesem der Eindruck vermittelt wird, dass es so gut wie alle wichtigen Entscheidungen selbst zu treffen habe. Als Beschreibung der wahrnehmbaren politischen Welt, in der wechselseitige Loyalitäten die Menschen zu Familien, Stämmen und Nationen verbinden und jedem von uns durch seine Geburt in ein solches Kollektiv hinein ein gewisses religiöses und kulturelles Erbe zukommt, ist es allerdings gänzlich ungenügend. Es ignoriert die Verbindlichkeiten, die mit sowohl ererbter als auch angenommener Mitgliedschaft in Gemeinwesen dieser Art einhergehen und die Ansprüche an das Individuum stellen, die nicht infolge von Zustimmung entstehen und auch nicht einfach verschwinden, wenn diese Zustimmung ausbleibt. Außerdem bleibt es blind gegenüber den Auswirkungen allgemeiner Not, die Familien, Stämme und Nationen vor unausweichliche Herausforderungen und Schwierigkeiten stellt, was die Verpflichtungen gegenüber dem Kollektiv verstärkt und sie zu den am intensivsten empfundenen und oft unerbittlichen Zügen der moralischen und politischen Landschaft werden lässt. Ohne umfangreiche Berücksichtigung dieser Faktoren lässt sich keine intelligente Bestandsaufnahme der Politik oder politischer Verpflichtungen verfassen. Und Lockes Abhandlung, die sie einfach weglässt, ist tatsächlich eine folgenschwere Herabsetzung der grundlegendsten Bindungen, die eine Gesellschaft zusammenhalten.

Nehmen wir die Familie als Beispiel. Die meisten von uns gehen davon aus, dass Brüder und Schwestern, die Kinder der gleichen Eltern sind, einer besonderen Verantwortung unterliegen, einander in Zeiten der Not zu helfen, welche Vorrang vor anderen Verpflichtungen hat. In gleicher Weise nehmen wir an, dass Großeltern Verpflichtungen gegenüber ihren Enkelkindern haben und Enkel gegenüber ihren Großeltern. Doch nichts an diesen familiären Bindungen ist ein Resultat von Zustimmung: Man kann sich seine Brüder oder seine Enkelkinder nicht aussuchen. Diese Verpflichtungen müssen also anderen Ursprungs sein. Lockes Entwurf, der die Familie auf freier Wahl und Zustimmung gründen möchte, schafft jedenfalls keine solchen Verpflichtungen. Das heißt, dass jeder, der die *Zweiten Abhandlung* akzeptiert, nicht in der Lage sein sollte, das Bestehen der Familie, wie wir sie kennen, und die Bindungen der Verantwortung, die ihr ihre Form geben, zu verstehen – und noch viel weniger, sie zu verteidigen.[48]

Weitgehend das Gleiche lässt sich über Lockes Staatstheorie sagen. Der von der *Zweiten Abhandlung* heraufbeschworene Staat ist das alleinige Ergebnis von Zustimmung: Die Individuen haben das Gefühl, dass ihre Leben und ihr Eigentum unzureichend sicher sind, also entscheiden sie sich, einen Vertrag zu schließen, um diese Interessen zu verteidigen.[49] Doch diese Verträge zur Verteidigung des persönlichen Eigentums haben wenig mit den nationalen Staaten zu tun, die wir aus der Erfahrung kennen. Im echten Leben handelt es sich bei Nationen um Gemeinschaften, die durch Bindungen wechselseitiger Loyalität zusammengehalten werden und besondere Traditionen von einer Generation an die nächste weitergeben. Sie verfügen über ein gemeinsames historisches Gedächtnis, gemeinsame Sprache und Schrift, gemeinsame Riten und Grenzen, die allesamt den jeweiligen Angehörigen eine mächtige Identifikation mit ihren Vorvätern vermitteln, ebenso wie die Sorge darum, wie das Schicksal zukünftiger Generationen aussehen mag. Ich denke dabei zum Beispiel an die Art und Weise, wie Fortescues Glaube an die Überlegenheit der englischen Gesetze durch die Jahrhunderte seiner Erben widerhallte, oder wie Englands historische Furcht vor dem Beherrschtwerden durch das katholische Spanien über Generationen hinweg in diesem Land Institutionen und Kriege hervorbrachte. Zugehörigkeiten und Vorgaben wie diese bewegen das Individuum dazu, seinem oder ihrem Land zu dienen, nicht nur um Leben und Eigentum willen, sondern vielmehr sogar um den Preis, genau diese Güter zu opfern. Doch in den meisten Fällen werden sie uns in unserer Kindheit eingegeben und unterliegen ebenso wenig einer freien Wahl wie die Identität unserer Brüder und Schwestern oder unserer Großeltern. Eine Staatstheorie im Sinne Lockes versetzt uns nicht in die Lage, die Existenz des nationalen Staates und die Bindungen der Verpflichtung, die ihm seine Form geben, zu erklären – und noch viel weniger, sie zu begründen.

Indem er das politische Leben auf das Bestreben des Individuums, sein Leben und sein Eigentum zu erhalten, reduzierte, propagierte Locke nicht nur eine dürftige und unschlüssige Erläuterung menschlichen Denkens und Handelns. Vielmehr schwang sich seine politische Theorie zu einer Traumwelt auf, einer utopischen Vision, in der die politischen Institutionen der jüdischen und christlichen Welt – der nationale Staat, die Gemeinschaft, die Familie und die religiöse Tradition – scheinbar keinen Daseinsgrund haben. All diese Institutionen entspringen Loyalitätsverbindungen und gemeinsamen Zielen menschlicher Kollektive und verstärken diese ihrerseits, sie schaffen Grenzen und Abstände zwischen einer Gruppe und einer anderen, sie stellen die Verbindung zu vorangegangenen und künftigen Generationen her, und sie bieten einen flüchtigen Blick auf etwas Höheres jenseits der unmittelbaren Gegenwart. Ein Einzelner, der bis auf die Bewahrung seines Lebens und die Vermehrung seines Eigentums über keine Ziele verfügt und abgesehen von solchen, denen er zugestimmt hat, keine Verpflichtungen hat, wird wenig Bedarf an all diesen Dingen haben. Ohne es zu beabsichtigen, hat die in Lockes *Zweiter Abhandlung* dargelegte Traumwelt den Großteil der protestantischen Ordnung sinnlos und überflüssig werden lassen.

Lockes erste Leser waren darüber tief verstört. Der große britische Staatsmann und Philosoph Edmund Burke etwa sah sich dazu veranlasst, im Unterhaus zu erklären, dass die *Zweite Abhandlung* von allen jemals geschriebenen Büchern „eines der schlechtesten" seien.[50] Doch die grundsätzliche Mangelhaftigkeit der Darstellungen Lockes wurde mit der Zeit immer weniger als Problem angesehen. Westliche Intellektuelle ergötzen sich mittlerweile daran, und bis heute werden wir mit Anschlusswerken – von Rousseaus *Vom Gesellschaftsvertrag oder Prinzipien des politischen Rechtes* (1762) und Kants *Zum ewigen Frieden* (1795) bis hin zu Ayn Rands *Atlas wirft die Welt ab* (1957) und *Eine Theorie der Gerechtigkeit* von John Rawls (1971) – überschwemmt, die diese Traumwelt unermüdlich weiter ausführen und die Vision der freien und gleichen Menschen, die unter den durch ihre eigene freie Zustimmung geschaffenen Bedingungen sich um ihr Leben und ihr Eigentum kümmern, wieder und wieder durcharbeiten. Eine Theorie oder ein Programm, die diesem rationalistischen Bezugssystem verpflichtet ist, will ich *liberal* nennen.[51]

Besondere Beachtung verdient die Unfähigkeit liberaler politischer Theorien, die Existenz von Grenzen zwischen Nationen zu erklären. Die protestantische politische Theorie erachtete nationale Grenzen für kein bisschen weniger wichtig für den Frieden und das Wohlergehen der Menschheit als Eigentumsgrenzen und folgte darin der hebräischen Bibel. Lockes Versuch, die Existenz des Staates aus der Zustimmung einer willkürlichen Gruppe von Privateigentümern abzuleiten, löscht aber dieses Verständnis der Nation als wesenhaft gebundene Entität innerhalb eines mehr oder weniger klar definierten Territoriums aus. In der *Zweiten Abhandlung* gibt es keine prinzipielle Obergrenze für die Größe des Staates oder die Zahl der Menschen, deren Eigentum er zu schützen vorgeben kann, und tatsächlich kommt dieser Staat auf unheimliche Weise gänzlich ohne Grenzen oder Beschränkungen jeglicher Art daher. Locke schreibt, dem Naturrecht zufolge seien der Einzelne „und die ganze übrige Menschheit eine Gemeinschaft“. Soweit es ihn angeht, ist das Bestehen von politischen Grenzen zwischen den Menschen nichts anderes als ein Resultat „der Verderbtheit und Lasterhaftigkeit entarteter Menschen“.[52] Da das Naturrecht für Locke eine Art universaler Vernunft darstellt, bedeutet dies, dass Menschen, die der Vernunft folgen und somit weder verdorben noch lasterhaft sind, überhaupt kein Bedürfnis nach nationalen Grenzen haben werden.

Solange liberale politische Theorien noch in einem Kontext präsentiert wurden, der unter dem Einfluss starker calvinistisch- oder anglikanisch-alttestamentarischer Traditionen stand, war die Unfähigkeit dieser liberalen Theorien, der Nation als Bindungsgemeinschaft irgendeinen Sinn zu geben, nicht allzu folgenschwer. Staatsmänner und Philosophen, die mit der Bibel aufgezogen worden waren, gingen einfach davon aus, dass ihre jeweils eigene Nation wie das alte Israel eine fest umrissene Entität sei, der es um Freiheit und Unabhängigkeit von anderen Nationen zu tun sei. Doch je mehr sich der Liberalismus von seinen biblischen und protestantischen Ursprüngen löste, umso ausgeprägter wurde sein antinationalistischer Charakter. Da nämlich alle Menschen gleich sind in ihrem Bedürfnis nach Schutz ihres Lebens und ihres Eigentums, bedeutet eine allein auf dem Liberalismus – ohne Ergänzung durch die biblische Tradition – aufbauende Politik, dass das Fortbestehen unabhängiger nationaler Staaten bestenfalls reiner Gleichgültigkeit geschuldet sein wird.[53] Und wenn in Aussicht steht, dass die Unabhängigkeit und innere Geschlossenheit der Nationen einen Preis an Leben oder Eigentum fordern könnte, dann verflüchtigt sich selbst diese Gleichgültigkeit sehr schnell und hinterlässt Liberale mit der Neigung, gänzlich ohne den unabhängigen nationalen Staat auskommen zu wollen.[54] So forderte Anfang des 20. Jahrhunderts Ludwig von Mises in seinem *Liberalismus* ganz offen, zugunsten eines „Weltüberstaates“ auf nationale Staaten zu verzichten.[55] Friedrich Hayek, der wichtigste Theoretiker des Liberalismus im vergangenen Jahrhundert, argumentierte ebenfalls, dass eine folgerichtige Anwendung „des liberalen Standpunkts“ zu einem internationalen Bundesstaat ohne ernst zu nehmende Grenzen zwischen den Nationen führe – ein Trachten, das er mit Nachdruck unterstützte.[56]

Noch vor nicht allzu langer Zeit klangen solche Schlussfolgerungen befremdlich. Doch die Zeiten haben sich geändert. In den letzten Jahrzehnten haben liberale politische und wirtschaftliche Theorien sowie völkerrechtliche Entwürfe es vollbracht, eher konservative und realistische Einschätzungen der politischen Lage zu verdrängen, und sind zum mehr oder weniger unumstrittenen Rahmen dafür geworden, was ein gebildeter Mensch über Politik wissen muss. Bis auf einige wenige Ausnahmen finden die am meisten diskutierten Auseinandersetzungen zwischen unterschiedlichen Standpunkten in politischer Theorie, Wirtschaft und Jurisprudenz mittlerweile fast gänzlich innerhalb des Lockeschen Bezugssystems statt, das oft so vermittelt und dargestellt wird, als ob es dazu keine nennenswerten Alternativen gäbe.[57] Die universitär ausgebildeten politischen und intellektuellen Eliten in Amerika und Europa sind heute zum ganz überwiegenden Teil in diesem liberalen Feld beheimatet, ungeachtet ihrer Parteizugehörigkeit. Man muss einen aufmerksamen Menschen, der im Bereich Politik oder Wirtschaft oder Recht geschult wurde, nur einmal dazu auffordern, ein Plädoyer für die Institution des Nationalstaates oder der Familie oder der öffentlichen Anerkennung des göttlichen Königtums zu halten, um sofort erkennen zu können, wie ungewohnt diese Dinge geworden sind und wie fremdartig sie für die Begriffe sind, mit denen die Angehörigen unserer Eliten die Welt zu durchdenken gelernt haben. Es geht dabei nicht nur darum, der Annahme zu widersprechen, dass solche Dinge essenziell für den Erhalt einer zivilisierten politischen Ordnung seien. Es geht vielmehr darum, so tief im politischen Gefüge des liberalen Entwurfs zu stecken, dass man nicht mehr in der Lage ist, sich auch nur vorzustellen, wie ein nicht von Locke bestimmter Blick auf die Wirklichkeit aussehen könnte.

Wenn sie in dieses liberale Bezugssystem eingeführt worden sind, können gebildete Männer und Frauen mittlerweile in einer großen Bandbreite von Projekten tätig werden, die allesamt davon ausgehen, dass die zukünftige Struktur der Welt liberal sein wird: im politischen Programm der europäischen Einigung, in der Ausweitung des uneingeschränkten Freihandels und der freien Einwanderung ganzer Bevölkerungen, in der Überleitung mittelständischer Unternehmen in „multinationale" Konzerne, welche der Weltwirtschaft und nicht irgendwelchen nationalen Interessen dienen, in der Unterwerfung der

Nationen unter ein immer weiter anwachsendes völkerrechtliches Regelwerk, in der Agitation für eine universale Herrschaft der Menschenrechte, die von Nichtregierungsorganisationen, UN-Behörden und internationalen Gerichtshöfen durchgesetzt werden sollen, in der Vereinheitlichung aller Universitäten der Welt durch ein System der internationalen Standardisierung und Qualitätssicherung. All diese Bestrebungen sind eine Selbstverständlichkeit für akademisch ausgebildete Lockeaner, denen kaum bewusst ist, dass es intelligente und anständige Menschen geben könnte, die den Wert solcher Errungenschaften ganz anders einschätzen als sie selbst. Sie setzen ganz einfach voraus, dass man entweder auf der „richtigen" oder auf der „falschen Seite der Geschichte" stehen könne – und dass man auf der richtigen Seite stehe, wenn man am Aufbau der neuen liberalen Ordnung mitarbeite.[58]

Doch trotz des großen Erfolges, den diese Unternehmungen bei der Veränderung des Angesichts unserer Welt hatten, und trotz ihrer unbestreitbaren Geltung in einigen Belangen bleibt die Lockesche Darstellung das, was sie ist: Eine utopische Sicht auf die menschliche Natur und Motivation sowie eine völlig ungenügende Grundlage für ein Verständnis der politischen Wirklichkeit. All jene Faktoren im politischen und gesellschaftlichen Leben des Menschen, die im liberalen Bezugssystem keinen Platz haben, sind nicht einfach verschwunden, wie ich im zweiten Teil dieses Buches ausführlicher darlegen werde. Sie sind lediglich verleugnet und unterdrückt worden. Und wie schon die Marxisten vor ihnen werden auch die Liberalen feststellen, dass man etwas leicht verleugnen kann – dass aber Unterdrückung einen immer weiter ansteigenden Preis hat.

5. Der verrufene Nationalismus

Noch bis vor Kurzem war das Eintreten für die Unabhängigkeit und Selbstbestimmung der Nationen ein Zeichen fortschrittlicher Politik und einer edelmütigen Gesinnung. Nicht nur feiern die Amerikaner jedes Jahr am 4. Juli ihre eigene Unabhängigkeit mit Feuerwerken, Konzerten, Umzügen, Grillparties und dem Läuten der Kirchenglocken. Noch Mitte des 20. Jahrhunderts wurde die Unabhängigkeit anderer nationaler Staaten von Griechenland, Italien und Polen bis hin zu Israel, Indien und Äthiopien als Ausdruck historischer Gerechtigkeit und Verheißung der Heraufkunft einer besseren Zeit angesehen.

Doch zur gleichen Zeit ereignete sich ein Gezeitenwechsel in den Einstellungen gegenüber Ausdrucksweisen des nationalen und religiösen Partikularismus. Die beiden Weltkriege hatten eine kaum vorstellbare Katastrophe über Europa gebracht, deren Bösartigkeit von den ungeheuerlichen Verbrechen gekrönt wurde, die im Zweiten Weltkrieg von deutschen Truppen verübt wurden. Und als die Nationen darum rangen, zu verstehen, was geschehen war, gab es – sowohl unter den Marxisten als auch bei den Liberalen – Zeitgenossen, die eifrig erklärten, dass die Ordnung nationaler Staaten selbst die Ursache der Katastrophe gewesen sei. Diese Argumentation war nach dem Ersten Weltkrieg, der weitgehend als Resultat der imperialen Bestrebungen der beteiligten Mächte betrachtet wurde, kaum vom Fleck gekommen.[59] Nach dem Zweiten Weltkrieg aber hatte sie ihren Platz gefunden. Und ebenso wie Fotografien der deutschen Todeslager in Umlauf waren, war es auch die Behauptung, dass Deutschland wegen nichts anderem ausgezogen sei, um alle Juden auf der Welt zu ermorden, als aufgrund des „Nationalismus“ der Deutschen. In den 1960er-Jahren hatte die Abscheu vor der Nazi-Judenvernichtung, mit der die die rassistische Politik im amerikanischen Süden und in Südafrika zeitweilig gleichgesetzt wurde, es vollbracht, die Bildungseliten dazu zu bewegen, nationalen und religiösen Partikularismus jedweder Art mit Nazismus und Rassismus gleichzusetzen.

Dieser Gedankengang war nie gänzlich schlüssig. Ungeachtet des Vorkommens des Wortes „national" im Namen der Nationalsozialistischen Deutschen Arbeiterpartei war Hitler kein Fürsprecher des Nationalismus. Er war ein scharfer Kritiker der protestantischen Struktur insgesamt, aber beschäftigte sich besonders ausführlich mit der Institution des nationalen Staates, den er als verweichlichte Erfindung der Engländer und Franzosen und als dem imperialen Erbe des deutschen Reiches weit unterlegen ansah. Anstelle der Ordnung nationaler Staaten wollte er ein Drittes Reich errichten, das seine Inspiration ausdrücklich vom „Ersten Reich" bezog – also vom Heiligen Römischen Reich deutscher Nation mit seiner tausendjährigen Herrschaft und imperialen Bestrebung (wie es der Wahlspruch Kaiser Friedrichs III. besagte: *Austria est imperare orbi universo* – „Österreich ist es bestimmt, die Welt zu beherrschen"). Hitler war längst nicht der erste, der diesem Vermächtnis Ausdruck verlieh, dessen sich noch der norddeutsche Kaiser Wilhelm II. bedient hatte, um seine Truppen anzuspornen, als Hitler im Ersten Weltkrieg in seinem Heer diente. Wie der Kaiser seiner kämpfenden Truppe 1915 schrieb: „Der Triumph Großdeutschlands, das dazu bestimmt ist, eines Tages über ganz Europa zu herrschen, ist das einzige Ziel des Kampfes, in dem wir stehen."[60] In beinahe dem gleichen Ton verbreitete Hitler offen seine Ansicht, Deutschland „muß eines Tages zum Herrn der Erde werden"[61]. Tatsächlich war Nazideutschland ein in jeglicher Hinsicht imperialer Staat, der danach trachtete, dem Prinzip der nationalen Unabhängigkeit und der Selbstbestimmung der Völker ein für alle Mal ein Ende zu setzen.[62]

Es ist auch völlig unmöglich, die deutsche Anstrengung, die Juden auszulöschen, als Folge des Westfälischen Prinzips der nationalen Selbstbestimmung zu interpretieren. Die Vernichtung der Juden in Polen, Russland, dem übrigen Europa sowie in Nordafrika durch die Nazis war keine nationale, sondern eine globale politische Maßnahme, deren Einfluss sich bis hin zum jüdischen Ghetto von Schanghai erstreckte, welches die Japaner auf Drängen der Nazis einrichteten. Diese Maßnahme wäre außerhalb der Bemühungen Hitlers, die seit Langem bestehenden deutschen Ansprüche auf ein universales Imperium neu zu beleben und zu vollenden, weder denkbar noch durchführbar gewesen.

All diese Tatsachen waren bereits während des Krieges klar erkennbar. In ihren Rundfunkübertragungen betonten die Vereinigten

Staaten und Großbritannien unentwegt, dass es ihr Ziel als Bündnis unabhängiger Nationen sei, die Unabhängigkeit und Selbstbestimmtheit der nationalen Staaten in ganz Europa wiederherzustellen. Und am Ende war es der amerikanische, britische und russische Nationalismus – selbst Stalin hatte das marxistische Geschwätz von der „Weltrevolution" hinter sich gelassen, um stattdessen offen an die russische Vaterlandsliebe zu appellieren –, der den deutschen Griff nach dem universalen Imperium aus dem Rennen schlug.

Doch nichts davon schien den westlichen Liberalen von Bedeutung zu sein, die sich nach dem Krieg schnell zu der Ansicht verstiegen, dass angesichts der deutschen Verbrechen die nationale Unabhängigkeit nicht länger als Grundlage der internationalen Ordnung akzeptiert werden könne. Unter den neuen Antinationalisten war der westdeutsche Kanzler Konrad Adenauer einer der leidenschaftlichsten, der wiederholt die Schaffung der Vereinigten Staaten von Europa forderte und behauptete, dass nur die Abschaffung des nationalen Staates eine Wiederholung der Schrecken des Krieges verhindern könne. In seiner Redensammlung *World Indivisible, With Liberty and Justice For All* heißt es:

> Das Zeitalter der Nationalstaaten gehört der Vergangenheit an – einer eifersüchtigen, blutgetränkten Vergangenheit –, die Zukunft soll und muss anders gestaltet werden! [...] Wir müssen in Europa loskommen von dem Denken im nationalstaatlichen Begriff. [...] erst durch den Zusammenschluss der europäischen Staaten zu einer Gemeinschaft wird das geschichtliche Gegeneinander der Nationalstaaten überwunden und damit Krieg auf dem Kontinent in der Zukunft unmöglich gemacht.[63]

Dieser Denkweise zufolge war es die angemessene Antwort auf das überwältigende Böse des Deutschlands der Nazizeit, jenes System der unabhängigen nationalen Staaten niederzureißen, das Deutschland das Recht auf eigene Entscheidungen verliehen hatte, und es durch einen allumfassenden europäischen Zusammenschluss zu ersetzen, der in der Lage sein sollte, Deutschland zu bändigen. Mit anderen Worten: Nehmt den Deutschen ihre Selbstbestimmung weg, und ihr verschafft Europa Wohlstand und Frieden.

Die Vorstellung, Deutschland „bändigen" zu können, indem man die nationalen Staaten Europas abschafft, wird in Europa heutzutage unablässig wiederholt. Sie ist allerdings eher ein guter Witz als eine qualifizierte politische Analyse.[64] Die deutschsprachigen Völker Mitteleuropas waren ihrerseits niemals als nationaler Staat konstituiert. Sie verfügen über keine geschichtliche Erfahrung mit nationaler Einheit und Unabhängigkeit, die mit jener Großbritanniens, Frankreichs oder der Niederlande vergleichbar wäre. Darüber hinaus haben diese westeuropäischen Nationen die Deutschen nicht wegen ihres Nationalismus gefürchtet, sondern wegen ihres Universalismus und Imperialismus – wegen ihres Zieles, Europa unter einem deutschen Kaiser zu einen und ihm so den Frieden zu bringen. Es war diese tief verwurzelte universalistische und imperialistische deutsche Tradition, die es dem herausragendsten deutschen Philosophen der Aufklärung, Immanuel Kant, so leicht gemacht hat, in seinem Traktat *Zum ewigen Frieden* die Behauptung aufzustellen, dass die einzig vernünftige Form der Herrschaft eine solche sei, in der die nationalen Staaten Europas zugunsten einer einzigen Regierung aufgelöst würden und sich Letztere schließlich auf die ganze Welt ausdehnte. Indem er diese Theorie wiederholt vorbrachte, bot Kant nicht viel mehr an als lediglich eine weitere Abwandlung des Heiligen Römischen Reiches unter deutscher Führung.[65]

Aus diesem Grund zielten Adenauers wiederholte Forderungen, Deutschland durch die Abschaffung des Westfälischen Prinzips nationaler Staaten zu zähmen, nicht darauf ab, dass die Deutschen allzu viel aufgeben sollten, das für sie historisch bedeutsam gewesen wäre. Tatsächlich bekräftigte der Kanzler lediglich eine altehrwürdige Tradition deutschen Denkens darüber, wie die politischen Verhältnisse in Europa aussehen sollten. Nationen wiederum, die drei oder vier Jahrhunderte zuvor einen immensen Preis für ihre Unabhängigkeit von den deutschen Kaisern gezahlt hatten, wurde für den versprochenen Frieden und Wohlstand ein ziemlich beachtliches Opfer abverlangt.

Sowohl die Briten als auch die Amerikaner unterstützten die Idee einer Einigung des europäischen Kontinents, weil sie annahmen, dass ihre eigene nationale Unabhängigkeit davon nicht betroffen sein würde. Doch sie hatten sich verrechnet. Das kantische Plädoyer für die moralische Überlegenheit einer internationalen Regierung kann unmöglich neben dem Prinzip der nationalen Unabhängigkeit innerhalb einer einzigen politischen Ordnung existieren. Nachdem diese Argumentation im Nachkriegseuropa erst einmal losgelassen worden war, zerstörte sie sehr schnell die Hingabe an die protestantische Struktur, welcher sich ein Großteil der Bildungseliten in Großbritannien und selbst in Amerika zuvor befleißigt hatte. Und dieser Zusammenbruch war nur folgerichtig. Denn warum sollte noch jemand für das Ideal der nationalen Unabhängigkeit einstehen wollen, wenn es doch die nationale Unabhängigkeit gewesen war, die zu Weltkrieg und Holocaust geführt hatte?

Zudem hat die Bereitschaft der Vereinigten Staaten, ihre Armeen mehr als ein halbes Jahrhundert lang in Europa zu stationieren, dazu geführt, dass die europäischen Nationen in den Genuss von Frieden und Sicherheit kamen, ohne dass sie in Fähigkeiten militärischer ebenso wie konzeptioneller Natur investieren mussten, die den tatsächlichen Sicherheitsbedürfnissen von an Russland und die muslimische Welt angrenzenden Ländern angemessen gewesen wären. Dieser seltsame Umstand – dass Amerikaner weiter und weiter die finanziellen und militärischen Ressourcen bereitstellen, die es braucht, um zu einem verhältnismäßig geringen Preis für Deutschland oder Frankreich den Frieden in Europa zu wahren – ist einer der eigentlichen Gründe dafür, dass Europäer derart besessen von ihrer Liebe zum liberalen Imperium sind. Denn warum sollte schon jemand für Prinzipien der nationalen Unabhängigkeit und Selbstbestimmung einstehen wollen, wenn Amerika diesen Ländern ihre Sicherheit verschafft, ohne dass sie dafür arbeiten müssten, ungefähr so, wie das aus dem Boden quellende Öl den Saudis Wohlstand bringt, ohne dass diese dafür arbeiten müssen? Die Europäer sind in den Status bloßer Abhängigkeit herabgesunken und existieren auf Grundlage der amerikanischen Großzügigkeit. Dies hält sie in einem Stadium der immerwährenden Kindheit, in der sie fröhlich die Behauptung Adenauers nachbeten, dass sie mit der Abschaffung des unabhängigen nationalen Staates den Schlüssel zum Frieden auf Erden gefunden hätten. In Wahrheit haben sie nichts dergleichen getan. Wenn es keine Europäische Union gegeben hätte, kein politisches Zusammengehen Frankreichs oder der Niederlande mit Deutschland, so hätten die Militärpräsenz und der Schutz Amerikas trotzdem in jedem Fall den Frieden in Europa garantiert. So funktionieren Imperien eben. Sie bieten Frieden im Gegenzug für den Verzicht einer Nation auf ihre Unabhängigkeit – einschließlich ihrer Fähigkeit, als unabhängige Nation zu denken sowie mündige politische Strategien zu entwickeln und umzusetzen, die an die Existenz einer unabhängigen Nation angepasst wären.

Das Ergebnis ist die politische Landschaft, die wir um uns herum beobachten können. Von Europa bis Amerika ist die protestantische

Struktur, die dem Westen seine außergewöhnliche Stärke und Vitalität verliehen hat, von weltgewandten, gebildeten Menschen verworfen worden. Wer dazu aufruft, die Institution des nationalen Staates wiederherzustellen, wird nicht länger als Fürsprecher einer Stärkung der Grundlagen jener politischen Ordnung, auf der unsere Freiheiten aufbauen, wahrgenommen. Stattdessen gilt jeder derartige Vorschlag als Forderung nach der Rückkehr zur Barbarei und in die furchtbare alte Welt, die 1945 hätte sterben sollen.

6. Liberalismus als Imperialismus

Meine liberalen Freunde und Kollegen scheinen nicht zu begreifen, dass es sich bei dem ausgreifenden liberalen Entwurf um eine Form von Imperialismus handelt. Für jeden, der noch nicht in die neue Ordnung eingetaucht ist, liegen die Ähnlichkeiten jedoch klar auf der Hand. Ebenso wie die Pharaonen und die babylonischen Könige, ebenso wie die römischen Kaiser und die römisch-katholische Kirche (zumindest bis in die Neuzeit hinein) und ebenso wie die Marxisten des letzten Jahrhunderts haben auch die Liberalen ihre großspurige Theorie darüber, wie sie der Welt Frieden und materiellen Wohlstand bringen wollen, indem sie alle Grenzen schleifen und die Menschheit unter ihrer eigenen universalen Herrschaft vereinen. Voller Begeisterung für die Klarheit und intellektuelle Stringenz dieser Vision haben sie nur Verachtung übrig für den mühsamen Vorgang der Abstimmung mit der Vielheit der Nationen, welche ihrer Meinung nach einfach ihre Ansichten darüber, was richtig ist, übernehmen sollten. Und ebenso wie andere Imperialisten verfallen sie sehr schnell in Ekel, Geringschätzung und Wut, wenn ihre Vision von Frieden und Wohlstand auf den Widerstand derjenigen trifft, die ganz bestimmt immens davon profitieren würden, sich einfach zu unterwerfen.[66]

Natürlich ist der liberale Imperialismus kein monolithischer Block. Als Präsident George H. W. Bush nach dem Niedergang des kommunistischen Blocks den Anbruch einer „neuen Weltordnung" verkündete, hatte er eine Welt im Sinn, in der Amerika die notwendige militärische Stärke zur Verfügung stellen würde, um eine dem Sicherheitsrat der Vereinten Nationen entspringende „Rechtsordnung" durchzusetzen.[67] Spätere amerikanische Präsidenten wiesen diesen Plan zurück und zogen eine Weltordnung vor, in der die Amerikaner auf eigene Faust, aber in Abstimmung mit ihren europäischen Verbündeten und anderen durchgriffen. Die Europäer wiederum präferierten, von „Transnationalismus" zu sprechen, einem Standpunkt, wonach die Macht der unabhängigen Nationen – einschließlich Amerika – den Entscheidungen internationaler Justiz- und Verwaltungsbehörden mit Sitz in Europa untergeordnet sein sollte.[68] Diese Unstimmigkeiten darüber, wie das internationale liberale Imperium zu regieren sei, werden oft so behandelt, als seien sie eine historische Neuheit, aber das ist schlicht nicht der Fall. In aller Regel sind sie lediglich eine Neuauflage der abgenutzten mittelalterlichen Debatten zwischen Kaiser und Papst darüber, wie das internationale katholische Reich zu regieren sei – wobei die Rolle des Kaisers von denjenigen übernommen wird (meist Amerikanern), die darauf bestehen, dass die Entscheidungsgewalt in Washington als politischem und militärischem Zentrum konzentriert sein müsse, und die Rolle des Papstes jene spielen (meist Europäer, aber auch viele amerikanische Akademiker), die die letzte Instanz der Entscheidung in den obersten Auslegern des universalen Rechts sehen, nämlich den gerichtlichen Institutionen der Vereinten Nationen und der Europäischen Union.

Diese Streitigkeiten innerhalb des liberal-imperialistischen Lagers werfen dringende Fragen für den kommenden liberalen Entwurf des Westens auf. Für uns aber, die wir weiterhin nicht überzeugt davon sind, uns die Aufrechterhaltung eines solchen liberalen Imperiums wünschen zu sollen, bleibt die auffälligste Tatsache jene, was die unterschiedlichen Parteien dieser Meinungsverschiedenheiten gemeinsam haben. Ungeachtet all ihres Gezänks stehen die Verfechter des liberalen Entwurfs einig hinter einer einzigen imperialen Vision: Sie wünschen sich eine Welt, in der liberale Prinzipien als universales Recht kodifiziert und den Nationen aufgezwungen werden, notfalls mit Gewalt. Das wird uns, so ihre übereinstimmende Meinung, universalen Frieden und Wohlstand bringen. Ludwig von Mises spricht für all die unterschiedlichen Interessengruppen, wenn er schreibt:

> [D]as größte ideologische Problem, vor dessen Lösung die Menschheit je gestellt war […] handelt sich darum, ob es gelingen wird, in der Welt jene Gesinnung aufzurichten, […] keine andere […] als das uneingeschränkte, vorbehaltlose Bekenntnis zum Liberalismus. Liberales Denken muß die Völker erfüllen, liberale Grundsätze müssen alle Staatseinrichtungen durchdringen, damit die Voraussetzungen des Friedens geschaffen und die Kriegsursachen beseitigt werden.[69]

Wenngleich Mises seine Forderung nach einem „uneingeschränkte[n], vorbehaltlose[n] Bekenntnis zum Liberalismus“ seitens jeder Nation und jeder politischen Institution der Welt in schroffe Worte kleidet, so steht doch das von ihm vertretene Streben für einen heute völlig normalen liberalen Standpunkt. Dogmatisch und utopisch geht man dort davon aus, dass die letzten Wahrheiten über das Schicksal der Menschheit längst entdeckt worden seien – man müsse nur noch einen Weg finden, um sie durchzusetzen.

Damit will ich natürlich nicht sagen, dass jeder Liberale dermaßen dogmatisch und utopisch denkt. Besonders in Großbritannien und Amerika werden die Ansichten vieler Liberaler noch von anderen Faktoren beeinflusst: von Biblizismus, von einem nationalistischen Anerkennen der Vielfalt menschlicher Gesellschaften, von einem demütigen Glauben an Gott, von einem historischen Empirismus und einem moderaten Skeptizismus, der in englischsprachigen Ländern früher *Common Sense* genannt wurde. Alle diese Dinge finden sich noch in gewissen angloamerikanischen Liberalen. Doch in gleichem Maße, wie die Gegner des Liberalismus einer nach dem anderen überwunden worden sind und das universale liberale Imperium scheinbar in greifbare Nähe gerückt ist, sind diese mäßigenden Faktoren auf der Strecke geblieben und haben einen dogmatischen Imperialismus als beherrschende Stimme im liberalen Lager übrig gelassen – eine Stimme, die sehr schnell die schlechtesten Eigenschaften des mittelalterlichen katholischen Reiches übernommen hat, dem sie unbewusst nacheifert, einschließlich einer Unfehlbarkeitsdoktrin sowie einer Vorliebe für die Inquisition und den Index.[70]

Ich möchte diesen letzten Punkt kurz in den Fokus rücken. Eine der frappantesten Eigentümlichkeiten des gesellschaftlichen Lebens in Amerika und Europa ist heutzutage die Art und Weise, in der die westlichen Nationen von öffentlichen Schmähkampagnen und Hexenjagden heimgesucht werden, deren Ziel es ist, irgendeine Einzelperson, Gruppe von Menschen, Meinung oder politische Gesinnung zu brandmarken und ins Aus zu stellen, von der befürchtet wird, dass sie der liberalen Doktrin nennenswerten Widerstand – welcher Art auch immer – entgegensetzen könnte. Viel von dem, was über derartige Kampagnen geschrieben worden ist, hat sich auf die Zersetzung des freien Diskurses an den Universitäten konzentriert, wo die offizielle und inoffizielle Zensur der Meinungen der Professorenschaft – darunter ihrer Ansichten zum Islam, zur Homosexualität, zur Einwanderung und einer Vielzahl anderer Themen – zur Normalität geworden ist. Doch die Universitäten sind wohl kaum der wesentliche Schauplatz der Raserei gegen Ansichten, die heute als unangebracht gelten. Mittlerweile wird ein Großteil des öffentlichen Raumes von den gleichen Hetzkampagnen heimgesucht, die noch bis vor Kurzem mit den Universitäten assoziiert wurden. Tatsächlich gleichen sich die westlichen Demokratien, während der Spielraum legitimer Meinungsverschiedenheit immer kleiner wird und die Strafen für Abweichler immer schwerer werden, mehr und mehr einem einzigen großen Universitätscampus an.[71]

Diese immer hartnäckiger werdenden Forderungen nach Anpassung an einen einzigen universalen Maßstab für Sprache und Religion sind die erwartbaren Auswirkungen des Übergangs fort von der protestantischen Struktur des Westens mit ihrem grundlegenden Prinzip der nationalen Unabhängigkeit und Selbstbestimmung. Dieses Prinzip hatte immerhin für eine Vielfalt an verfassungsmäßigen und religiösen Positionen innerhalb der Ordnung der nationalen Staaten gesorgt, die eine Duldung grundlegend verschiedener Ansichten nach sich zog: Katholiken mussten die Existenz protestantischer Machthaber dulden, Monarchisten mussten republikanische Regierungen dulden und Herrscher, denen es um eine enge Regulierung der Angelegenheiten ihrer Untertanen zu tun war, mussten Regierungen dulden, die größere Freiheiten einräumten – und in jedem Fall galt das auch im umgekehrten Sinne. Diese formale Einräumung von Legitimität zugunsten der politischen und religiösen Vielfalt unter den Nationen wurde dann zur Grundlage der Duldung dissidenter Gemeinschaften auch innerhalb des Staates. Gewiss, nicht jeder Einzelne in jedem Staat war zufrieden. Doch es gab die Möglichkeit, Sonderbestimmungen auszuhandeln, um dissidenten Gemeinschaften entgegenzukommen, solange diese dazu bereit waren, den Staat zu unterstützen und davon abzusehen, die nationalen Gebräuche einem radikalen Wandel unterziehen zu wollen. Und wenn doch einmal jemand einen solchen Wandel fordern wollte, hatte er die Option, in einen angrenzenden Staat auszuwandern, in dem seine Ansichten vielleicht akzeptiert oder sogar unterstützt wurden.[72]

Unter einer universalen politischen Ordnung hingegen, in der ein einziger rechtlicher Maßstab überall Gültigkeit besitzen soll, kann es zwangsläufig keine Toleranz gegenüber vielfältigen politischen und religiösen Standpunkten mehr geben. Die westlichen Eliten, deren Ansichten mittlerweile in Übereinstimmung mit dem neuen liberalen Entwurf in aggressiver Weise gleichgeschaltet werden, tun sich immer schwerer damit, das Bedürfnis nach jener Art von Duldung abweichender Meinungen anzuerkennen, die das Prinzip der nationalen Selbstbestimmung einst zu einem Grundsatz gemacht hatte.

Die Toleranz wird ebenso zum Relikt einer vergangenen Epoche wie der Nationalismus.

Die Verleumdungen und Angriffe, die infolge der britischen Entschlossenheit, die Unabhängigkeit von der Europäischen Union zu suchen, über dem englischen Volk und seiner gewählten Regierung ausgeschüttet wurden, waren eine unverkennbare Warnung an den Westen als Ganzes. Aus Sicht des liberalen Entwurfs ist die Einigung Europas nicht eine legitime politische Position unter anderen. Sie ist die einzig legitime Position, zu der ein anständiger Mensch sich bekennen kann. Dementsprechend war das unnachgiebige Thema aller Polit- und Medienpersönlichkeiten, die die Abstimmung verunglimpften, die moralische Illegitimität des britischen Votums für die Unabhängigkeit: Es wurde behauptet, dass nur die Alten den Austritt aus der Europäischen Union unterstützt hätten, wodurch den Jungen ihr Mitspracherecht entzogen wurde, oder dass nur die Ungebildeten ihn unterstützt hätten, wodurch der Anteil derjenigen, die es wirklich besser wussten, abgewertet wurde, oder dass es den Wählern eigentlich nur um Proteststimmen gegangen sei und sie gar nicht wirklich Europa verlassen wollten etc. pp. Diese wütenden Unterstellungen wurden dann abgelöst von der Forderung, dass die Entscheidung der britischen Öffentlichkeit aufgehoben werden solle – ob nun durch ein zweites Referendum, durch einen Parlamentsbeschluss oder durch Geschacher mit den Europäern hinter verschlossenen Türen, ganz egal, solange nur am Ende die einzig legitime Meinung die Oberhand gewinnen würde.

Die Beunruhigung und Angst, mit welcher die europäischen und amerikanischen Eliten auf die Aussicht auf ein unabhängiges Großbritannien reagierten, hat etwas offengelegt, das lange verborgen gewesen war. Dabei handelt es sich um die einfache Wahrheit, dass der aufkommende liberale Entwurf nicht in der Lage ist, die Abweichung solcher Nationen, die sich ein Recht auf ihre eigenen, einzigartigen Gesetze, Traditionen und politischen Entscheidungen sichern möchten, zu respektieren, geschweige denn, sie wohlwollend zu betrachten. Jedes Aufbegehren dieser Art wird als vulgär und ignorant dargestellt, wenn nicht als Beweis für eine faschistische Gesinnung.

Großbritannien ist auch nicht die einzige Nation, die diese Knute zu spüren bekommen hat. Selbst Amerika ist nicht davor gefeit: Die Weigerung, amerikanische Soldaten vor dem Internationalen Strafgerichtshof anklagen zu lassen, der Unwille, internationale Verträge zum Schutze der Umwelt zu unterzeichnen, der Irakkrieg – dies alles wurde im In- wie Ausland mit ähnlicher Entrüstung quittiert. Auch Israel ist seit Langem das Ziel derartiger Ausbrüche, ob nun für die Bombardierung irakischer Atomanlagen oder für den Häuserbau in Ostjerusalem. Osteuropäische Länder wurden ihrerseits verurteilt für ihren Widerwillen, Einwanderer aus dem Nahen Osten aufzunehmen. Darüber hinaus wurden sowohl in Europa als auch in Amerika ähnliche Delegitimierungskampagnen gegen die Ausübung von Christen- und Judentum aufgezogen, gegen Religionen, auf die die alte biblische politische Ordnung fußt und deren freie Ausübung üblicherweise von den westlichen nationalen Regierungen geschützt oder zumindest geduldet worden ist. Wir haben bereits – vor allem in Europa – Versuche gesehen, jüdische Praktiken wie die Beschneidung und das koschere Schlachten im Namen der liberalen Doktrinen von allgemeingültigen Rechten zu verbieten oder Christen und Juden am Arbeitsplatz und in Schulen liberale Lehren über Sexualität und Familie aufzuzwingen. Man braucht kein besonderes Hintergrundwissen, um zu verstehen, dass dies alles nur der Anfang ist und die Lehren und Praktiken der traditionellen Formen von Juden- und Christentum immer unhaltbarer werden, je weiter sich der liberale Entwurf ausbreitet.

Heutzutage herrscht überall im Westen das Gefühl vor, dass man seine Ansichten zu kontroversen Themen nicht mehr öffentlich aussprechen sollte. Wir sind uns mittlerweile bewusst, dass wir besser nochmal (und dann nochmal) darüber nachdenken sollten, bevor wir so handeln oder sprechen, als sei die protestantische politische Ordnung noch an ihrem Platz. Echte Vielfalt in den verfassungsmäßigen oder religiösen Charakteristika der westlichen Nationen gibt es nur noch zu einem immer weiter ansteigenden Preis für all jene, die auf ihrer Freiheit bestehen.

7. Nationalistische Alternativen zum Liberalismus

Margaret Thatchers Absetzung als britische Premierministerin 1990 markierte den Beginn von fast drei Jahrzehnten des liberalen Konsens, einer Zeitspanne, in der sich prominente Politiker und Intellektuelle angewöhnten, so zu reden, als sei der Triumph einer neuen liberalen Ordnung unausweichlich. In Europa schritt die von Deutschland angeführte Bemühung, die unabhängigen Nationen des Kontinents der Europäischen Union unterzuordnen, rapide voran. In den Vereinigten Staaten stand das Bestreben, eine amerikanische „Weltordnung“ zu errichten, in der Europa praktisch ein amerikanisches Protektorat sein würde, auf der Tagesordnung. Auf beiden Seiten des Atlantiks hielt die unerfreuliche Geschichte vergangener europäischer und amerikanischer Imperialismen die meisten davon ab, offen von einem Imperium zu sprechen. Was von gewählten Volksvertretern, Diplomaten, Geschäftsleuten und Medienpersönlichkeiten – ebenso wie in einer Fülle von utopischen politischen Abhandlungen von Francis Fukuyamas *Das Ende der Geschichte. Wo stehen wir?* (München 1992) über Thomas Friedmans *Globalisierung verstehen. Zwischen Marktplatz und Weltmarkt* (Berlin 1999) bis hin zu Schimon Peres' *The New Middle East* (New York 1995) – unablässig wiederholt wurde, war, dass die „internationale Gemeinschaft“ nun unter eine „Weltordnungspolitik“ gebracht würde. Die Welt würde eine einzige Rechtsordnung und ein einziges Wirtschaftssystem erhalten und in Übereinstimmung mit den liberalen politischen Doktrinen von den Amerikanern und Europäern regiert werden. Und wenn eine Nation innerhalb dieser Neuen Weltordnung „die Regeln bräche“, wie es in Serbien, dem Irak und Libyen der Fall war, dann würde das amerikanische Militär gemeinsam mit verbündeten europäischen Truppenkontingenten einmarschieren und die Regeln wiederherstellen.[73]

Eine weltweite Herrschaft von Frieden und Wohlstand. Ein liberales Imperium. Dies war eine Generation lang die übereinstimmende Politik aller wichtigen politischen Parteien sowohl in Amerika als auch in Europa.

Doch nach dem britischen Votum für die Unabhängigkeit und einem nationalistischen Revival in den Vereinigten Staaten wirkt der Triumph dieser liberalen Ordnung inzwischen weniger unausweichlich. Die protestantische Struktur, die von den politischen und intellektuellen Eliten der republikanischen ebenso wie der demokratischen Partei in Amerika und gleichermaßen Labours wie der Tories im Vereinigten Königreich bereits abgeschrieben worden war, hat gezeigt, dass noch Leben in ihr steckt.

Was wollen die Gegner des liberalen Entwurfs eigentlich? Die protestantische Struktur des Westens beruhte auf zwei grundlegenden Prinzipien. Und so kann man der neuen liberalen Ordnung theoretisch auf sehr verschiedene Weisen entgegenstehen – indem man entweder das eine dieser beiden Prinzipien wiedereinzusetzen versucht oder das andere, oder eben beide zu bewahren bestrebt ist. Dementsprechend gibt es heutzutage drei unterschiedliche antiliberale Lager, die sich in der Politik der westlichen Nationen leicht voneinander unterscheiden lassen:

Erstens gibt es das, was man als eine *neokatholische* Opposition zum liberalen Entwurf bezeichnen könnte. Dabei handelt es sich keinesfalls um einen Standpunkt, der von allen Katholiken unterstützt würde, und ebenso wenig werden ausschließlich Katholiken von ihm angezogen. Vielmehr wird diese Sichtweise von Individuen unterstützt, die dazu bereit sind, eine aktualisierte Version der katholischen politischen Ordnung des Mittelalters zu akzeptieren. Eine solche Theorie konzentriert sich auf die Bewahrung der einen oder anderen Fassung des biblischen moralischen Minimums (das oft eher mit einer Theorie der allgemeinen Vernunft als mit der Heiligen Schrift identifiziert wird) als Maßstab für die Legitimität des Staates. Gleichzeitig steht eine neokatholische politische Theorie den Vorteilen internationaler Herrschaft – einer Art von neuer Christenheit, könnte man sagen – für die weltweite Durchsetzung der Menschenrechte und individuellen Freiheiten wohlwollend gegenüber. In der politischen Praxis haben sich Neokatholiken offen zugunsten der Verteidigung traditioneller religiöser Vorstellungen von Ehe und Familie, gegen die Legalisierung von Sterbehilfe und Abtreibung sowie missbilligend über die Entfernung jüdischer und christlicher Symbole (wie öffentlicher Abbildungen der Zehn Gebote) aus behördlichen Liegenschaften geäußert. Hinsichtlich der Ordnung der nationalen Staaten sind sie jedoch zwiespältig geblieben und tendieren dazu, die

Ausweitung einer Zwangsherrschaft des Völkerrechts zu unterstützen, welche die Kompetenzen der nationalen Regierungen aufheben soll.

Zweitens gibt es einen *neonationalistischen* (oder *etatistischen*) Standpunkt, der dem Beispiel Rousseaus und des französischen revolutionären Nationalismus darin folgt, traditionelle Auffassungen von der Nation, ihrer Verfassung und ihrer Religion über Bord zu werfen, um stattdessen die Loyalität des Einzelnen zum und seinen Dienst am Staat zur höchsten Bestimmung des Menschen zu erheben. Ein solcher Nationalismus ist bekannt für seine Tendenz zu Absolutismus und Atheismus, ebenso wie für die chronische Instabilität, die er historisch betrachtet in Frankreich verursacht hat. Aufgrund ihres Widerstandes gegen die Demontage der unabhängigen nationalen Staaten durch die Europäische Union, gegen die Übertragung der Kompetenzen gewählter Regierungen an die Vereinten Nationen und andere internationale Organisationen, gegen uneingeschränkte Einwanderung sowie gegen erzwungenes Völkerrecht mögen neonationalistische Bewegungen als konservativ angesehen werden. Sie sind jedoch oft weit entfernt von nationalen religiösen Traditionen, sich der biblischen Ursprünge ihres eigenen Nationalismus nicht bewusst und nicht interessiert an der entscheidenden Rolle, die die biblischen Moralstandards einst dabei spielten, die Exzesse der Einzelnen ebenso wie des Staates einzudämmen.

Keine dieser Positionen scheint mir eine stichhaltige Alternative zum Liberalismus anzubieten. Die Neokatholiken werden zu Themen wie Abtreibung und der Definition von „Ehe" weiterhin kulturelle Nachhutgefechte gegen die liberalen Eliten ausfechten. Aber gleichzeitig werden sie bei der aktiven oder passiven Unterstützung des liberalen Imperialismus ertappt werden, welcher die Fähigkeit der Nationen untergräbt, in konstitutionellen und religiösen Fragen genau dieser Art ihre Unabhängigkeit zu bewahren. Der Neonationalismus andererseits mag sich als wirksam darin erweisen, gewisse Nationen aus der liberalen Ordnung herauszulösen. Doch aufgrund seiner Begeisterung für den Staat und seiner Distanz zu den religiösen und moralischen Traditionen der Nation kann er auch zur Errichtung autoritärer Herrschaft führen und somit die (von ihren jeweiligen Positionen aus sowohl von Liberalen als auch von Autoritären vorgebrachte) Behauptung untermauern, dass die einzige Alternative zum Liberalismus der Autoritarismus sei.

Die dritte Alternative zur liberalen Ordnung ist jene, die man *konservativ* (oder *traditionalistisch*) nennen kann und die danach strebt, eine internationale Ordnung nationaler Staaten zu etablieren und zu verteidigen, die auf den beiden Prinzipien der protestantischen Struktur basiert: der nationalen Unabhängigkeit und dem biblischen moralischen Minimum legitimer Herrschaft. Ich benutze den Begriff „konservativ" hier in einem sehr allgemeinen Sinn zur Bezeichnung jeder politischen Bewegung, die darauf abzielt, die Grundlagen der protestantischen Struktur zu bewahren, weil sie sie als die freieste und in vielerlei Hinsicht erfolgreichste internationale Ordnung ansieht, die jemals bestanden hat. Das mag unterschiedliche Bewegungen in verschiedenen Nationen einschließen, wie es durch die Vielzahl an verfassungsmäßigen und religiösen Traditionen (einschließlich solcher, die nicht biblischer Abkunft sind und dadurch in einem andersartigen traditionellen Moralsystem wurzeln) bedingt ist. Von all diesen ist die *angloamerikanische konservative Tradition* die bedeutsamste gewesen, die auf dem Denken von Individuen wie John Fortescue, John Selden und Edmund Burke beruht. Es handelt sich hierbei um eine nationalistische politische Tradition auf Grundlage der Prinzipien der beschränkten Exekutivgewalt, der individuellen Freiheiten, der bibelbasierten öffentlichen Religionsausübung sowie eines historischen Empirismus, der es so oft vollbracht hat, das politische Leben in Großbritannien und Amerika im Vergleich zu anderen Ländern relativ gemäßigt zu halten. Innerhalb des größeren nationalistischen politischen Vermächtnisses ist es dieses angloamerikanische konservative Erbgut, das sich am geeignetsten erwiesen hat, um eine vernünftige Politik hervorzubringen, und das dem Gedeihen der Vereinigten Staaten, Großbritanniens und anderer englischsprachiger Nationen so förderlich war.[74] Ich glaube, dass heutige Staatsmänner und politische Denker in dieser Tradition – im Einklang mit den Erfordernissen unserer Zeit auf den neuesten Stand gebracht – die nützlichste und hilfreichste Alternative zum liberalen Imperium finden können.

* * * * *

Oberflächlich betrachtet machen Grossbritannien und Amerika manchmal den Eindruck, sich von ihrem biblischen Erbe gänzlich gelöst zu haben. Aber dies sind noch immer Nationen, die ihre Form aus der biblischen Verkündigung der Freiheit der Nation vom Reich, der Beschränkung der Macht der Könige und der fundamentalen Gebote, die die Grundlage für eine gerechte und soziale Gesellschaft schufen, gewonnen haben.[75] Die jüngeren Ereignisse haben erwiesen, wie stark die protestantische Struktur in beiden Ländern noch immer ist, selbst nach Jahrzehnten des Zurückweichens vor der neuen liberalen Ordnung, die kurz davor zu sein schien, sie zu ersetzen. Diese Ereignisse bieten uns eine Gelegenheit, noch einmal von einem kritischeren Standpunkt aus, als bislang möglich war, über die Verpflichtung auf einen universalen Liberalismus nachzudenken, den sich die Eliten in Europa und Amerika auf die Fahnen geschrieben haben. Ebenso haben sie uns die Chance gegeben, uns zu fragen, ob die biblische Freiheit, die uns unsere Ahnen hinterlassen haben, nicht vielleicht noch immer die bessere Wahl ist.

Im ersten Teil dieses Buches habe ich den geschichtlichen Rahmen skizziert für ein Verständnis der Konfrontation, die sich zwischen den Mächten des Nationalismus und jenen des Imperiums entfaltet, welche heute um die Gefolgschaft der westlichen Nationen wetteifern. Ich wende mich nun einem allgemeinen Plädoyer für den unabhängigen nationalen Staat als das beste der Menschheit zur Verfügung stehende Ordnungsprinzip zu.

Zweiter Teil:
Plädoyer für den nationalen Staat

8. Zweierlei politische Philosophie

Die griechische politische Philosophie schenkt der Frage besondere Beachtung, welche Staats- oder Regierungsform die beste sei, und das liberale politische Denken der Moderne hat sich die Sorge darum bewahrt, wie Herrschaft strukturiert sein sollte. Diese Art von Fragestellung setzt voraus, dass sich menschliche Wesen von sich aus als ein *Staat* organisieren werden – das heißt als eine hinreichend stark zusammenhaltende Gemeinschaft, die von einer einzigen stehenden Regierung – unabhängig von anderen Regierungen – beherrscht werden kann und tatsächlich wird. Davon ausgehend lässt sich fragen, welche Form die Regierung des Staates haben sollte: Soll der Staat eine Monarchie, eine aristokratische Republik oder eine Demokratie sein? Soll die Staatsgewalt in einem Zweig der Regierung konzentriert oder auf mehrere von ihnen verteilt sein? Soll der Staat an eine niedergeschriebene Verfassung gebunden sein, und wenn ja, wer soll darüber befinden, wann diese Verfassung verletzt worden ist? Soll der Staat dem Einzelnen grundsätzliche Rechte und Freiheiten einräumen, und wenn ja, welche sollen das sein?

All diese und vergleichbare Fragen setzen die Existenz eines zusammenhängenden und unabhängigen Staates voraus. Doch die politische Philosophie kann auch andere, fundamentalere Fragen stellen – Fragen, die anerkennen, dass Menschen nicht schon immer in nach innen geeinten und unabhängigen Staaten gelebt haben, und die das Vorhandensein des Staates nicht als selbstverständlich voraussetzen. Ich denke da an Fragen wie die folgenden: Was erlaubt es einer Gemeinschaft, einen hinreichend starken Zusammenhalt zu entwickeln, um als ein Staat geordnet zu werden? Formiert sich der Staat, wenn unabhängige Individuen dem Leben unter Herrschaft zustimmen, oder durch die Einigung bereits zuvor existenter zusammenhängender Gemeinschaften? Ist der Staat wirklich die beste Institution, um das menschliche Leben zu ordnen, oder gibt es auch andere Formen politischer Ordnung, etwa eine Clan- oder Feudalordnung, die vielleicht besser sind? Und wenn der Staat die beste Form der politischen Ordnung ist, sollte dann die Macht in Händen eines einzigen universalen Staates liegen oder auf viele miteinander wetteifernde Staaten aufgeteilt werden?

Wenn wir diese Fragen berücksichtigen, so stellen wir fest, dass die politische Philosophie ihrem Wesen nach in zwei Bereiche zerfällt, von denen der eine grundsätzlicher ist als der andere. Der eine Bereich ist die *Regierungsphilosophie*, die die beste Regierungsform zu bestimmen versucht und dabei die Existenz eines Staates mit einem hohen Grad innerer Einigkeit und Unabhängigkeit voraussetzt. Ihr vorgeordnet ist die *Philosophie der politischen Ordnung*, die die Gründe politischer Ordnung zu verstehen und auf Grundlage dieses Verständnisses zu bestimmen versucht, welche Formen der politischen Ordnung uns zur Verfügung stehen und welche davon die beste ist.

Wer auf den Zusammenhalt und die Unabhängigkeit des Staates, in dem er lebt, vertraut, fühlt sich naturgemäß zur Regierungsphilosophie hingezogen. Denn wenn der Staat erst einmal als dauerhaft vorausgesetzt wird, welcher Politikstudent würde da nicht an die Arbeit gehen und bestimmen wollen, welche Regierung dieser haben soll?

Doch die Regierungsphilosophie kann in die Irre führen und sogar verderblich sein, wenn ihr nicht ein sorgfältiges Studium der Ursachen für politische Ordnung vorausgeht. Die Arbeit der menchlichen Vernunft wird von einem eisernen Gesetz beherrscht: Was ohne jedes Argument vorausgesetzt wird, wird am Ende für selbstverständlich gehalten, ob es nun wahr oder falsch ist. Das gilt genauso auch für die Regierungsphilosophie. Da diese Forschungsdisziplin nun ihren Anfang in der Annahme eines zusammenhängenden und unabhängigen Staates nimmt, konditioniert sie das Denken ihrer Schüler darauf, davon auszugehen, dass sie überall um sich herum zusammenhängende und unabhängige Staaten erblicken, und zwar nicht nur in der Theorie, sondern in der Realität. Wenn sie ins Ausland und in andere Regionen der Welt blicken, dann sehen sie zusammenhängende und unabhängige Staaten, wo es keine gibt, oder glauben, dass sich solche Staaten leicht erschaffen ließen, wo es in Wahrheit keine Möglichkeit dazu gibt. Und wenn sie den Staat betrachten, in dem sie selbst leben, dann kommt ihnen nicht in den Sinn, dass alle Staaten unentwegt Gefahr laufen, ihren Zusammenhalt und ihre Unabhängigkeit zu verlieren, und halten deshalb die Einigkeit und Unabhängigkeit ihres eigenen Staates für selbstverständlich. In der Folge neigen sie dazu, die zur Erhaltung von Zusammenhalt und Unabhängigkeit erforderlichen Bemühungen geringzuschätzen und frohen Mutes für politische Strategien einzutreten, die unmittelbar auf die Zerstörung des Zusammenhaltes und die Aufweichung der Unabhängigkeit hinarbeiten, während sie gleichzeitig glauben, der Staat könne dies alles aushalten und trotzdem intakt wie zuvor verbleiben.

In ihrem eigenen, begrenzten Bereich ist die Regierungsphilosophie nützlich. Doch um qualifiziert zu sein, muss sie auf einem Verständnis der tiefer liegenden Ursachen für die Entstehung, den Zusammenhalt und die Unabhängigkeit ebenso wie die Zerstörung des Staates aufbauen. Dies sind die Fragestellungen, die wir in den ersten großen Werken der westlichen politischen Tradition finden – nämlich jenen, die in der hebräischen Bibel gesammelt worden sind. Hier begegnen uns ein fortwährendes Bewusstsein der Möglichkeit, dass Menschen auch außerhalb des Staates leben können, in einer Ordnung der Familien und Clans und Stämme, sowie eine Aufmerksamkeit gegenüber der Bedrohung, die der Staat für eine solche Ordnung darstellt. Ebenso werden wir in der Bibel mit den Mehrdeutigkeiten konfrontiert, die die Gründung des Staates umwirken, und wir lernen, die Zerbrechlichkeit aller derartigen Staaten anzuerkennen, die sich in jedem Augenblick entweder im Aufstieg oder im Niedergang befinden, sich entweder der Festigung oder der Auflösung annähern. Hier werden wir gelehrt, darüber nachzudenken, wie eine gerechte Herrschaft zur Festigung der politischen Ordnung beiträgt, während eine törichte Herrschaft zum Zerfall der politischen Ordnung führen und der Anarchie sowie der Eroberung durch Fremde den Weg ebnen wird. Hier werden wir erstmals der Frage ausgesetzt, ob der Staat die menschliche Freiheit befördert oder ihr im Weg steht, und ob die Ausweitung des imperialen Staates nicht zwangsläufig zur Versklavung der Menschheit führt.

Im Folgenden werde ich die politische Grundlagenphilosophie untersuchen. Statt einfach davon auszugehen, dass vernünftige Menschen zwangsläufig einen geschlossenen und unabhängigen Staat bilden werden, werde ich die zugrunde liegenden Ursachen politischer Ordnung berücksichtigen und prüfen, auf welche Weise diese Ursachen die uns zur Verfügung stehenden Alternativen beeinflussen. Auf der Grundlage dieser Untersuchung werde ich die Behauptung aufstellen, dass die beste Form der politischen Ordnung eine der unabhängigen nationalen Staaten ist. Insbesondere werde ich erörtern, dass eine solche Ordnung den anderen uns bekannten prinzipiellen Alternativen überlegen ist: der Ordnung der Stämme und Clans, die dem Staat vorausgeht, ebenso wie der imperialen Ordnung.

9. Die Grundlagen politischer Ordnung

Manche Dinge lassen sich vom autonom handelnden Individuum erreichen. Doch die meisten Ziele oder Zwecke erfordern es, dass wir gemeinsam mit anderen handeln. Unsere Nachbarn aber haben ihre eigenen Ziele und Beweggründe; oft haben sie kein Interesse an dem Ziel, das wir uns gesetzt haben, und wenn doch, dann stehen sie ihm vielleicht sogar feindlich gegenüber. Wie also können wir andere so beeinflussen, dass sie im Sinne der Erfüllung jener Ziele handeln, die wir für notwendig oder wünschenswert erachten? Das ist das grundlegende Problem des Einzelnen, der in einer Gemeinschaft mit anderen lebt. Das Bedürfnis, eine Antwort auf diese Frage zu finden, schafft den Anlass für die *Politik*, welche die Fachrichtung oder die Kunst der Beeinflussung anderer ist, sodass diese im Sinne der Erfüllung jener Ziele handeln, die man selbst für notwendig oder wünschenswert erachtet.

Eine mögliche Antwort auf dieses grundlegende Problem ist die Errichtung von festen Körperschaften oder Kollektiven für die Einzelnen – Familie, Clan, Stamm oder Nation, Staat oder Armee, religiöse Ordnung oder Wirtschaftsunternehmen. Diese und andere *Institutionen* sind menschliche Kollektive, die ihr Bestehen über die Zeiten hinweg gesichert haben, indem sie sich an gewisse feststehende Ziele und Formen klammerten, etwa einen besonderen Namen, unter dem sie bekannt sind, sowie allgemein akzeptierte Vorgehensweisen, durch die sie Entscheidungen treffen und als eine politische Körperschaft handeln. Jede Institution erzieht, überredet oder zwingt ihre Mitglieder dazu, im Einklang mit diesen feststehenden Zielen und Formen zu handeln, sodass sie als Teil des Gesamtkörpers zuverlässig sind und nicht jedes Mal aufs Neue überzeugt oder genötigt werden müssen.

Was aber – abgesehen von ihren ganz eigenen Absichten und Motiven – bringt Individuen dazu, sich mit anderen zu einer Institution zusammenzuschließen und als eine politische Körperschaft zuverlässig im Einklang mit den jeweiligen Zielen und Formen der Institution zu handeln?

Drei Möglichkeiten sind wohlbekannt: Individuen werden sich erstens dann anschließen, wenn man ihnen Repressalien androht. Zweitens werden sie sich dann anschließen, wenn man ihnen Geld oder einen anderen Vorteil anbietet. Und zu guter Letzt werden sie sich dann anschließen, wenn sie die Interessen und Ziele der Institution als ihre eigenen ansehen. Von diesen dreien schafft die zweite Möglichkeit die schwächsten Institutionen, weil all jene, die sich einem mühseligen Kampf oder einer Anstrengung nur gegen eine Geldsumme anschließen, ständig nachrechnen, ob ihre Bezahlung das Risiko wert ist, und auf die Gelegenheit hoffen, zu einer anderen Sache überzulaufen, die besseren Sold bietet und weniger Einsatz erfordert. Wenn Individuen rekrutiert werden, indem man sie und ihre Lieben bedroht, so sind die Institutionen nur wenig stabiler, weil man sich nicht mehr auf sie verlassen kann, sobald die Bedrohung nachzulassen scheint, und sie immer kurz vor einer Meuterei stehen, solange die Bedrohung noch besteht.

Aus diesen und anderen Gründen sind die stärksten Institutionen jene, in denen die einzelnen Mitglieder sich mit den Interessen und Zielen der Gruppe als ihren eigenen identifizieren. Man denke beispielsweise an einen Soldaten, der in der Hoffnung zur Waffe greift, nach einer langen Zeit der Unterdrückung die Unabhängigkeit für sein Volk erkämpfen zu können. Solche Individuen muss man nicht in die Schlacht zwingen oder für ihre Dienste reich belohnen. Der Umstand, dass sie für das Wohl ihres Volkes kämpfen, ist ihnen Grund genug, ihre Leben um des Kollektivs – etwa eines Stammes oder einer Nation – willen in die Waagschale zu werfen, und entfacht eine Begeisterung in ihren Herzen, welche zu Heldentaten und Opfern antreibt, die keine Drohungen und keine Gehaltsversprechen jemals hervorbringen könnten.

Viele politische Theorien gehen davon aus, dass politische Ereignisse von der Sorge des Einzelnen um sein eigenes Leben und sein Eigentum angetrieben seien. Und doch weiß jeder, der das Verhalten von Individuen in Zeiten des Krieges oder unter den Bedingungen einer gewaltlosen Auseinandersetzung – etwa im Wahlkampf – gesehen hat, dass diese Annahme völlig abwegig ist. Es stimmt, jeder wird hin und wieder von der Sorge um sein Leben oder sein Eigentum motiviert. Aber menschliche Wesen sind auch in der Lage, die Ziele und Interessen eines Kollektivs oder einer Institution, dem oder der sie angehören, als ihre eigenen zu betrachten, sowie diesen Zielen und Interessen entsprechend zu handeln, selbst wenn dieses Handeln ihrem Leben und ihrem Eigentum absehbar schaden wird. In der Tat werden politische Ereignisse oft durch das Vorgehen von Individuen bestimmt, deren Motive genau dieser Art sind.[76]

Eine politische Theorie mit dem Ziel, real existierende menschliche Wesen zu verstehen und uns keine Märchen über die Abenteuer einer fantastischen Kreatur zu erzählen, die sich die Philosophen ausgedacht haben, kann diese Fähigkeit des Einzelmenschen, die Ziele des Kollektivs zu seinen eigenen zu machen, nicht einfach übergehen. Diese Fähigkeit ist erstaunlich und doch so alltäglich wie die Luft, die wir atmen; wir tragen sie jeden Tag und jede Stunde mit uns herum. Sie ist elementarer Bestandteil unserer Erfahrungswelt, und über die Stärke menschlicher Institutionen lässt sich kein zuverlässiges Urteil treffen, wenn nicht diese Fähigkeit seinen Kern bildet. Wir wollen diese Angelegenheit deshalb genauer betrachten.

Wir wissen, dass das menschliche Individuum von Natur aus vor allem anderen darum bemüht ist, die Unversehrtheit seines eigenen Ichs zu erhalten. Mit dem *Ich* meine ich in erster Linie den physischen Körper des Individuums, der durch den reflexartigen Drang geschützt wird, im Falle einer Bedrohung oder Beschädigung entweder zu kämpfen oder unverzüglich zu fliehen. Dieser Drang, die Unversehrtheit des Ichs zu erhalten, ist jedoch mitnichten auf den Schutz des Körpers beschränkt. Die gleiche wilde Entschlossenheit, die der Einzelne bei der Verteidigung seines physischen Körpers an den Tag legt, zeigt sich auch in seinen Anstrengungen, sein Ansehen zu verteidigen, wenn er angeklagt oder beleidigt wird. Und sie zeigt sich ebenso in dem Drang, sein Land und andere physische Besitztümer zu schützen, die er als sein Eigentum ansieht. Tatsächlich handelt es sich bei der Liebe, die er nachweislich für seine Ehefrau und seine Kinder und seine Eltern und seine Brüder und Schwestern empfindet und die ihn dazu treibt, sie zu beschützen, wenn sie in Gefahr sind, um nichts anderes als einen anderen Namen für genau diesen Drang, die Unversehrtheit seines eigenen Ichs zu erhalten – denn alle diese geliebten Menschen sind, soweit es sein eigenes Bewusstsein angeht, unter dem Begriff seines eigenen Ichs kategorisiert und werden so wahrgenommen, als seien sie ein Teil von ihm.

Diese Fähigkeit, andere so zu beschützen und zu verteidigen, als seien sie ein Teil des eigenen Ichs, ist nicht auf Angehörige beschrankt. Wir sehen die gleiche wilde Entschlossenheit im Drang, einen Freund oder Mitbürger zu verteidigen, einen Angehörigen der eigenen militärischen Einheit oder der eigenen Straßengang – oder, allgemeiner, jedes andere menschliche Wesen, das, aus welchem Grund auch immer, vom Individuum als Teil seines Ichs angesehen wird. Und es ließen sich noch viele andere Beispiele anführen. Wir sehen also durch die ganze Bandbreite menschlicher Verhaltensweisen und Institutionen hindurch, dass das Ich des Individuums in seiner Ausdehnung von Natur aus flexibel ist und sich konstant vergrößert, sodass es Personen und Dinge, bei denen wir davon ausgegangen wären, dass sie ihm fernliegen und fremd sein würden, tatsächlich wie einen Teil von sich selbst wahrnimmt.[77]

Wenn ein Individuum einen bestimmten anderen Menschen in den Geltungsbereich seines oder ihres eigenen Ichs einschließt, so nennen wir diese Verbindung *Loyalität*. Wenn zwei Individuen jeweils einander unter den Schutz ihres erweiterten Ichs gestellt haben, so entsteht ein Bund der *gegenseitigen Loyalität*, die es diesen beiden Einzelnen gestattet, sich als ein einziges Wesen zu betrachtet. Die Existenz solcher Verbindungen gegenseitiger Loyalität bedeutet nicht, dass die Individuen völlig aufhörten, unabhängige Personen zu sein. Diese Bünde beseitigen nicht die Konkurrenz, die Kränkungen, die Eifersucht und die Streitigkeiten, die es zwischen Individuen, die loyal zueinander sind, immer gibt. Eheleute mögen sich häufig streiten, und Brüder oder Schwestern mögen zanken und einander angehen – auf diese Weise versuchen sie, die interne Hierarchie ihrer Beziehungen zueinander zu verändern. Wenn es zu solchen Konflikten kommt, dann werden sie als Auseinandersetzungen zwischen unabhängigen Personen empfunden. Doch sobald einem der beiden ein Unglück widerfährt, empfindet der andere diese Not so, als sei sie seine eigene. Und im Angesicht dieser Not werden die Unstimmigkeiten, die sie eben noch heimgesucht haben, vorübergehend ausgesetzt oder ganz ausgeblendet. Und mehr: Wenn die Not erst einmal überwunden ist, verspüren beide ein Gefühl der Erleichterung und Freude, des glücklichen gemeinsamen Weges, und jeder empfindet die Freude des anderen als seine eigene. Diese Erfahrungen, in denen ein anderes Individuum im Angesicht von Unglück und Triumph als Teil des eigenen Ichs wahrgenommen wird, begründen eine starke Unterscheidung zwischen einem *Drinnen* und einem *Draußen*: einem Drinnen, das aus den beiden Individuen besteht, von denen jedes das andere als Teil eines einzigen Wesens begreift, und einem Draußen, von wo aus die beiden herausgefordert werden und in dessen Angesicht sie gemeinsames Leid und gemeinsamen Erfolg erfahren.[78]

Menschliche Institutionen können ihren Zusammenhalt verstärken, indem sie ihren Mitgliedern finanzielle Entlohnung anbieten oder indem sie sie einem Zwang unterwerfen – und oft tun sie das auch. Doch beständig und belastbar sind jene Institutionen, die von Grund auf aus Verbindungen der gegenseitigen Loyalität aufgebaut sind. Die *Familie* ist die stärkste und widerstandsfähigste aller der menschlichen Politik bekannten kleinen Institutionen, eben aufgrund des Vorhandenseins derartiger Verbindungen der gegenseitigen Loyalität zwischen jedem einzelnen Familienmitglied und allen anderen Familienmitgliedern. Diese Bindungen sind zum Teil biologischer Natur und zum Teil erworben. Eine Mutter wird immer das Gefühl haben, dass die Kinder, die sie ausgetragen hat, ein Teil von ihr selbst sind. Doch erworbene Familienbeziehungen, etwa die zwischen einem Mann und seiner Ehefrau, jene zwischen ihnen beiden und ihren jeweiligen Schwiegereltern oder die zwischen Eltern und einem Adoptivkind sind oft kein bisschen schwächer als solche zwischen Eltern und ihren biologischen Kindern. Die speziellen Bindungen der familiären Loyalität können also sowohl angeborene als auch erworbene Bindungen sein; in jedem Fall aber bleibt ihre Festigkeit und Belastbarkeit unerreicht, als Resultat der täglichen gemeinsamen Erfahrung, sich auf Familienmitglieder verlassen zu können, wenn es um Hilfe und Unterstützung geht – dadurch werden die Familienmitglieder zu einem Teil des eigenen erweiterten Ichs.

Die Familie ist die uns vertrauteste kleine Institution, doch es gibt noch viele andere. Armeen beispielsweise bauen auf einer grundlegenden kleinen Einheit auf, der *Gruppe* (in englischsprachigen Ländern *Squad* oder *Section*). Sie ist der Familie nachempfunden und besteht aus ungefähr zehn Mann, die von einem Unteroffizier oder einem Feldwebel geführt werden. Auch hier beruht die Fähigkeit der Einheit, unter extremen Belastungen zu funktionieren, auf Verbindungen der gegenseitigen Loyalität – Verbindungen, die besonders stark werden in einer Einheit, die klein genug ist, um sicherzustellen, dass jeder Einzelne jeden anderen Einzelnen persönlich kennt und aus umfangreicher Erfahrung weiß, dass er sich auf ihn verlassen kann, wenn er in den Strapazen der Ausbildung und des Kampfes Hilfe und Unterstützung benötigt.[79]

Kleine Institutionen wie die Familie oder die Gruppe, die aus Individuen bestehen, welche durch gegenseitige Loyalitäten aneinander gebunden sind, die sich über lange Jahre der geteilten Not und Freude hinweg herausbilden, sind die Grundlage jeder politischen Ordnung. Aus solchen kleinen Einheiten werden größere politische Institutionen jedweder Art gebildet. Man kann beispielsweise Familienoberhäupter in eine Verbindung der gegenseitigen Loyalität zueinander bringen und die Angehörigen aller beteiligten Familien so zu einem *Clan* verknüpfen. Und in der Tat sind überall auf der Welt und durch alle Zeitalter hindurch Clans begründet worden, um für eine kollektive Verteidigung zu sorgen, interne Verfahrenswege zur Stiftung von Gerechtigkeit zu schaffen und eine gemeinsame Götterverehrung zu pflegen. Einem Kind, das in einer dieser Familien aufwächst, wird es nicht zwangsläufig möglich sein, zu den meisten anderen einzelnen Mitgliedern des Clans, die sich auf Hunderttausende belaufen oder über ein beträchtliches Gebiet verstreut sein mögen, eine direkte Verbindung der gegenseitigen Loyalität aufzubauen. Doch seine Eltern, die über direkte Bindungen der gegenseitigen Loyalität zu den anderen Familienoberhäuptern verfügen, empfinden die Leiden und die Triumphe des Clans so, als ob sie ihnen selbst widerfahren würden, und verleihen diesen Empfindungen Ausdruck. Und so ist das Kind, das die Leiden und die Triumphe seiner Eltern so empfindet, als ob sie ihm selbst widerfahren würden, in der Lage, die Leiden und die Triumphe des Clans ebenso als seine eigenen zu empfinden. So wird selbst ein noch sehr junges Kind Leid und Schande empfinden, wenn einem anderen Mitglied seines Clans von Angehörigen eines konkurrierenden Clans Leid oder Schande angetan wird. Auf diese Weise dehnt sich das Ich des Kindes auf den gesamten Clan und all seine Mitglieder aus, selbst auf jene, denen das Kind nie begegnet ist. Und aufgrund dieser Ausdehnung wird es später einmal dazu bereit sein, selbst schwere Konflikte mit anderen Mitgliedern seines Clans zurückzustellen, sobald eine Bedrohung von außen als Herausforderung für die gesamte Gruppe betrachtet wird.[80]

Wenn wir vom *Zusammenhalt* menschlicher Kollektive sprechen, dann denken wir dabei an genau dies: die Bindungen gegenseitiger Loyalität, die ein Bündnis vieler Einzelner zusammenhalten, von denen jeder Einzelne die Leiden und die Triumphe der anderen mitempfindet, auch jener, denen er niemals begegnet ist.[81]

Zusammenhalt dieser Art ist nicht auf den Maßstab der Familie und des Clans beschränkt. Clanoberhäupter können sich zusammentun und einen *Stamm* begründen, der vielleicht zehntausende Mitglieder hat. Und Stammesoberhäupter können sich zu einer *Nation* mit Millionen von Angehörigen vereinigen.[82] Einen solchen fortschreitenden Zusammenschluss kennen wir beispielsweise aus der biblischen Geschichte Israels, in der die Frage betont wird, ob sich die israelitischen Stämme zusammentun und eine geeinte Nation bilden werden. Wir kennen ihn auch aus der Geschichte der Engländer, der Niederländer, der Amerikaner und vieler anderer Nationen.[83] Wie die loyale Bindung an den Clan, so entspringt auch die loyale Bindung an den Stamm oder die Nation der Loyalität zu den eigenen Eltern: Das Kind empfindet die Leiden und die Triumphe seines Stammes oder seiner Nation als seine eigenen, weil es die Leiden und die Triumphe seiner Eltern als seine eigenen empfindet, und die Eltern verspüren und äußern die die Leiden und die Triumphe des Stammes oder der Nation, wenn diese sich ereignen. Und nochmals: Diese Bindung bedeutet, dass der Einzelne Konflikte mit anderen Mitgliedern seines Stammes oder seiner Nation zurückstellt und mit ihnen „einmütig"[84] zusammenkommt, wenn Gefahr droht oder große gemeinschaftliche Aufgaben anstehen.[85]

Hat dieser fortschreitende Zusammenschluss, in dessen Verlauf sich Clans zu Stämmen und Stämme zu Nationen zusammenschließen und die Loyalitäten des Individuums sich immer weiter nach außen erstrecken, Grenzen? Wir wissen, dass Nationen Verbindungen zu anderen Nationen aufbauen können, und dass diese mit der Zeit den Verbindungen der Stämme untereinander während der Bildung der Nation ähneln können. Es gibt, mit anderen Worten, so etwas wie eine „Völkerfamilie", als die sich die englischsprachigen Nationen oft betrachten und die hinduistischen Völker Indiens sich phasenweise betrachtet haben. Was diese Völkerfamilien jedoch zusammenhält, ist einmal mehr eine wechselseitige Loyalität, die in unserer Zeit von gemeinsamer Not neu belebt und gestärkt wird: Die Solidarität der englischsprachigen Völker hat sich am deutlichsten in ihrem gemeinsamen Kampf gegen die faschistischen Achsenmächte oder die kommunistischen Nationen gezeigt, und die wechselseitige Loyalität der Hindus manifestierte sich in ihrem gemeinsamen Kampf um die Freiheit von englischer und muslimischer Herrschaft.[86] Was wir aber noch nie gesehen haben, ist eine echte Tendenz zu gegenseitiger Loyalität unter allen Menschen – so etwas könnte es allenfalls in einer Situation geben, in der die gesamte Menschheit zusammen einem gemeinsamen Feind gegenübersteht.[87]

Die wechselseitige Loyalität von Individuen zueinander ist die mächtigste Kraft, die es im politischen Bereich gibt. Gefühle der wechselseitigen Loyalität binden Individuen eng aneinander, formieren sie zu Familien, Clans, Stämmen und Nationen, ganz ähnlich wie die Anziehungskraft Moleküle aneinander bindet und aus ihnen Planeten, Sternensysteme, Galaxien und Galaxienhaufen formt. Moderne Autoren, die zu sehr von der darwinistischen Lehre beeinflusst sind, versuchen oft, diesen Vorgang als das Resultat biologischer Verwandtschaft zu erklären. Doch das war niemals der Fall. Ein isoliertes menschliches Individuum, das einen Krieg oder eine Seuche überlebt hat und dadurch von seiner Familie und seinem Clan abgeschnitten wurde, wird sich ausnahmslos einer neuen Familie oder einem neuen Clan anschließen, seine Stärken den ihren hinzugesellen und im Gegenzug ihren Schutz erhalten. Indem dieser einzelne Mensch das tut, schafft er neue Bindungen der gegenseitigen Loyalität als Ersatz für jene, die verloren gegangen sind, und das ganz ohne die Notwendigkeit einer biologischen Verwandtschaft. Diese ständige Erneuerung abgerissener Bindungen der wechselseitigen Loyalität bedeutet, dass Familien einzelne Mitglieder aufnehmen können (und dies auch tun), die ihnen nicht eingeboren wurden, und dass Clans ganze Familien aufnehmen können, die ihnen nicht eingeboren wurden. In gleicher Weise nehmen Nationen nicht nur fremde Einzelne und Familien auf, sondern auch ganze Stämme, die einst Fremde waren, aber nicht mehr länger als solche empfunden werden.[88]

Deshalb ist – auch wenn alle Nationen die Metapher der Brüderlichkeit gebrauchen, um die familiengleiche Beziehung der gegenseitigen Loyalität ihrer Mitglieder zueinander zu beschwören – tatsächliche biologische Verwandtschaft nie mehr als ein Rohstoff, aus dem eine Nation geformt wird, wenn überhaupt.[89] Letzten Endes ist der entscheidende Faktor das Geflecht aus Bindungen der wechselseitigen Loyalität, die über lange Jahre der gemeinsamen Nöte und Erfolge zwischen den Angehörigen einer Nation entstanden sind.

Diese ständige Erneuerung der Bindungen gegenseitiger Loyalität, die wir bei so gut wie jedem menschlichen Wesen vorfinden, bedeutet, dass es keine Gesellschaft geben kann, deren einzelne Angehörige niemandem als sich selbst gegenüber loyal sind. Das gilt selbst für die moderne Gesellschaft, in der die traditionelle Ordnung der Stämme und Clans durch den nationalen Staat geschwächt worden ist und die liberale Philosophie dem Individuum beigebracht hat, unentwegt nur an sich selbst und sein persönliches Eigentum zu denken.[90] Selbst hier lassen sich überall Kollektive auf der Grundlage von Bindungen gegenseitiger Loyalität erkennen, und das nicht nur innerhalb der Familie: Örtliche politische Verbände, Kirchen und Synagogen, Schulen und andere gemeinschaftliche Organisationsformen erinnern noch immer sehr an die alten Clanstrukturen. Im staatlichen Maßstab spielen mächtige religiöse, ethnische, regionale und berufsständische Zusammenschlüsse eine Rolle im Leben der Nation, die noch immer mehr oder weniger der innerhalb eines Stammes mit seinen leidenschaftlichen gegenseitigen Loyalitäten entspricht, während jeder Stamm in wechselhaften Bündnissen mit anderen Stämmen danach trachtete, das Schicksal der gesamten Nation zu seinen Gunsten zu wenden. Natürlich haben diese heutigen Formen nicht die Stärke und Widerstandskraft jener Clans und Stämme, die dem Staat vorausgingen. Die Vielfalt derartiger Zusammenschlüsse gestattet dem Einzelnen eine viel größere Freiheit in der Auswahl, welchem er die Treue schwört bzw. verweigert, und da es sich bei ihnen nicht um politisch unabhängige Körperschaften handelt, die Krieg gegeneinander führen, können sie weitaus weniger anspruchsvolle wechselseitige Anforderungen an ihre Angehörigen stellen. Nichtsdestoweniger verweist ihre Existenz auf eine – selbst in einem modernen Staat – unverwüstliche Neigung der Individuen, sich zu Kollektiven zusammenzuschließen, und zwar nicht nur auf der familiären Ebene, sondern auch auf der Clan- und Stammes- und selbst auf der nationalen Ebene.[91] Diese Neigung steigert sich ins Dramatische, wenn Angehörige des eigenen „Clans“ oder „Stammes“ bedroht sind, und sie wird mit all ihrer alten Kraft wieder zur Geltung kommen, wenn der eigene Stamm zu dem Schluss gelangen sollte, dass der nationale Staat nicht länger in der Lage ist, ihn wie bislang zu schützen.[92]

Die Bindungen der gegenseitigen Loyalität, die aus Familien, Clans, Stämmen und Nationen stabile und beständige Institutionen machen, stellen ebenso sicher, dass die Menschen das, was dem Kollektiv geschieht, dem gegenüber sie loyal sind, so empfinden, als würde es ihnen selbst widerfahren. In der Folge sind die einzelnen Menschen mitnichten ausschließlich vom Bestreben angetrieben, ihr eigenes Leben und Eigentum zu schützen, sondern vielmehr unablässig darum bemüht, den Zustand und Wohlstand ihrer Familie, ihres Clans, ihres Stammes oder ihrer Nation, denen gegenüber sie loyal sind, zu verbessern – oft auch in einer Weise, die ihr eigenes Leben und Eigentum aufs Spiel setzt.

Was meine ich nun mit *Zustand und Wohlstand* von Familie, Clan, Stamm oder Nation? Wie beinahe alle Begriffe, die wir zur Beschreibung menschlicher Kollektive verwenden, sind auch diese beiden aus dem Leben des Individuums entlehnte Metaphern. Doch sind die Eigenheiten jener menschlichen Kollektive, auf die sie unsere Aufmerksamkeit lenken, kein bisschen weniger real, nur weil wir sie mit Metaphern beschreiben.

Nehmen wir zuerst die Familie. Wir können sagen, dass Zustand und Wohlstand der Familie auf drei Dingen beruhen: Erstens bedarf es des körperlichen und materiellen Gedeihens. Dazu gehört, dass Kinder geboren werden und wohlbehalten aufwachsen, dass die Familie an Eigentum, welches ihr zur Verfügung steht, hinzugewinnt und dass ihre körperliche Tüchtigkeit und Produktivität, etwa die Fähigkeit zur Herstellung oder Gewinnung von Nahrung, von Jahr zu Jahr zunimmt. Zweitens erkennen wir den guten Zustand einer Familie daran, dass sie über einen starken inneren Zusammenhalt verfügt – wenn ihre Angehörigen einander gegenüber loyal sind, die Leistungen des jeweils anderen preisen und einander in Zeiten der Not beistehen, selbst wenn dies mit einem Risiko für sie selbst einhergeht, wenn ihre Angehörigen bereitwillig die internen Unterschiede in Alter oder Status respektieren, sodass die Familie effizient und einig handeln kann, ohne Zwang anwenden zu müssen, und wenn die Konkurrenz und die Spannungen, die zwischen ihnen unausweichlich aufkommen, in relativem Frieden ausgetragen werden, um der Familie als Ganzes möglichst keinen nachhaltigen Schaden zuzufügen. Drittens erkennen wir den Zustand einer Familie am Ausmaß und der Güte des kulturellen Vermächtnisses, das von den Eltern und Großeltern an die Kinder weitergegeben wird. Dieser Faktor wird oft übersehen, ist jedoch kein bisschen weniger bedeutsam für Zustand und Wohlstand der Familie als jeder der beiden anderen. Sowohl die körperlichen Fähigkeiten als auch die innere Stabilität der Familie hängen zu einem sehr großen Teil vom kulturellen Erbe ab, das die älteren Generationen den jüngeren überantworten, und davon, mit welchem Erfolg dieses Erbe weitergegeben wird.[93]

Dies sind die Maßstäbe für Zustand und Wohlstand der Familie, und jedes Mitglied einer bestimmten Familie verfügt über ein intuitives Verständnis dieser Dinge, ob nun stärker oder weniger stark ausgeprägt und verfeinert, ebenso wie es über ein intuitives Verständnis der Dinge verfügt, welche seinem persönlichen Leben und Eigentum zuträglich sind. Darüber hinaus empfindet das Individuum zu jeder Zeit das Erstarken oder die Schwächung seiner Familie als etwas, das ihm selbst widerfährt. Und weil das so ist, ist es durchgängig zum Handeln motiviert, um die Familie in ihrem materiellen Wohlstand, ihrer inneren Stabilität und ihrer Fähigkeit, den Kindern ein angemessenes kulturelles Erbe zu vermitteln, zu verteidigen und weiter auszubauen. Tatsächlich sind es diese Beweggründe, aus denen heraus Eltern die meiste – wenn nicht sogar die ganze – Zeit ihres Tages über handeln: Sie nehmen Arbeit an, die ihnen keine Freude macht, um ihre Familie versorgen zu können. Sie nehmen sich selbst zurück, um das Verhältnis zu einem unglücklichen Ehemann oder einer unglücklichen Ehefrau zu verbessern, damit zu Hause Frieden herrscht. Sie wenden lange Stunden für die Betreuung der aufsässigen Jungen auf, deren Fähigkeit, den Wert des ihnen Gelehrten anzuerkennen, oft nicht eben stark ausgeprägt ist. Und sie tun all dies nicht aus dem altruistischen Impuls heraus, einem Fremden zu helfen, sondern weil sie die Stärkung der Familie als eine Stärkung ihrer selbst wahrnehmen.

Zustand und Wohlstand jedes menschlichen Kollektivs lassen sich in ganz ähnlicher Weise wie im Falle der Familie bewerten. Wir können beispielsweise den Zustand des Stammes oder der Nation messen, indem wir den materiellen Wohlstand, die innere Stabilität sowie die Stärke und Güte des kulturellen Erbes, das darin von einer Generation an die nächste weitergegeben wird, prüfen. Ebenso kann dem Einzelnen, der seinem Stamm oder seiner Nation gegenüber loyal ist, nicht entgehen, wenn dieses Kollektiv stärker oder schwächer wird, und er wird fühlen, dass diese Stärkung oder Schwächung etwas ist, das ihm selbst widerfährt, ganz so wie er es in Bezug auf seine Familie empfindet. Und aus diesem Grund werden wir dann, wenn der Stamm oder die Nation spürbar geschwächt wird, Individuen sehen, die sich erheben und sich dieser Sache persönlich annehmen, die aus der vollen Tiefe ihres Herzens und ihrer Seele heraus handeln, um Stamm oder Nation zu stärken, so wie sie es auch für ihre Familie tun. Sie tun dies nicht aus Altruismus, sondern weil sie die Stärkung des Stammes oder der Nation als eine Stärkung ihrer selbst wahrnehmen.

Menschliche Wesen trachten und streben unentwegt aktiv nach einem guten Zustand und umfangreichen Wohlstand für die Familie, den Clan, den Stamm oder die Nation, denen sie in wechselseitiger Loyalität verbunden sind: Wir haben ein immenses Bedürfnis danach, den materiellen Erfolg des Kollektivs anzustreben. Wir arbeiten daran, seine innere Stabilität zu verstärken, indem wir sicherstellen, dass seine Angehörigen in der Not treu zusammenstehen, ihre Ahnen und Führer ehren und den unvermeidlichen Rivalitäten untereinander auf friedliche Weise nachgehen. Und wir mühen uns damit ab, das kulturelle Vermächtnis des Kollektivs, seine Sprache und Religion, seine Gesetze und Traditionen, seine historische Perspektive und seine einzigartige Art, die Welt zu verstehen, an eine neue Generation weiterzugeben. Bemerkenswerterweise empfinden wir dieses letztere Anliegen – zukünftigen Generationen das kulturelle Erbe des Kollektivs zu vermitteln – oft als ein ebenso starkes Bedürfnis, wie unsere Kinder zu ernähren und einzukleiden. Selbst in einer bettelarmen Familie kurz vor dem Verhungern hören die Eltern nicht auf, ihren Kindern dieses Vermächtnis weiterzugeben. Man muss sich nur in die Sprache einmischen, die die Menschen miteinander sprechen, in den Glauben ihrer Gemeinde, in das Gewohnheitsrecht, dem zufolge sie ihren Geschäften nachgehen, oder in die Weise, wie sie ihre Kinder großziehen, um diese Menschen sehr rasch gegen sich aufzubringen und sie an den Rand der Gewalttätigkeit zu treiben. Durch ein solches Vorgehen vergreift man sich an der inneren Stabilität und dem kulturellen Erbe von Familie, Clan, Stamm oder Nation; das ist der Grund, weshalb es solche Erbitterung verursacht und derartig verzehrenden Zorn heraufbeschwört.

Es ist keiner universalistischen Ideologie – weder dem Christentum noch dem Islam, weder dem Liberalismus noch dem Marxismus – gelungen, diesen intensiven Drang, das Kollektiv zu schützen und zu stärken, auszuschalten oder auch nur merklich abzuschwächen. Wir sollten uns auch nicht wünschen, dass dieser Drang ausgeschaltet oder abgeschwächt werden möge, so wie wir auch nicht möchten, dass sich der Drang des Einzelnen verringert, sein eigenes Leben zu verteidigen und seine materiellen Umstände zu verbessern. Gewiss, diese leidenschaftliche Sorge um den materiellen Wohlstand, die innere Stabilität und das kulturelle Vermächtnis des Kollektivs macht jede Familie, jeden Clan, jeden Stamm und jede Nation zu einer Art Festung, umgeben von hohen, undurchdringlichen Mauern. Doch diese Mauern sind eine notwendige Bedingung für alle menschliche Vielfalt und Innovation und jeden Fortschritt, indem sie eine jede dieser kleinen Festungen in die Lage versetzen, ihr eigenes besonderes Erbe zu schützen, ihre eigene wertvolle Kultur, in einem Garten, in welchem sie unbeeinträchtigt gedeihen kann. Innerhalb dieser Mauern erhält alles, was originell und anders ist, einen eigenen Raum, in dem es über Generationen hinweg erprobt und geprüft werden kann. Innerhalb dieser Mauern erhalten die Dinge, die nur in dieser Familie, diesem Clan oder diesem Stamm gesagt und getan werden, die Zeit, um zu wachsen und zu reifen, um sich zu verfestigen und zu verstärken, während sie im Charakter all der verschiedenen Mitglieder des Kollektivs ihre Wurzeln schlagen – so lange, bis sie bereit sind, von der Familie in den Clan hinauszudringen, vom Clan in den Stamm und die Nation, und von dort aus in alle Stämme der Erde. Jede Innovation, die eine Verbesserung in Erkenntnis oder Gewerbe, in Recht oder Moral oder Gottesfurcht mit sich gebracht hat, war Resultat einer derartigen Entwicklung, die als unabhängiges Erbe eines kleinen menschlichen Kollektivs ihren Anfang nahm und von dort ausstrahlte. Gleichzeitig lassen sich diese Festungsmauern der Stammessprache und -kultur als Schutz davor betrachten, dass Neuheiten sich zu schnell verbreiten, indem sie genug Zeit verschaffen, damit das Fehlgeleitete und Zerstörerische gewogen und für zu leicht befunden werden kann, damit es seinen Lauf nehmen und untergehen kann, ehe die ganze Menschheit überrollt wird.

10. Wo kommen Staaten wirklich her?

Es gibt eine Geschichte, die Mütter ihren Kindern darüber erzählen, wo die Babys herkommen. Sie erzählen ihnen, dass zur rechten Zeit ein Storch das neugeborene Baby auf der Türschwelle seines neuen Zuhauses ablegen würde.

Keine einzige Mutter glaubt daran, dass irgendetwas an dieser Geschichte stimmt. Also warum tun sie so, als ob sie wahr wäre? Ich nehme an, weil die Wahrheit in den Augen mancher Eltern unschön und unangenehm ist. Indem sie ihren Kindern diese harmlose Lüge auftischen, hoffen sie, die Welt schöner erscheinen lassen zu können, als sie ist, und ihre Sprösslinge so vor Gedanken zu bewahren, die ihnen Kummer und Furcht einjagen könnten.

In ganz ähnlicher Weise gibt es eine Geschichte, die Politik-, Rechts- und Philosophielehrer ihren Studenten darüber erzählen, wo die Staaten herkommen. Sie erzählen ihnen, dass in einem Zustand der vollkommenen Freiheit und Gleichheit jedes darin lebende Individuum gemeinsam mit unzähligen anderen zustimmen würde, eine Regierung zu bilden und sich deren Diktat zu unterwerfen.[94] Kein einziger Universitätsdozent oder Gemeinschaftskundelehrer glaubt daran, dass das stimmt. Also warum tun sie so, als ob es wahr wäre?

Hier wird es schwieriger, eine plausible Antwort zu finden. Wie bei der Geschichte vom Storch kann man sagen, dass die Tradition, Studenten mit dieser unrealistischen Geschichte an die politische Theorie heranzuführen, ihren Geist vor einigen unschönen und unangenehmen Wahrheiten schützt. Da hört die Ähnlichkeit aber auch schon auf. Die Geschichte vom Storch ist nämlich nur dazu gedacht, Kinder ein wenig länger in ihrer kindlichen Unschuld zu belassen, denn zu gegebener Zeit werden ihnen ihre Eltern die Wahrheit sagen. Die Geschichte davon, wo der Staat herkommt, wird hingegen jungen Männern und Frauen über ihre gesamte Ausbildung hinweg wieder und wieder eingeimpft – erst am Gymnasium, dann an der Universität, und dann nochmal im Referendariat oder am Graduiertenkolleg. Schließlich werden aus diesen Studenten Politiker und Juristen und angesehene Gelehrte, und doch wird in ihren Gedanken über das politische Leben stets dieses Ammenmärchen widerhallen und den Raum ausfüllen, der für tatsächliches Wissen zu diesem Thema vorgesehen war. Und wir können jeden Tag beobachten, wie viel Schaden in vielen wichtigen Angelegenheiten – sowohl innen- als auch außenpolitisch – angerichtet wird, weil wichtige Entscheidungen im Namen des Staates von Repräsentanten getroffen werden, die sich nach wie vor auf diesen Mythos verlassen. Auf diesen Umstand hat so gut wie jeder politische Theoretiker energisch hingewiesen, der versuchte, sich dem Thema empirisch zu nähern, einschließlich Selden, Hume, Smith, Ferguson, Burke und Mill.[95] Es ist unmöglich, vernünftig über die Grundlagen der Regierung nachzudenken, ohne sich zuerst von der erfundenen Geschichte frei zu machen, dass Staaten durch die Zustimmung von Individuen entstünden, einer Ansicht, die lediglich vor uns verbirgt, wo Staaten herkommen, und in der Folge auch unser Verständnis davon durcheinanderbringt, wie diese Staaten über die Zeit hinweg existieren, was sie zusammenhält und was sie zerstört.

Wie entsteht der Staat? Wenn wir vom bereits Gesagten ausgehen, so erkennen wir, dass es niemals einen „Naturzustand“ gegeben hat, so wie ihn sich Hobbes oder Locke vorstellten, in welchem die Einzelnen nur sich selbst gegenüber loyal waren. Seit es menschliche Wesen auf diesem Planeten gibt, sind diese der erweiterten Familie, dem Clan und dem Stamm gegenüber loyal gewesen, die ihnen Schutz gewährten, die unter ihnen für Gerechtigkeit sorgten und die Riten festlegten, um den Göttern zu danken; ein jedes Kollektiv nach seinen ganz eigenen Gebräuchen. In Wahrheit ist diese *Ordnung der Stämme und Clans* die ursprüngliche politische Ordnung der Menschheit. Was sollen wir nun von dieser Art einer politischen Ordnung halten?

Zunächst einmal handelt es sich bei der Ordnung der Stämme und Clans nicht um den Staat. Gewiss sind Clan und Stamm mit Verteidigung, Gerechtigkeit und Religion befasst – den gleichen Angelegenheiten, die auch den Staat angehen. Doch die ursprüngliche Form menschlicher politischer Ordnung unterscheidet sich dadurch vom Staat, dass sie – im eigentlichen Wortsinn – *anarchisch* ist, das bedeutet, dass sie ohne eine ständige zentrale Herrschaft funktioniert: Es gibt kein stehendes Heer oder Polizeikräfte, denn es gibt keine Bürokratie, die in der Lage wäre, die für den Unterhalt solcher Kräfte erforderlichen Steuern zu erheben, und dementsprechend gibt es auch niemanden, der Verfügungen erlassen und diese anschließend mit bewaffneter Gewalt durchsetzen könnte. Jeder Clan oder Stamm hat sein Oberhaupt oder seinen Häuptling. Doch ohne eine bewaffnete Macht, die der Durchsetzung seines Willens verschrieben ist, hat ein solches Clan- oder Stammesoberhaupt kaum die Möglichkeit, seine Gefährten zu zwingen, wenn sie ihm nicht folgen wollen. Was bewegt den Clan oder den Stamm dazu, als eine Einheit zu handeln? Erstens die Übereinkunft des Clans oder Stammes, dass seine Führer in einer bestimmten Angelegenheit richtig entschieden haben. Zweitens, wenn eine solche Übereinkunft fehlt, die Treue des Clans oder Stammes zu seinen Führern. Und schließlich der Druck auf jeden Unentschlossenen, den sowohl die ausüben, die der Entscheidung zustimmen, als auch jene, die sie aus Loyalitätsgründen hinnehmen. Wo keines dieser drei Elemente vorhanden ist, handelt der Clan oder Stamm nicht als eine Einheit.[96]

Wie sich leicht zeigen lässt, haben die Vorteile einer solchen anarchischen politischen Ordnung den gleichen Ursprung wie ihre Nachteile. Es handelt sich hierbei um eine Ordnung, die sich nur wenig um die Besteuerung schert oder um die Zwangsrekrutierung von Männern für groß angelegte Bauprojekte oder für den Krieg. Das bedeutet, dass jede Familie oder jeder Clan über eine Freiheit verfügt, die es nach der Errichtung des Staates so nicht mehr gibt; jede Familie, jeder Clan und jeder Stamm kann sich nach eigenem Gutdünken an größeren Kollektivanstrengungen beteiligen. Auf der anderen Seite beruht die Verteidigung auf einer widerspenstigen und uneinheitlich ausgebildeten Miliz, Gerechtigkeit lässt sich nur unter großen Schwierigkeiten durchsetzen, und die religiösen Gebräuche werden nur von Freiwilligen befolgt. Wenn Stämme und Clans von der Loyalität ihren gemeinsamen Bräuchen und einander gegenüber abfallen, folgen unausweichlich kriegerische Auseinandersetzungen zwischen den Stämmen, Unrecht und die Überwältigung durch Fremde; niemand ist mehr dazu imstande, die Lage zu bereinigen.[97]

Der Staat kommt aus der relativen Schwäche der alten Ordnung der Stämme und Clans. Er stellt eine dauerhafte Korrektur der politischen Ordnung dar, durch welche eine ständige zentrale Herrschaft über die Stämme und Clans eingeführt wird. Dazu gehören: der Aufbau einer Berufsarmee, die nicht in Friedenszeiten aufgelöst wird, eine Bürokratie, die in der Lage ist, die für den Unterhalt solcher Kräfte erforderlichen Steuern zu erheben, sowie ein Herrscher oder eine Regierung mit der Autorität, Verfügungen zu erlassen, die anschließend – wenn nötig – mit bewaffneter Gewalt durchgesetzt werden. Eine solche Form der Herrschaft konzentriert ein beispielloses Ausmaß an Macht in der Hand einer kleinen Zahl von Individuen – Macht, die genutzt werden kann, um die Stämme gegen äußere Feinde zu verteidigen, um interne Streitigkeiten zwischen ihnen beizulegen oder zu unterdrücken, sowie um einheitliche religiöse Riten aus nationaler Ebene durchzusetzen.

Wie aber kann ein solcher Staat, der die Clans und Stämme notwendigerweise ihrer Freiheit beraubt und ihnen derart schwere Bürden auflädt, überhaupt entstehen? Wir kennen zwei mögliche Wege:

Auf der einen Seite gibt es die Möglichkeit, einen *freien Staat* zu errichten, also einen, in dem die Beherrschten freiwillig mit der Regierung kooperieren. Dazu kann es kommen, wenn die Köpfe eines Zusammenschlusses aus Stämmen, die eine gemeinsame Bindung und ein gemeinsames Bedürfnis festgestellt haben, zusammenkommen, um eine nationale ständige Herrschaft einzurichten. In einem solchen Fall haben die Stammesführer selbst Anteil an der Auswahl des Herrschers der Nation und sitzen in dessen Gremien, wo die wichtigen Entscheidungen getroffen werden. Der Einzelne gewährt dem Staat seine Loyalität also aus Loyalität seinen Eltern, seinem Stamm und seiner Nation gegenüber, und aus genau diesem Grund wird er Leiden und Opfer auf sich nehmen, wenn die Regierung ihn dazu aufruft. Darüber hinaus mag diese Loyalität des Individuums dem Staat gegenüber sogar dann fortbestehen, wenn die konkreten Angehörigen der Regierung zu einem bestimmten Zeitpunkt oder die konkreten politischen Anliegen, denen diese sich verschrieben haben, ihm nicht gefallen. Seine Loyalität der Nation gegenüber und sein leidenschaftlicher Wunsch, ihre Integrität zu bewahren, treibt den Einzelnen dazu, weiter in den Kriegen zu kämpfen, die die Regierung beschlossen hat, weiter ihre Gesetze zu befolgen und ihr weiter Steuern zu zahlen, während er die ganze Zeit über darauf hofft, dass über kurz oder lang bessere Führer und politische Strategien auf den Plan treten werden.[98]

Durch die Geschichte hindurch haben wir viele solche Staaten entstehen sehen. Der berühmteste Fall einer solchen Vereinigung von Stämmen ist das alte Israel, das als Musterbeispiel eines nationalen Staates gedient hat.[99] Der athenische Staat wird zwar in der Regel als „Stadtstaat“ bezeichnet, wurde aber tatsächlich in der gleichen Weise durch die Vereinigung einer Reihe von Clans geschaffen. Wir sollten ihn deshalb als Stammesstaat begreifen – den Staat eines konkreten griechischen Stammes. Dies deshalb, weil Athen zwar über genug Zusammenhalt verfügte, um von einer ständigen Regierung beherrscht zu werden, aber sich ebenso seine Unabhängigkeit von anderen griechischen Stämmen bewahrte – und das trotz des offensichtlichen Vorhandenseins einer griechischen Nation im weiteren Sinne, die in unabhängige Stämme geteilt blieb.[100] Somit waren die Staaten sowohl der Israeliten als auch der Athener in der Lage, als im Großen und Ganzen freie Staaten zu funktionieren; ihre Existenz wurde ermöglicht durch die jeweilige Loyalität des Volkes zu Nation und Stamm, welche dem Staat den notwendigen Zusammenhalt verlieh. Das Gleiche lässt sich auch über die Begründung des Königreiches der von Alfred dem Großen geeinten englischen Nation sagen, oder über das Zusammenkommen der niederländischen Stämme im nationalen Staat der Republik der Vereinigten Niederlande, oder über die Errichtung eines gemeinsamen Staates – der Vereinigten Staaten – durch die englischen Kolonien in Amerika. Alle diese freien Staaten (und andere) lassen sich verstehen als Ergebnisse der Vereinigung einander feindlich gegenüberstehender Stämme unter einer einzigen nationalen Regierung im Einklang mit der Entscheidung der beteiligten Stämme, einen freien Staat zu gründen.

Auf der anderen Seite kann ein Staat auch als *despotischer Staat* errichtet und unterhalten werden. Damit meine ich einen Staat, dessen Clans oder Stämme sich nicht freiwillig zusammengeschlossen haben, um ihre Freiheit zu erhalten, sondern im Gegenteil gegen ihren Willen von einem Eroberer unterjocht wurden. In einem solchen Fall wird der Herrscher des Staates nicht von den Führern des Stammes oder der Nation, mit denen das Individuum durch gegenseitige Loyalität verbunden ist, auserkoren. Stattdessen gibt es Fremde oder Eindringlinge, denen gegenüber die Stämme zu keiner Loyalität verpflichtet sind. Und weil der Stamm, dem gegenüber der Einzelne loyal ist, ihm keinen Grund gibt, dem Staat gegenüber loyal zu sein, wird er nicht aus eigenem Willen in den Krieg ziehen, die Gesetze befolgen oder dem Staat Steuern zahlen. Wo ein solcher Zusammenhalt fehlt, braucht es Gewalt, um das Individuum dazu zu treiben, sich so zu verhalten, als sei es loyal, auch wenn das in Wirklichkeit nicht der Fall ist. Und die einzige Regierungsform, die einen solchen Anschein von Zusammenhalt zu erzwingen vermag, wo es tatsächlich keinen Zusammenhalt gibt, ist eine Tyrannei – ein Staat, der großflächiges

Abweichlertum mit Gewalt und Terror unterdrücken, große Teile der Bevölkerung in den Militärdienst zwingen oder für andere öffentliche Arbeiten verpflichten und Steuern eintreiben kann, die dazu dienen, die Zustimmung jener zu erkaufen, die sich bestechen lassen.

Ich habe nun zwei verschiedene Weisen beschrieben, auf welche ein Staat entstehen kann, entweder durch die freie Einrichtung einer Regierung über einen Zusammenschluss von Clans oder Stämmen innerhalb einer gegebenen Nation oder auf dem Wege der Unterwerfung. In der Praxis wird ein Staat oft durch eine Kombination dieser beiden Möglichkeiten geschaffen, indem sich einige Stämme und Clans freiwillig anschließen und andere dazu genötigt werden. Man beachte jedoch, wie weit entfernt diese beiden Modelle sowie das kombinierte Modell von der Gründung des Staates sind, wie sie in den Theorien von Hobbes oder Locke beschrieben wird. Diese Philosophen behaupten, dass der Antrieb einer Staatsgründung die Zustimmung jedes Einzelnen sei, und dass diese ihrerseits durch eine Berechnung motiviert sei, wonach die Errichtung des Staates das Beste sei, um sein Leben und sein Eigentum zu schützen. In Wahrheit aber gibt es keine solche Zustimmung und auch keine solche Berechnung. Im Falle der Unterwerfung ist die Zustimmung des durchschnittlichen Einzelnen völlig unerheblich. Und selbst wenn durch die Einigung der Stämme einer Nation ein freier Staat geschaffen wird, so geschieht dies deshalb, weil die Oberhäupter dieser Stämme untereinander Bindungen der gegenseitigen Loyalität geschaffen haben mit dem Ziel, inneren Frieden zu stiften und im Angesicht äußerer Bedrohung ihre gemeinsame Unabhängigkeit und Lebensweise zu sichern. Der durchschnittliche Einzelne wird nicht um seine Zustimmung zur nationalen Einigung und Unabhängigkeit gebeten, welche in Beratungen beschlossen werden, zu denen er kaum Zugang hat, und im Regelfall wird er aus Loyalität zu seinem Stamm auch eine loyale Haltung dem nationalen Staat gegenüber einnehmen, auch wenn er die Entscheidungen seiner Führer für fragwürdig halten mag. Es sind folglich die Interessen und Bestrebungen des Stammes und der Nation, so wie sie von der Stammesführung aufgefasst werden, die eine entscheidende Rolle bei der Geburt eines freien Staates spielen.

11. Unternehmen und Familie

Die fortwährende Schwäche der von Hobbes und Locke her stammenden politischen Philosophie liegt in dieser einen großen Unwahrheit: Sie tut so, als beruhe das politische Leben großteils oder ausschließlich auf den Berechnungen einverstandener Einzelner darüber, was ihre Sicherheit verstärken sowie ihr Eigentum schützen und vermehren wird. Mit anderen Worten: Die liberale Philosophie ignoriert wechselseitige Loyalität als Motiv und unterdrückt damit den mächtigsten Beweggrund, den es in politischen Angelegenheiten überhaupt gibt.

Um sich klarzumachen, welche Folgen es hat, wenn diese Unwahrheit zur Grundlage einer politischen Philosophie wird, kann man zwei kleine Institutionen miteinander vergleichen: das Wirtschaftsunternehmen und die Familie.[101]

Zweifellos gibt es Institutionen, die in erster Linie auf Grundlage der Einschätzung des Einzelnen darüber, was sein körperliches Wohlbefinden verstärken sowie sein Eigentum schützen und vermehren wird, geführt werden – und auf Grundlage seiner anhaltenden Zustimmung zu den Bedingungen einer Vereinbarung mit anderen über die gemeinsame Verwirklichung dieser Ziele. Ein Wirtschaftsunternehmen ist eine solche Institution. Wenn eine Fabrik, ein Ladengeschäft oder ein Bankhaus gegründet wird, dann liegt der Zweck darin, für Leben und Eigentum der Individuen zu sorgen, die einer Beteiligung am Unternehmen zugestimmt haben. Für die Ärmeren bedeutet das, Löhne zu verdienen, die ihnen ein Minimum an Nahrung, Behausung und Bekleidung gewähren. Für die besser Situierten bedeutet es, Besitz anzuhäufen, der zur Vergrößerung der eigenen Wirtschaftsunternehmen und zur Gründung neuer Gesellschaften ebenso eingesetzt werden kann wie für Bildung, Luxusartikel und wohltätige Zwecke.

Natürlich ist es so, dass sich Wirtschaftsunternehmen bisweilen die Loyalität ihrer Angestellten verdienen, und oft werden sie sich genau darum bemühen, indem sie den familiären Charakter des Unternehmens betonen. Das ändert aber nichts am grundsätzlichen

Charakter des Unternehmens als Abkommen im gegenseitigen Einverständnis mit dem Zweck, Wohlergehen und Eigentum der daran Beteiligten zu vergrößern. Und ganz allgemein werden alle, die sich daran beteiligen, dies nur so lange tun, wie sie das Unternehmen für in diesem Sinne profitabel halten. Das bedeutet, dass die Bindungen, die die am Unternehmen Beteiligten aneinander knüpfen, ihrem Wesen nach ziemlich schwach sind: Ein Angestellter oder selbst ein Gesellschafter der Firma mag jahrelang als wichtiger Aktivposten des Unternehmens gepriesen worden sein und sich trotzdem ohne ein Wort des Dankes auf der Straße wiederfinden, wenn die Chefetage den Eindruck gewinnt, ohne ihn besser dran zu sein. Ebenso werden sich sowohl Gesellschafter als auch Angestellte oft aus einem Unternehmen zurückziehen, sobald sich eine lukrativere Alternative bietet.

Die Schwäche der Bindungen, die ein Unternehmen zusammenhalten, äußert sich auch nicht nur in der Leichtigkeit, mit der seine Angehörigen gehen oder gegangen werden. Jene, die bleiben, sind vom wandelbaren und vorübergehenden Charakter aller menschlichen Bindungen betroffen, die auf anhaltender Zustimmung basieren, und werden dementsprechend nicht zu viel von sich selbst in das Unternehmen investieren. Folglich wäre nur ein ungewöhnliches Individuum dazu bereit, für die Fabrik oder das Ladengeschäft oder das Bankhaus, wo es angestellt ist, sein Leben zu opfern – und das gilt genauso auch für die Eigentümer des Unternehmens. Tatsächlich müsste man schon lange nach einem Geschäftsmann – ganz zu schweigen von einem Angestellten – suchen, der dazu bereit wäre, um des Unternehmens willen auch nur anhaltende finanzielle Verluste zu erdulden, wenn er davon ausgehen müsste, diese Verluste nicht später wieder ausgleichen zu können.

Man vergleiche das mit der Familie. Ebenso wie ein Unternehmen wird auch die Familie durch einen Vertrag begründet – einen Ehevertrag. Auch sie beginnt also mit einem Akt des wechselseitigen Einverständnisses. Und ebenso wie ein Unternehmen operiert auch die Familie als Wirtschaftsbetrieb, indem sie danach strebt, für das körperliche Wohlergehen und das Eigentum ihrer Mitglieder zu sorgen. Doch die Familie wird mit gänzlich anderen Zielen gegründet, und deshalb ist sie in der Lage, zwischen menschlichen Wesen Bindungen ganz anderer Art zu knüpfen.

Zu welchen Zwecken ist die Institution der Familie eingerichtet worden? Es mag stimmen, dass sich verheiratete Individuen besserer Gesundheit und größeren Wohlstands erfreuen als unverheiratet gebliebene. Doch Männer und Frauen heiraten nicht, setzen keine Kinder in die Welt und erdulden nicht viele Jahre der Mühen und Opfer, die es braucht, um verheiratet zu bleiben und ihre Kinder großzuziehen, nur weil eine Begutachtung ergeben hätte, dass all das zu ihrer persönlichen Gesundheit und ihrem Wohlstand beiträgt. Der Zweck der Familie ist vielmehr ein gänzlich anderer: Ehe und Familie bestehen, um einer folgenden Generation ein Erbe weiterzugeben, das uns von unseren Eltern und deren Vorfahren anvertraut worden ist. Zu diesem Erbe gehört das Leben selbst und vielleicht ein wenig Eigentum, doch es beinhaltet ebenso eine Lebensart, eine Religion und eine Sprache, Fertigkeiten, Bräuche sowie gewisse Ideale und Auffassungen davon, was einen Wert hat, die jeder Familie eigen sind und die es nirgendwo anders gibt. Ein Mann und eine Frau schließen sich zusammen, um zu kombinieren, was jeder der beiden von seinen Eltern und Großeltern ererbt hat, und gemeinsam weben sie aus dem jeweils Besten ihrer beiden Erbteile ein Erbe für ihre Kinder – damit diese, wenn möglich, etwas noch Besseres daraus machen können. Man kann dieses Bemühen so verstehen, dass man eine Familie gründet, um den eigenen Eltern und Ahnen eine Schuld zurückzuzahlen für das Erbe, das man von ihnen erhalten hat, eine Schuld, die nur beglichen werden kann, indem neue Generationen aufwachsen, die dieses Erbe übernehmen und, wenn möglich, im Gegenzug noch übertreffen.

Das sind keine Ziele, die sich innerhalb von ein paar Jahren oder von 20 Jahren erreichen ließen. Wir neigen dazu, uns darauf zu konzentrieren, wie Eltern die Entwicklung ihrer Kinder in deren frühen Jahren beeinflussen, und das aus gutem Grund. Weniger Beachtung findet, dass ein wesentlicher Teil dessen, was Eltern ihren Kindern weitergeben, von diesen überhaupt nicht verstanden werden kann, ehe sie 25 oder 35 Jahre alt sind – und dass das Bedürfnis, oftmals das Begehren unserer Kinder, das Erbe anzutreten, das ihre Eltern für sie bereithalten, nur wächst, wenn sie erst einmal selbst Kinder haben. Ebenso haben Eltern nicht nur ihren Kindern gegenüber eine Verantwortung. Wenn unsere Kindeskinder heranwachsen und nicht willens oder in der Lage sind, das, was sie suchen, in der Nachahmung und im Rat ihrer Eltern zu finden, so kommt es oft vor, dass sie sich mit der Bitte um Antworten an ihre Großeltern wenden. Die Wahrheit ist, dass das Unternehmen der Bewirtschaftung des Gartens, den die Familie darstellt, niemals ein Ende findet, bis Altersschwäche oder Tod uns daran hindern.

Man bedenke nun die Konsequenzen dieser Tatsache. Die Verpflichtungen in einem Wirtschaftsunternehmen basieren auf anhaltender Zustimmung, wie ich schon ausgeführt habe, und können in regelmäßigen Abständen neu bewertet werden, um zu bestimmen, ob die erzielten Gewinne noch immer die Kosten übertreffen. Jede an dem Projekt beteiligte Einzelperson kann jederzeit verkünden, die Geschäftsbeziehung beenden zu wollen, schnell noch alle ausstehenden Verbindlichkeiten bedienen und dann mit der ganzen Sache abschließen. Die Verantwortung, die es mit sich bringt, Kinder in die Welt zu setzen, ist hingegen eine fortdauernde, die für den Rest unseres Lebens in Kraft bleibt, ob wir ihr nun zustimmen oder nicht. Sicher, üblicherweise einigen sich Ehemann und Ehefrau irgendwann einmal darauf, ein Kind haben zu wollen. Doch nicht lange nach dieser ursprünglichen Zustimmung haben die Schwierigkeiten des Aufziehens von Kindern bereits so gut wie nichts mehr mit all dem zu tun, dem die jungen Liebenden zugestimmt zu haben glauben mögen. Und das Projekt, Kinder großzuziehen, hält über die Jahrzehnte hinweg nur immer neue Überraschungen bereit, einschließlich Entbehrungen und Schmerzen, die zu Anfang kaum vorstellbar waren. Und doch kann diese ursprüngliche Entscheidung nicht revidiert werden; die Eltern erhalten keine Chance, auf der Grundlage einer aktualisierten Beurteilung, die die Vorteile jedes Kindes gegen das erduldete Leid aufwiegt, ihre Zustimmung zu erneuern. Ganz im Gegenteil: Die Zustimmung der Eltern oder das Fehlen derselben ist für ihre anhaltende Verantwortung irrelevant, und bei ihrem beharrlichen Bemühen, ihre Kinder zu gesunden Erben heranzuziehen, werden sie ganz sicher nicht von Zustimmung angetrieben. Was sie motiviert, ist ihre Loyalität, bei der es sich tatsächlich um das Gefühl der Eltern handelt, dass das Kind ein Teil ihrer selbst ist – und zwar nicht nur für 20 Jahre, wie gewisse Philosophen annehmen, sondern für den Rest ihres Lebens, für immer.

Etwas Ähnliches lässt sich über die Beziehung zwischen Ehemann und Ehefrau sagen. Sicher haben sie an einem bestimmten Zeitpunkt der Eheschließung zugestimmt. Doch was sie in ihrem gemeinsamen Leben erfahren, und dazu zählen nicht nur Freude und gute Zeiten, sondern auch Leid und schlechte Zeiten, welche sich beide nie hätten träumen lassen, sind nicht die Dinge, die ihnen bei der Heirat vor

Augen standen. Nichtsdestoweniger bleiben sie zusammen, und zwar nicht etwa aufgrund einer alle paar Monate oder Jahre angestellten Berechnung, nach der ihre ursprüngliche Zustimmung erneuert würde. Vielmehr werden sie von wechselseitiger Loyalität gestützt, indem beide anerkennen, dass der jeweils andere ein Teil des eigenen Selbst ist – nicht nur, bis ihre Kinder das Erwachsenenalter erreichen, womit schließlich nur der erste Teil ihrer Bürde als Eltern vorüber ist, sondern für den Rest ihres Lebens, für immer.

Einige werden einwenden, dass diese Unterscheidung zwischen einem Unternehmen und einer Familie überzogen sei. Immerhin gibt es solche Dinge wie Scheidungen und Entfremdung innerhalb der Familie, ebenso wie es auch Loyalität gegenüber Geschäftspartnern geben kann. Solche Einwände sind sicher von Bedeutung, wenn man nicht von theoretischen Erwägungen ausgeht, sondern konkrete Bedingungen ins Auge fasst, unter denen sich menschliche Wesen im wirklichen Leben wiederfinden. Gleichwohl können wir nicht darauf hoffen, den Bereich des Politischen zu verstehen, wenn es uns nicht gelingt, zu erkennen, dass das Wirtschaftsunternehmen und die Familie nicht nur sehr unterschiedliche Institutionen darstellen, sondern als solche einen Gegensatz zwischen zwei Idealtypen darstellen: Das Wirtschaftsunternehmen operiert in jener Sphäre des menschlichen Lebens, in der individuelle Freiheit, Berechnung und Zustimmung die meisten Vorteile mit sich bringen. Die Familie operiert in jener Sphäre, in der Loyalität, Hingabe und Zurückhaltung die meisten Vorteile mit sich bringen. Weil Wirtschaftsunternehmen in der Lage sind, denjenigen, die an ihnen teilhaben, ebenso wie der weiteren Gemeinschaft große materielle Gewinne einzubringen, dulden wir ein Geschäftsethos, welches das Individuum dazu ermutigt, sich so zu verhalten, als sei es frei von allen Beschränkungen, denen es nicht selbst zugestimmt hat. Doch die Libertinage und Freizügigkeit, die in der Geschäftswelt vorherrschen, sind mehr als wertlos in den Beziehungen zwischen Eltern und Kindern, Ehemännern und Ehefrauen, Brüdern und Schwestern, Großeltern und Enkeln. Im familiären Bereich ist Zuverlässigkeit – also die Standfestigkeit im Angesicht der Not und das Widerstehen gegenüber der Versuchung, alles hinzuschmeißen und von vorn anzufangen – die Hauptsache und Grundstock aller anderen Tugenden. Man wäre ein Narr, wenn man seine Familie nach den Prinzipien führte, die dem eigenen Unternehmen zugute kommen, indem man seine Eltern, seine Frau und seine Kinder regelmäßigen Begutachtungen unterwerfen und sie verlassen würde, wenn die Berechnung ergibt, dass sie nicht länger so viel Gewinn bringen, wie es andere könnten. Genau die Standpunkte und Verhaltensweisen, die im Geschäftsleben den größten Gewinn bringen, stürzen die Familie in den völligen Ruin.

Was sollen wir nun über Clan, Stamm und Nation sagen? Diese Kollektive sind vom gleichen Schlag wie die Familie, wenngleich im größeren Maßstab – und in der Tat werden diese großen Kollektive im Hebräischen als die „Stämme der Erde"[102] bezeichnet. Wie die Familie haben auch sie den Zweck, einer folgenden Generation ein Erbe weiterzugeben, das uns von unseren Eltern und deren Vorfahren anvertraut worden ist, zu dem das Leben selbst und Eigentum gehören, doch auch eine Lebensart, eine Religion und eine Sprache, Fertigkeiten, Bräuche sowie Ideale und Auffassungen, die einzigartig sind und die andere nicht haben. Und wie die Familie entstehen und überdauern sie durch die starken Bindungen der wechselseitigen Loyalität, die sich zwischen ihren Angehörigen gebildet haben. Zudem: Wenn ein Stamm oder eine Nation sich als ein freier Staat konstituiert, der die Treue des Individuums genießt, das bereitwillig den Gesetzen gehorcht, seine Steuern zahlt und in den Streitkräften dient, dann geschieht all dies einzig dank der Bindungen der wechselseitigen Loyalität, die dieses Individuum an seine Familie, seinen Stamm und seine Nation binden. Denn nur von seiner Familie, seinem Stamm und seiner Nation kann es den Brauch ererbt haben, den Gesetzen des Staates zu gehorchen, diesem Steuern zu zahlen und in seinen Streitkräften zu dienen – andernfalls wäre all das fremdartig und unvorstellbar. Folglich bilden die Grundsteine eines freien Staates die der Familie eigentümlichen starken Bindungen der gegenseitigen Loyalität und nicht die schwachen Bindungen der Zustimmung, welche in einem Wirtschaftsunternehmen von größter Bedeutung sind.

Wenn ein Philosoph versucht, den Staat auf der Freiheit des Individuums, Berechnungen des persönlichen Vorteils und Zustimmung aufzubauen, dann erwartet er von uns, den Staat als ein großes Wirtschaftsunternehmen zu betrachten. Er nimmt einen Idealtyp, der entwickelt wurde, um Marktverhalten zu beschreiben, und überträgt ihn in die Sphäre des Politischen – in der Annahme, dass er uns ebenso erlauben werde, politisches Verhalten zu verstehen, wie er uns erlaubt hat, wirtschaftliches Verhalten zu verstehen. Aber ein freier Staat ist kein Unternehmen. Er wird begründet und existiert in der Zeit fort, nicht aufgrund geschäftsmäßiger Berechnungen des persönlichen Vorteils und anhaltender Zustimmung seiner Angehörigen, sondern ausschließlich aufgrund der familienartigen Bindungen gegenseitiger Loyalität, die zwischen diesen bestehen. Gewiss werden die Finanzangelegenheiten des Staates in Begriffen beschrieben, die aus der Wirtschaft stammen, und ebenso gewiss bezeugen freiwillige Ein- und Auswanderung die Entscheidungen von Individuen, sich in den Staat einzubringen oder auch nicht. Aber allein dadurch wird der freie Staat nicht zu einer Institution, die einem Unternehmen ähnlich wäre. Auch eine Familie hat Finanzangelegenheiten, die in wirtschaftliche Begriffe gefasst werden müssen. Auch eine Familie kann neue Mitglieder adoptieren, die nicht in sie hineingeboren wurden, oder zu entfremdeten Mitgliedern keine Beziehungen mehr unterhalten. Das berührt jedoch nicht den grundlegenden Charakter der Familie, die eingerichtet wurde und in der Zeit fortexistiert, ausschließlich aufgrund der Bindungen gegenseitiger Loyalität zwischen ihren Angehörigen. Der freie Staat, der ebenso aufgrund der Bindungen gegenseitiger Loyalität zwischen seinen Angehörigen konstituiert wird und in der Zeit fortexistiert, ist in dieser Hinsicht ein Kollektiv vom gleichen Schlag wie die Familie, lediglich in einem größeren Maßstab.

12. Imperium und Anarchie

Über die längste Zeit hinweg und an den meisten Orten haben Menschen unter einer anarchischen politischen Ordnung gelebt, soll heißen: innerhalb einer losen Hierarchie aus Familien, Clans und Stämmen, ohne feste Regierung oder Herrscher. Mit dem Aufkommen des groß angelegten Ackerbaus jedoch machte es die starke Anhäufung von Wohlstand erstmals möglich, eine stehende Regierung einzurichten, die in der Lage war, mithilfe von Berufsstreitkräften ihren Willen durchzusetzen. Mit anderen Worten: Es wurde möglich, die Ordnung der Stämme und Clans durch eine neue Art von politischer Ordnung zu ersetzen, die des Staates. Dieser Übergang fand nicht von gleich auf jetzt statt. Die ersten Staaten waren „Stadtstaaten", in denen sich eine Anzahl von Clans, zusammengeschlossen unter einer stammesmäßigen Führung, um ein Stadtzentrum herum einrichtete. In diesen Stadtstaaten war noch alles von der Stärke der konkurrierenden Clans durchdrungen. Doch sobald diese Städte über die Mittel verfügten, einen Herrscher mit dem Oberbefehl über ein stehendes Heer zu unterhalten, begannen sie schnell, davon zu träumen, durch die Einverleibung ihrer Nachbarn ihre eigene Stärke weiter zu vermehren. Mit zu Anfang nur ein paar tausend Berufssoldaten gelang es im 24. vorchristlichen Jahrhundert Sargon von Akkad, die Stadtstaaten von Sumer und Akkad einen nach dem anderen zu erobern, bis er über ganz Mesopotamien herrschte und sich selbst zum „König der Gesamtheit" ernennen konnte.[103] In diesem universalen Anspruch folgten ihm unzählige andere Erbauer imperialer Staaten, die danach strebten, der gesamten Erde Frieden und Wohlstand zu bringen, indem sie sie unter ihrer Herrschaft vereinigten.[104]

Sollte also jeder Staat nach der Weltherrschaft streben? Oder gibt es eine vernünftige Grenze, die dem Staat gesetzt werden kann – abgesehen von der, die eine Niederlage auf dem Schlachtfeld eines niemals endenden Wettstreites miteinander kämpfender Reiche setzt?

Um diese Frage zu beantworten, ist es nützlich, sich die möglichen Formen der politischen Ordnung entlang eines Kontinuums vorzustellen, das vom Ausmaß des Kollektivs bestimmt wird, dem gegenüber das Individuum loyal zu sein hat. Das eine Extrem, so lässt sich sagen, bildet das Idealbild des *Imperiums*, ein Staat, der im Prinzip grenzenlos ist, sodass das Individuum in einem solchen Staat einem Kollektiv gegenüber loyal sein soll, das womöglich – wenn nicht schon heute, dann doch morgen – jedes andere menschliche Wesen auf der Welt umfasst. Das andere Extrem bildet die *Anarchie*, in welcher es keinen Zentralstaat gibt und die Loyalität des Individuums allein einem kleinen, eingegrenzten Kollektiv – einer Familie, einem Clan, einem Dorf, einem Herrensitz oder einer Gang – gehört, das aus Einzelpersonen besteht, die ihm aus persönlicher Erfahrung vertraut sind.

Man beachte, dass der Unterschied zwischen diesen beiden Formen nicht nur im Maßstab besteht. Er ist auch substanzieller Natur: Die imperiale und die anarchische Ordnung basieren auf einer Loyalitätsannahme, die sich jeweils auf sehr unterschiedliche Dinge bezieht. Eine anarchische oder feudale Ordnung baut auf Beziehungen gegenseitiger Loyalität unter einander vertrauten Einzelnen.[105] Das Oberhaupt meines Clans oder der Gebieter meines Herrensitzes ist keine abstrakte juristische Person, sondern ein echter Mensch, dem ich aus Dankbarkeit für persönliche Akte der Großzügigkeit oder Hilfe die Treue schwöre. Seine Bedürfnisse, Nöte und Triumphe stehen mir vor Augen, und ich kann einen ernsthaften Beitrag leisten, ob nun einen kleinen oder einen großen, indem ich ihm zur Hand gehe. Ihm stehen meine Bedürfnisse und Nöte vor Augen, und die Momente, in denen er sich einschaltet, um mir in irgendeiner Sache zu helfen, sind für mich von großer Bedeutung. Und wenn einmal der schwere Tag kommen sollte, an dem das Oberhaupt meines Clans oder der Gebieter meines Herrensitzes seinem eigenen Oberhäuptling oder Lehnsherrn die Gefolgschaft aufkündigt, dann wird meine Loyalität gegenüber diesem Menschen, der so viel für mich und die anderen Angehörigen meiner Gemeinschaft getan hat, davon nicht erschüttert werden. Unter einem Imperium hingegen gilt meine Treue vor allem anderen dem Imperium selbst und der gesamten Menschheit, die zu repräsentieren es beansprucht. Auch das Imperium wird von einem einzelnen Menschen regiert, einem Kaiser, König oder Präsidenten, dem ich meine Treue geschworen habe. Doch dieser Herrscher ist kein vertrautes Individuum, so wie unter der Anarchie. Der Kaiser weiß nichts von mir als Einzelperson, und ich kann nichts tun, um seine Bekanntschaft zu machen oder seine Aufmerksamkeit zu erregen. Ich erhalte keine persönliche Unterstützung von ihm, und genauso wenig kann ich ihm bei seinen Schwierigkeiten in einer Weise helfen, die er bemerken würde. Der Kaiser ist so weit entfernt, dass er für mich nicht mehr als eine Abstraktion darstellt. Ganz genau so, wie ich für ihn nicht mehr als eine Abstraktion darstelle. Und ebenso, wie die Menschheit, über die sich seine Herrschaft erstreckt, für mich nur eine Abstraktion ist.

In der Anarchie gilt meine Loyalität also einem Individuum, das mir vertraut ist, während sie in einem Imperium einer großen Abstraktion gebührt, der ich die Treue schuldig bin.[106] Diese Unterscheidung erlaubt es uns, zu verstehen, warum in einer imperialen Ordnung die Anarchie als das größte vorstellbare Übel gilt. Denn es ist die Grundvoraussetzung des imperialen Staates, dass all die Unmengen an Menschen für ihren Frieden und ihren Wohlstand auf den allumfassenden Geist eines Kaisers angewiesen sind, der die großen Abstraktionen in Einklang mit der Welt bringt, ebenso wie auf den universalen Frieden und Wohlstand, für den er auf diese Weise sorgen kann. Wenn man die Loyalität gegenüber Häuptling oder Gutsherrn als dem vertrauten Individuum der Loyalität gegenüber dem Imperium als Ganzem überordnet, wendet man sich im Endeffekt ab von seiner Verpflichtung gegenüber der universalen Ordnung und von all den Unmengen an unvertrauten Menschen, denen diese universale Ordnung angeblich zugute kommt. Auf diese Weise wird man zu einem Feind nicht nur des Imperiums, sondern auch der Menschheit. Ebenso können wir verstehen, wieso jene, die sich einer anarchischen Ordnung verschrieben haben, Eingriffen von Vertretern des imperialen Staates mit derartigem Abscheu gegenüberstehen. Indem sie fordern, dass die Gefolgschaft dem Imperium gegenüber mehr gelten soll als die Loyalität gegenüber dem vertrauten Einzelnen, der Schutz gewährt und Bedürfnisse gestillt hat, verlangen diese Vertreter des Imperiums nicht weniger als den Abbruch und den Verrat der konkreten persönlichen Bindungen, die den Grundstein der Gesellschaft gebildet haben.

Anhand dieser Betrachtungen erkennen wir, dass Imperium und Anarchie nicht bloß konkurrierende Methoden der Verfügung über politische Macht sind. Beide sind jeweils ein normatives Ordnungsprinzip, das seine Legitimität aus der Weise bezieht, wie es in der moralischen Ordnung verwurzelt ist. Das entspricht auch unserer eigenen Erfahrung, wonach die Verteidiger von Imperium und Anarchie ihre Ansichten nicht nur dahingehend präsentieren, welche praktischen Vorteile die jeweilige Art der Ordnung angeblich bietet, sondern auch hinsichtlich der moralischen Legitimität und Unterstützung, die ihr zugestanden werden soll. Wir können uns diese normativen Ordnungsprinzipien folgendermaßen vorstellen:

In einer anarchischen Ordnung wurzeln die Loyalitäten des Einzelnen und das politische Leben selbst im moralischen Prinzip der Dankbarkeit gegenüber vertrauten Individuen, von denen er Unterstützung erfahren hat. Der Einzelne lebt unter dem Schutz der Familie oder des Clans – einem Schutz, der materielle Versorgung umfasst, Rückhalt in Fällen ungerechter Behandlung durch andere, Verteidigung gegen Außenstehende, die Unterweisung in den Fertigkeiten und Traditionen der eigenen Leute sowie in den Ritualen, um den Göttern zu gefallen. Aus Dankbarkeit und Respekt vor denen, die ihn mit all dem versorgt haben, steuert der Einzelne seine Dienste bei, wie die Familien- oder Clanoberhäupter es für richtig halten. Auf diese Weise steht dem Einzelnen alles zur Verfügung, was er braucht, und seine Verpflichtungen gegenüber jenen, die ihn ins Leben gestellt und aufgebaut haben, werden zur Gänze erfüllt.

Wiewohl die moralische Grundlage für eine solche Politik verlockend und einleuchtend ist, sind die Schwierigkeiten bei der Aufrechterhaltung einer anarchischen oder feudalen Ordnung allgemein bekannt. Erstens befinden sich die in einer anarchischen Gesellschaft lebenden Clans und Stämme ununterbrochen kurz davor, Krieg gegeneinander zu führen – sodass der Krieg, den wir uns in der Regel als am äußersten Rand der Gesellschaft stattfindend vorstellen, für die Menschen überall mitten ins Leben gerückt wird. Ebenso können anarchische Gesellschaften zwar wohldurchdachte Traditionen entwickeln (und tun es auch), wie die miteinander konkurrierenden Ansprüche von Einzelmenschen und Kollektiven auszusöhnen seien, aber solche Gerechtigkeit ist ohne die Androhung von Krieg oft schwierig durchzusetzen, sodass die Gerechtigkeit selbst zur Geisel der Machtbeziehungen zwischen Clans und Stämmen wird. Darüber hinaus ist die Rolle des vertrauten Menschen, der über den Clan herrscht, keine ausschließlich gute: Die personale Natur der lokalen Herrschaft bedingt, dass die Güte der persönlichen Beziehung zu Häuptling oder Lehnsherrn jeden Aspekt des eigenen Lebens beeinflusst. Daraus folgt, dass selbst die am schwersten wiegenden Angelegenheiten womöglich auf Grundlage von Vorurteilen entschieden werden, wegen einer lange zurückliegenden Beleidigung oder irgendeiner anderen unbedeutenden Sache, ohne Möglichkeit einer Revision. Schlussendlich bringt die Freiheit, die in einer anarchischen Ordnung jedem Clan und Stamm zugebilligt wird, es mit sich, dass eine koordinierte Verteidigungsanstrengung schwierig ist und sich im Angesicht disziplinierten militärischen Vorgehens eines übergriffigen Staates mit einer Berufsarmee unter einheitlicher Führung nicht lange durchhalten lässt.

In einer imperialen Ordnung hingegen wurzelt das gesamte politische Leben im moralischen Prinzip der Einigkeit der unvertrauten Menschheit, also dem Prinzip, dass jeder Einzelne Verpflichtungen gegenüber dem gemeinsamen Wohlergehen der Menschheit hat. Die Eroberung des anarchischen Reiches der Clans und Stämme, welches der imperiale Staat immer als ein Reich der Wilden betrachtet, als ein „Gebiet des Krieges“, schafft ein Reich des Friedens und Wohlstandes. Durch die Eroberung von Ländern, die unter der Herrschaftsordnung der Clans und Stämme stehen, treibt der imperiale Staat den Krieg aus diesen Gebieten heraus und verbannt ihn hinter eine ferne Grenze, um an seine Stelle ein universales Recht zu setzen, das den Menschen gegenüber unvoreingenommen ist. Und mithilfe dieses Friedens und dieses universalen Rechtes eröffnet der imperiale Staat eine riesige Einflusssphäre für Landwirtschaft, Industrie und Handel, um allen den wirtschaftlichen Wohlstand zu bringen. Dieser Frieden und dieser Wohlstand verschaffen den Gesetzen und Kriegen des imperialen Staates, die angeblich der gesamten Menschheit dienen sollen, moralische Unterstützung.[107]

Wie auch bei der anarchischen Ordnung scheint uns die moralische Grundlage für den imperialen Staat zumindest anfänglich überzeugend zu sein. Doch auch hier gibt es Schwierigkeiten. Die wichtigste davon ist die Tatsache, dass überall dort, wo das Prinzip der geeinten unvertrauten Menschheit in das Herz des Staates eingebettet wird, daraus zwangsläufig Eroberungszüge entspringen, die Unterwerfung entlegener Völker und die Zerstörung ihrer Lebensweise, damit das „Reich des Friedens“, wie das Imperium ihn versteht, ausgedehnt werden kann. Dies gilt sogar dann, wenn der imperiale Staat zu einer gegebenen Zeit in seinen Beziehungen zu Außenstehenden wohlwollend erscheint, weil das Prinzip der einigen Menschheit keinen dauerhaften Respekt gegenüber Außenstehenden zulässt. Im normalen Lauf der politischen Angelegenheiten muss jeder benachbarte Clan oder Stamm zwangsläufig früher oder später mit dem Imperium in Konflikt geraten, ob es nun um ein Stück Land, um Rohstoffe oder um Politik geht. Doch das imperiale Denken, aus dessen Sicht alle Rohstoffe rechtmäßig der ganzen Menschheit gehören und der imperiale Staat für das Wohlergehen der Menschheit verantwortlich ist, kann kein anderes Ergebnis eines solchen Konfliktes akzeptieren als die „Befriedung" des unbotmäßigen Clans oder Stammes sowie die Einverleibung des umstrittenen Gebietes oder Rohstoffes. Jede dieser Eroberungen beraubt einen anderen Clan oder Stamm seiner Freiheit, welche dieser in der Regel nur um einen entsetzlichen Preis an menschlichem Leben preisgeben wird. Und da das Imperium kein inneres Prinzip verfolgt, das diese monströse Angewohnheit der Eroberung und Verwüstung davon abhielte, bei jeder Provokation erneut aufzuflammen, wird die Wiederholung dieses Musters nur durch das Maß der Gewalt begrenzt, die der imperiale Staat seiner Umgebung gegenüber zur Geltung bringen kann.

Nicht weniger beunruhigend sind darüber hinaus die Lasten, die der imperiale Staat für den Unterhalt seiner Armeen und Festungen, seiner Paläste, Tempel und seiner Bürokratie auferlegt. Die Zumutung von Steuern und Zwangsrekrutierungen – sowohl für öffentliche Arbeiten als auch für den Militärdienst – ist eine schwere Bürde für das Individuum, wenn nicht sogar eine Katastrophe. Aus dem Blickwinkel von Stämmen und Clans, die ein Leben in Freiheit und Selbstbestimmtheit gewohnt sind, wirkt die gesamte imperiale Ordnung tatsächlich wie Sklaverei.

Hinzu kommt, dass das vom Imperium oktroyierte Herrschaftssystem von Frieden und Wohlstand eine sehr spezielle Eigenheit hat. Das Imperium, das vorgibt, der gesamten Menschheit zum Recht zu verhelfen, befasst sich zwangsläufig mit abstrakten Kategorien menschlicher Bedürfnisse und Verpflichtungen, Kategorien, die aus imperialer Sicht „universal" sind. Doch diese Kategorien haben niemals einen Bezug zu den Umständen und Interessen, Traditionen und Ansprüchen des einzelnen Clans oder Stammes, auf den sie nun angewandt werden sollen. Das bedeutet, dass das imperiale Recht aus der Sicht dieses Clans oder Stammes oft sinnlos, ungerecht oder widernatürlich wirken wird. Die Grundprämisse des Imperiums, nämlich seine Sorge um die Bedürfnisse der Menschheit, lässt dem einzelnen Clan oder Stamm aber keine Möglichkeit des Einspruches, denn dessen Durchsetzung seiner eigenen Interessen und Ansprüche muss der imperialen Ordnung unweigerlich als engstirnig und dem offensichtlichen Wohl der Menschheit als Ganzes entgegengesetzt erscheinen. So spaltet das Prinzip der einigen Menschheit, das in der Theorie so edel ist, die Menschheit rasant in zwei Lager: jene, die als dem Wohl der Menschheit förderlich angesehen werden, weil sie die Kategorien des Imperiums für die Bestimmung, was gut und richtig sei, übernehmen – und jene, die als dem Wohl der Menschheit hinderlich angesehen werden, weil sie darauf bestehen, in den gewohnten Kategorien des Stammes zu denken, welche das Imperium ausnahmslos als primitiv und barbarisch verurteilt.

Dieser Zusammenstoß zwischen imperialem Recht sowie den Traditionen und Idealen des Stammes lenkt unsere Aufmerksamkeit darauf, was womöglich das zentrale Dilemma ist, vor dem der imperiale Staat steht, nämlich wie sich der Anspruch, die Menschheit zu einen, mit der erfahrbaren menschlichen Natur vereinbaren lässt. Das Imperium verlangt, wie bereits gesagt, vom Individuum den Aufbau und die Aufrechterhaltung von Loyalität gegenüber einem Kollektiv, das prinzipiell jedes andere menschliche Wesen auf der ganzen Welt einschließen kann. Aber warum sollte das Individuum solche weit aufgespannten Bindungen der gegenseitigen Loyalität entwickeln? Wir wissen aus Erfahrung, dass Loyalität ihren üblichsten Ausdruck im Bestreben findet, die Angehörigen eines konkreten Kollektivs gegen äußere Bedrohungen zu verteidigen: Ein Mann und seine Ehefrau streiten sich so lange, bis ein Ungemach über sie hereinbricht, doch dann treten sie der Herausforderung geeint entgegen. In gleicher Weise konkurrieren die Stämme, aus denen sich eine Nation zusammensetzt, unentwegt miteinander, bis eine Gefahr sie zur gemeinsamen Abwehr zusammenschweißt.[108] Was also soll die Loyalität des Individuums gegenüber jedem anderen Menschen auf der Welt begründen? Ohne eine allgemeine Bedrohung, die eine echte Grundlage für gemeinsames Handeln darstellte, erscheint der Ruf nach einer Einigung der gesamten Menschheit mehr als unsinnig. Er beläuft sich auf eine Einladung dazu, die sehr realen Gefahren zu ignorieren, die einem beliebigen Stamm oder einer Nation von anderen her drohen mögen, und das um einer gemeinsamen Sache willen, die in den Augen der Betroffenen nicht mehr als einen frommen Wunsch darstellt.[109]

Natürlich üben Menschen Akte des Mitgefühls und der Freundlichkeit gegenüber Fremden, ohne Bezug zu Nation oder Stamm. Aber so sehr wir diese Handlungen begrüßen mögen, sie sind in der

Regel kurzlebig und nichts im Vergleich zu den Bindungen gegenseitiger Loyalität, die die Grundlage politischer Ordnung darstellen.[110] Und die Realität sieht so aus, dass die Loyalität allen anderen Menschen gegenüber uns sehr selten zum Handeln veranlasst. Nichtsdestoweniger muss der imperiale Staat auf irgendeinem Band der gegenseitigen Loyalität aufgebaut sein, sonst werden seine Soldaten nicht willens sein, für ihn zu kämpfen und zu sterben. Wir wissen aus Erfahrung, dass weder die Aussicht auf Entlohnung noch die Androhung von Gewalt – Mittel, deren sich jeder imperiale Staat in unterschiedlichem Ausmaß bedient – auf lange Sicht zuverlässige Bindemittel sind. Worauf also fußt die Loyalität, die das Imperium zusammenhält?

In Wahrheit werden der Regierungsapparat und die Streitkräfte des imperialen Staates seit Anbeginn der Zeitrechnung auf den Bindungen der gegenseitigen Loyalität gegründet, die die Angehörigen einer einzigen Nation miteinander verbinden – jene des Herrschervolks, um das herum der imperiale Staat konstruiert worden ist.[111] Das galt für die Perser, Griechen und Römer ebenso wie für die Spanier, Franzosen und Engländer, die alle riesige Imperien schufen, in denen eine bestimmte Nation über viele andere herrschte. In jedem Fall bildet das Herrschervolk einen eng verbundenen Kern von Individuen, die einander um jeden Preis gegen die Völker, die sie unterworfen haben und die sie für eine fortdauernde Bedrohung halten, verteidigen werden.[112] Rund um diesen Kern kann das Imperium dann verbündete andere Völker anordnen – so wie die Perser die Meder ihren zentralen Kräften hinzufügten und die Engländer sich die Schotten, Iren und Waliser angliederten –, ebenso wie kleinere Gruppen einzelner Individuen, die vielen anderen Völkern entstammen. Sie alle sind eine wertvolle Verstärkung der Versorgung mit vertrauenswürdigem Personal, während sie dem imperialen Projekt gleichzeitig eine Aura der Allgemeingültigkeit verleihen, die die Behauptungen, die Einheit der gesamten Menschheit zu vertreten, zu untermauern hilft. Gleichwohl ändert diese Ausdehnung nichts an der Tatsache, dass das Imperium letztendlich durch die gegenseitige Loyalität von Angehörigen eines Herrschervolkes zusammengehalten wird, von dessen Sprache und Gebräuchen und dessen einzigartiger Weltanschauung, der sich anzuschließen die anderen Nationen eingeladen oder gezwungen werden. Deshalb identifizieren Imperien ihre Ziele zwar gern mit dem höheren Wohl der gesamten Menschheit, doch stehen diese Ziele fast immer in engem Zusammenhang mit der Herrschaft einer Nation auf Kosten aller anderen.[113]

Sowohl Anarchie als auch Imperium basieren auf normativen Prinzipien, die enorm überzeugend und wirkmächtig sind: Die anarchische Ordnung ist von der Loyalität gegenüber vertrauten Einzelnen gekennzeichnet, und die imperiale Ordnung strebt nach der Einheit der Menschheit. Man kann nicht sagen, dass eines dieser Prinzipien fehlgeleitet wäre. In einem ausgewogenen Moralsystem hat jedes von den beiden seinen Platz. Aber wenn einem von ihnen gestattet wird, über seinen angemessenen Platz hinauszuwachsen, und es zum vorrangigen Ordnungsprinzip der politischen Welt erhoben wird, dann bringt es bald nicht mehr die Freiheit der Völker, sondern ihre Versklavung hervor: So, wie das Imperium zur Versklavung anderer Völker unter die Gebräuche und Ideale eines Herrschervolkes neigt, tendiert auch die Anarchie zur Versklavung der Völker im endlosen Kampf örtlicher Kriegsherren untereinander.

13. Nationale Freiheit als Ordnungsprinzip

Imperium und Anarchie sind die beiden „Hörner" eines Dilemmas, das die Menschheit seit dem Altertum auf Schritt und Tritt begleitet. Die frühesten politischen Darstellungen in der Bibel – beispielsweise die Erzählung des Turmbaus zu Babel, in der die Führung dieser Stadt versucht, die Menschheit unter einer Sprache in einer einzigen Zweckgemeinschaft zu vereinen, oder die von Noahs Arche, einer kleinen, vertrauten Gemeinschaft, die von einer gewalttätigen und anarchischen Menschheit verstoßen wird – vermitteln einen Eindruck davon, wie tief sich diese beiden Übel in die Gedankenwelt unserer Vorväter eingebrannt haben.[114] Und in der Tat, das Problem von Imperium und Anarchie steht im Zentrum der politischen Lehre der hebräischen Bibel. Was die Propheten Israels als Antwort auf dieses Dilemma vorschlugen, war eine dritte Art der politischen Ordnung: die genuin israelitische Institution des nationalen Staates, der das Dilemma von Imperium und Anarchie zu transzendieren versucht, indem er von beiden das Wesentliche zurückbehält, während er all das verwirft, was sie am gefährlichsten macht.[115]

Denken wir über diese alternative politische Ordnung nach. Ich sagte bereits, dass sich die Loyalität des Individuums unter dem Imperium auf die Menschheit als Ganzes richten soll, während sie in einer anarchischen Ordnung der politisch unabhängigen Familie oder dem Clan gehört. Nun wird eine Ordnung vorgeschlagen, in der sich die Loyalität einer Institution zuwendet, die genau am konzeptionellen Mittelpunkt zwischen diesen beiden Polen platziert ist: dem nationalen Staat.

Mit *Nation* meine ich eine Anzahl von Stämmen mit einem gemeinsamen Erbe, zu dem üblicherweise eine gemeinsame Sprache oder religiöse Tradition gehört, und einer geschichtlichen Vergangenheit, in der sie sich gegen gemeinsame Feinde zusammengeschlossen haben – Eigenschaften, die es den so geeinten Stämmen erlauben, sich selbst als eine Gemeinschaft zu verstehen, die sich von anderen derartigen Gemeinschaften in ihrer Nachbarschaft unterscheidet.[116] Mit *nationaler Staat* meine ich eine Nation, deren verschiedene Stämme sich unter einer einzigen, stehenden Regierung zusammengeschlossen haben, die von allen anderen Führungen unabhängig ist.

Diese Definitionen bedeuten erstens, dass es sich bei einer Nation um eine Form der Gemeinschaft handelt, um ein menschliches Kollektiv, das sich selbst als von anderen menschlichen Kollektiven verschieden begreift. Eine solche Gemeinschaft kann unabhängig vom Staat existieren und muss nicht jedes einzelne Individuum, das innerhalb des Staates lebt, mit einschließen.[117] Zweitens bedeuten diese Definitionen, dass die so geschaffene Einheit immer ein Gemisch darstellt – weil die auf diese Weise geeinten Stämme auch nach der nationalen Unabhängigkeit weiter bestehen.[118]

Was bedeutet es, wenn ich sage, dass der nationale Staat am konzeptionellen Mittelpunkt zwischen Imperium und Anarchie platziert ist? Erstens einmal herrscht der nationale Staat über viele Familien und Clans, während ein Imperium über viele Nationen herrscht. Im Hinblick auf die Größe liegt der nationale Staat auf halber Strecke zwischen Familie oder Clan und dem imperialen Staat.

Hinzu kommt aber, dass sich der nationale Staat auch qualitativ von der anarchischen und der imperialen politischen Ordnung unterscheidet. Die Nation unterscheidet sich von Familie oder Clan dadurch, dass sie keine Gemeinschaft von Einzelnen ist, die einander persönlich bekannt sind. Niemand, und mag er sich auch noch so sehr bemühen, kann auch nur mit einem kleinen Anteil aller Individuen, die gemeinsam eine Nation bilden, persönlich bekannt sein. Mit anderen Worten: Die Nation setzt sich nicht aus vertrauten Individuen zusammen, sondern ist eine unpersönliche Abstraktion, wie auch die Menschheit eine Abstraktion ist. Gleichzeitig jedoch unterscheidet sich die Nation auch von der gesamten Menschheit, weil sie einen ganz besonderen Charakter besitzt, indem sie über ihre eigene Sprache, eigene Gesetze und religiöse Bräuche ebenso verfügt wie über eine eigene Geschichte von Fehlschlägen und Errungenschaften. Das bedeutet, dass jede Nation anders ist als alle anderen und für den Einzelnen, der einer bestimmten Nation angehört, eine konkrete und vertraute Wesenheit darstellt, fast so wie eine Person, eine Familie oder ein Clan. Wenn die Stämme einer Nation sich zusammenschließen, um einen nationalen Staat zu errichten, dann verleihen sie diesem Staat den vertrauten und besonderen Charakter der Nation, ihre Sprache, Gesetze und religiösen Bräuche, ihre Geschichte des Leidens und des Sieges. Und das Individuum, das die vom nationalen

Staat verhängten Belastungen trägt, tut dies aus Loyalität zur konkreten, ihm vertrauten Nation, der es angehört. Darin unterscheidet sich der nationale Staat vom imperialen Staat, dem gegenüber das Individuum normalerweise keine derartigen Bindungen der Loyalität unterhält (außer natürlich, es gehört dem Herrschervolk an oder ist mit ihm verbündet, denn dieses betrachtet das Imperium als sein Eigentum).

Ich möchte nun darauf eingehen, welche Art von Ordnungsprinzip entsteht, sobald wir uns eine politische Treuepflicht vorstellen können, die sich über das vertraute Individuum der anarchischen Ordnung erhebt, aber bereits auf halber Strecke zum Himmelszelt der unvertrauten Menschheit empor stehen bleibt. Hier, am Wendepunkt zwischen Anarchie und Imperium, begegnen wir einem neuen Ordnungsprinzip, das in der moralischen Ordnung wurzelt: dem Prinzip der *nationalen Freiheit*. Dieses Prinzip verschafft einer Nation den Zusammenhalt und die Stärke, um ihre Unabhängigkeit und Selbstverwaltung zu bewahren und dem Sirenengesang von Imperium und Anarchie zu widerstehen, also eine Gelegenheit, gemäß ihren eigenen Interessen und Ansprüchen zu leben. Allgemeiner gesprochen: Dieses Prinzip unterstützt die Schaffung einer Welt, in der es eine Vielzahl derartiger nationaler Staaten gibt, von denen jeder seine eigenen Ziele verfolgt und seine eigene Auffassung von menschlichem Leben entwickelt, jeder „unter seinem Weinstock und unter seinem Feigenbaum“[119].

Das Prinzip der nationalen Freiheit kann also so zusammengefasst werden, dass es das Entscheidende und Konstruktive von beiden Prinzipien, mit denen es konkurriert, übernimmt: Vom Prinzip des Imperiums übernimmt es die Vorstellung von einer Treuepflicht, die sich auf die Abstraktion des Staates statt auf vertraute Menschen richtet, was in der Praxis zum Entstehen eines großen Raumes häuslichen Friedens führt, sowie die Möglichkeit eines unparteiischen Justizsystems, das nicht länger an die Politik der vertrauten Kollektive gebunden ist. Vom Prinzip der Anarchie behält es das Ideal eines Herrschers, der sich den einzigartigen Bedürfnissen und Interessen, Traditionen und Ansprüchen einer konkreten Gemeinschaft widmet, die sich von allen anderen unterscheidet. Dies findet seinen Ausdruck im Ziel, über eine einzige Nation zu herrschen – das entwertet die Unterwerfung fremder Völker und erlaubt zum ersten Mal eine Auffassung von der Freiheit der Nationen als potenzieller Wert an sich anstelle der jeweils eigenen Freiheit.

Ist es wirklich möglich, von der Freiheit einer Nation zu sprechen? Gewiss, es heißt, dass Israel sich seiner Flucht aus der ägyptischen Knechtschaft am Roten Meer erfreute, und es ist diese Art der Freiheit der Nation vom Imperium, die jedes Jahr am jeweiligen Unabhängigkeitstag in Tschechien, Griechenland, Indien, Irland, Israel, Polen, Serbien, Südkorea, der Schweiz, den Vereinigten Staaten und vielen anderen Ländern gefeiert wird.[120] Heutzutage ist die Idee der nationalen Freiheit an sich jedoch zweifelhaft geworden, weil sich beinahe das gesamte politische Denken auf die Freiheit des Einzelnen konzentriert. Ist Freiheit denn nicht etwas, das allein dem Individuum gebührt, einem menschlichen Wesen, das Wahl und Zwang gleichermaßen erfahren kann und sich daran erfreut, „frei wählen"[121] zu dürfen?

Es stimmt schon, dass *Freiheit* einen Aspekt der Handlungen und Erfahrungen des menschlichen Individuums beschreibt, ebenso wie Interessen und Ansprüche, Triumph und Tragödie, Verlangen, Furcht und Schmerz Merkmale des Lebens und der geistigen Landschaft des Individuums sind. Aber diese und ähnliche Begriffe werden auch benutzt, um menschliche Kollektive zu beschreiben. Wenn beispielsweise eine mehrfache Mutter bei einem Unfall verletzt wird oder erkrankt, dann reden wir vom Schmerz der Familie. Wenn man darauf bestehen will, so kann man sich vorstellen, wie die Mutter, ihr Ehemann und jedes ihrer Kinder als unterschiedliche Individuen aufgrund dieses traumatischen Ereignisses seinen oder ihren persönlichen Schmerz empfinden. Doch das ist es nicht, was die Angehörigen einer Familie unter diesen Umständen erleben. Sie sind es gewohnt, die Familie als ein Kollektiv zu betrachten, als eine Einheit, in der jedes Mitglied die anderen Mitglieder der Familie als Teil seiner selbst ansieht. Und in diesem Sinne empfinden sie nun auch den Schmerz der Familie: Jeder fühlt nicht nur den Schmerz der Mutter, sondern auch den des Vaters, der Brüder und der Schwestern, und jeder weiß darum, dass die anderen in gleicher Weise mit ihm mitleiden. Das alles wird als ein einziger Schmerz wahrgenommen, als eine einzige Trauer und Last. Und wenn wir als Freunde und Nachbarn sie besuchen, dann erleben wir das Leiden der gesamten Familie in diesem Sinne als einen einzigen Schmerz, eine einzige Trauer und Last. Will heißen: Eine Familie ist nicht bloß eine Ansammlung von Einzelpersonen. Sie ist auch ein Wesen, das über gewisse Eigenschaften verfügt, die sie als ein Kollektiv betreffen, als ein Ganzes. Eine davon ist, dass eine Familie – wie jeder Beobachter feststellen kann – gewisse Erfahrungen miteinander teilt, weil jedes Familienmitglied die Erlebnisse der anderen als etwas wahrnimmt, das ihm selbst widerfährt. Diese Empfindung eines einzigen, geteilten Schmerzes ist es, was gemeint ist, wenn man vom Schmerz der Familie redet und davon, dass die Familie erschüttert sei, dass sie einen furchtbaren Schlag erlitten habe und Zeit brauche, um sich zu erholen.[122]

So, wie eine Familie Schmerz empfinden kann, so kann sie auch Triumphe und Tragödien, Verlangen und Furcht, Interessen und Ansprüche verspüren. Eine Familie, die ihren Acker mit einem Ochsen umpflügt, kann ein gemeinsames Interesse an der Anschaffung eines Traktors haben. Sie kann gemeinsam triumphieren, wenn eine Tochter, die gefürchtet hatte, keine Kinder bekommen zu können, Mutter wird. Sie kann den Anspruch haben, eines Tages gemeinsam ins Heilige Land zu pilgern, und die Erkenntnis miteinander teilen, dass der Zeitpunkt gekommen ist, diese Reise anzutreten. Nichts davon nimmt etwas vom Individuum, dem es freisteht, in einer konkreten Situation der Neigung zu widerstehen, wie seine Familie zu empfinden. Tatsächlich mag eine Person sich sogar dazu entschließen, sich gänzlich von seiner Familie abzuwenden. In Zeiten großer Not jedoch neigen selbst diese Exilanten dazu, zu ihren Brüdern zurückzukehren, wo sie feststellen, dass sie mit diesen noch immer Gefühle teilen – und den Wunsch, gemeinsam zu handeln.

Dies alles lässt sich auch über größere menschliche Kollektive wie den Clan, den Stamm und die Nation sagen. Wir kennen beispielsweise die Art und Weise, wie eine Nation Schmerz erleiden kann, weil wir alle so etwas bereits empfunden haben. Wir haben es empfunden, als ein Präsident oder Premierminister ermordet wurde, als unsere Mitbürger in unseren Straßen niedergestochen oder in einem fremden Land als Geiseln gehalten wurden, oder als unsere Soldaten oder Polizisten im Kampf unterlagen. Ein Individuum, das durch die Bindungen der Loyalität an seine Nation gebunden ist, empfindet diese Dinge so, als würden sie ihm selbst passieren. Und wie bei der Familie spielt es kaum eine Rolle, wenn man betont, dass jedes dieser Millionen von Individuen seinen ganz eigenen Schmerz als Individuum verspürt. Ganz im Gegenteil, jedes einzelne verspürt gleichzeitig den Schmerz all der anderen. Ein bedrückendes Gefühl des Verletztseins und der Demütigung füllt die öffentlichen Räume und haftet an allem, was im Lande passiert, sodass selbst ganz kleine Kinder, die nicht verstehen, was passiert ist, Schmerz und Scham fühlen. Es ist die Nation, die verletzt wurde. Es ist die Nation, die beschämt wurde.[123]

Und so, wie eine Nation Schmerz empfinden kann, kann sie auch die Erfahrung der Sklaverei machen. Wenn ein Volk feststellt, dass sein Eigentum beschlagnahmt wird und seine Söhne und Töchter gezwungen werden, anderen zu dienen, für Zwecke, die ihnen nicht behagen – wenn sie daran gehindert werden, ihre eigene Sprache zu sprechen oder ihre religiösen Verpflichtungen zu erfüllen – wenn ihre Kinder weggenommen oder gewaltsam an einer traditionellen Erziehung gehindert werden – wenn sie für Widerstand dagegen eingesperrt, gefoltert und ermordet werden – wenn diese Dinge passieren, dann erfährt eine Nation Versklavung. Tatsächlich wird auch jemand, dem aus irgendeinem Grund die unmittelbaren Auswirkungen der Verfolgung, unter welcher die Nation zu leiden hat, erspart bleiben, das Gefühl der Versklavung teilen, so als würden ihm all diese Dinge selbst widerfahren.

Wenn eine Nation Sklaverei erfahren kann, dann kann sie sicherlich auch Freiheit empfinden. Die Angehörigen einer Nation können ein Gefühl teilen, der Unterdrückung entronnen zu sein, die Freude der Befreiung. Und sie können noch weitergehen und ein Gefühl der Macht miteinander teilen, ein Gefühl, sich selbst aufzubauen und gemäß ihren eigenen Ansprüchen ihren eigenen Weg zu bestimmen, ohne einer anderen Nation oder einem Imperium Gehorsam schuldig zu sein. Zur Erinnerung: Der Zweck des politischen Faches liegt darin, Umstände herbeizuführen, unter denen die Vielen handeln, um Ziele zu erreichen, die für notwendig oder wünschenswert erachtet werden. Wenn der Einzelne den Eindruck hat, dass das Kollektiv in der Lage ist, den Zielen näherzukommen, die er selbst für notwendig oder wünschenswert hält, dann verspürt er eine große Befreiung von Zwängen. Er fühlt – mit anderen Worten – die Freiheit des Kollektivs: die Freiheit der Familie, des Clans, des Stammes oder der Nation, denen er durch Bindungen gegenseitiger Loyalität verbunden ist.[124]

Indem ich an der Freiheit des Kollektivs teilhabe, mache ich eine Erfahrung, die etwas ganz anderes ist als die streng individuelle Freiheit, sagen zu können, was ich will, und hingehen zu können, wo ich will. Es ist deshalb verlockend, zu sagen, dass die individuelle Freiheit das eine sei und die kollektive Freiheit das andere, und dass politische Freiheit irgendwo dazwischen liege. Doch die Wirklichkeit ist nicht so einfach. Da das Individuum immer durch Bindungen der gegenseitigen Loyalität gegenüber seiner Familie, seinem Stamm oder seiner Nation gebunden ist, ist es ein Fehler, anzunehmen, dass der Einzelne über politische Freiheit verfügen könnte, wenn Familie, Stamm oder Nation nicht frei sind.

Man denke etwa an das Problem des freigelassenen Sklaven. Wir neigen dazu, zu glauben, ein Sklave müsse sich einfach nur von seinem Herrn loskaufen oder heimlich fliehen, um in den Genuss der Befreiung von der Knechtschaft und eines Lebens in Selbstbestimmtheit zu kommen. Das muss jedoch nicht notwendigerweise wahr sein. Wenn seine Frau und seine Kinder versklavt worden sind, dann verschafft ihm die Erlangung seiner persönlichen Freiheit keine solche Erlösung. Wie gesagt: Der Einzelne strebt ununterbrochen nach dem Wohlergehen und Wohlstand des Kollektivs, dem er durch Bindungen gegenseitiger Loyalität verbunden ist. Und weil er seiner Familie in dieser Weise verbunden ist, empfindet der freigelassene Sklave ihr Leid weiterhin so, als würde es ihm selbst widerfahren. Er verspürt weder die Freude der Befreiung noch die Macht, nach seinem eigenen Willen seinen eigenen Weg zu bestimmen. Und ist es nicht beleidigend und dumm, einem solchen Menschen zu sagen, dass er jetzt „seinen eigenen Weg bestimmen" könne, wenn er doch unfähig bleibt, seiner Frau und seinen Kindern zu helfen, die weiterhin versklavt bleiben? Gewiss kann er frei wählen zwischen den Alternativen, die ihm noch bleiben. Doch er wird feststellen, wie auch wir feststellen müssen, dass ihm die Handlungsoptionen, die er wirklich begehrt, nicht zur Verfügung stehen. Sie wurden ihm weggenommen durch die Zwänge, die ihm andere auferlegt haben, und er wird die Freiheit nicht spüren, ehe seine Familie ebenfalls frei ist.

Das Gleiche gilt für den Einzelnen, der aus seinem Land flieht, während der Stamm oder die Nation, in dem oder der er aufgezogen wurde, weiterhin unter der Verfolgung durch eine despotische Regierung leiden muss. Ein solches Individuum kann unter diesen Umständen kein bisschen mehr „seinen eigenen Weg bestimmen" als ein Mann, dessen Frau und Kinder als Geiseln gehalten werden. Wenn er im Exil sein Dasein fristet und weiß, dass seine Leute gepeinigt werden und in Gefahr schweben, dann geht es ihm so wie dem freigelassenen

Sklaven, dem alle erstrebenswerten Handlungsoptionen genommen worden sind. Er wartet darauf, die echte Freiheit zu spüren, wenn die Seinen erst einmal frei sind und er nach Hause zurückkehren kann.

Ein Beispiel aus der jüngeren Geschichte meines eigenen Volkes mag aufschlussreich sein. Während des Zweiten Weltkrieges wurden die meisten Juden in Europa von der deutschen Regierung und ihren Kollaborateuren ermordet. Zu jener Zeit gab es Millionen von Juden in Amerika und Großbritannien, auch in britischen Protektoraten wie Palästina, wo meine Großeltern lebten. Diesen Juden war es sehr wohl bewusst, dass ihre Brüder in Europa massakriert wurden, und es erhob sich ein Aufschrei unter Juden, die sie retten wollten. Einer von diesen war mein Großvater Meir, der – nicht als einziger – einen Brief an die Behörden schrieb, in dem er verlangte, bewaffnet und nach Europa geschickt zu werden. Doch er erhielt nie eine Antwort auf seinen Brief. Die Amerikaner und Briten waren mit ihren eigenen Interessen beschäftigt, die keinen Platz für Rettungsbemühungen boten. Die Briten arbeiteten mit großer Sorgfalt daran, Juden davon abzuhalten, nach Palästina in Sicherheit zu gelangen, indem sie die Flüchtlinge abfingen und in Internierungslager im Ausland abschoben. Ebenso weigerten sich die Vereinigten Staaten, die Bahnstrecken zu bombardieren, auf denen Juden in die Vernichtungslager gebracht wurden. Die Vernichtungsmaschinerie konnte deshalb den gesamten Krieg hindurch ohne merklichen amerikanischen oder britischen Widerstand weiterlaufen. Die Millionen von Juden, die über diese großartigen Nationen verteilt lebten, genossen großzügige persönliche Freiheiten, doch weil ihre jüdischen Brüder abgeschlachtet wurden, ohne dass diesen jemand zu Hilfe kam, verstanden sie, wie auch wir verstehen müssen, dass ihnen alle Handlungsoptionen, die sie wirklich begehrten, in Wahrheit nicht zur Verfügung standen. Trotz aller formalen individuellen Freiheiten, die man ihnen zugesprochen hatte, verfügten sie über keine nationale Freiheit und waren also nicht frei. Die nationale Freiheit kam erst mit der Errichtung eines jüdischen nationalen Staates, Israel, den mein Großvater noch mit eigenen Augen sehen konnte.

In diesem wie in anderen Fällen zeigt sich, dass die Freiheit des Individuums von der Freiheit seiner Familie, seines Clans, seines Stammes und seiner Nation abhängt – das heißt: von der Freiheit und Selbstbestimmtheit des Kollektivs, dem gegenüber dieser Einzelne loyal ist und dessen Pein und Erniedrigung er wie seine eigene empfindet. Wenn das Kollektiv derart zersplittert, verfolgt, bedroht und geschmäht ist, dass keine Hoffnung darauf besteht, dass es seine Ziele und Ansprüche erreichen können wird, dann ist dieses Kollektiv nicht frei, und der Einzelne ist es auch nicht.

14. Die Tugenden des nationalen Staates

Die freie Marktwirtschaft basiert auf der Erkenntnis, dass der Einzelne danach strebt, sein eigenes Leben und seine materiellen Umstände zu verbessern, und sie ist so eingerichtet, dass sie die vorteilhafteste und am wenigsten schädliche Ausübung dieses Dranges gestattet. Sie stellt sozusagen einen Versuch dar, die Eigenheiten der menschlichen Natur sachlich zu betrachten und möglichst das Beste aus ihnen herauszuholen. In gleicher Weise beruht die politische Ordnung nationaler Staaten auf der Erkenntnis, dass der Einzelne ununterbrochen und aktiv nach dem Wohlergehen und dem Wohlstand der Familie, des Clans, des Stammes oder der Nation strebt, woran ihn Bindungen wechselseitiger Loyalität binden, und sie ist so eingerichtet, dass sie die vorteilhafteste und am wenigsten schädliche Ausübung dieses Dranges gestattet.

In diesem Kapitel werde ich fünf Aspekte beschreiben, welche die Ordnung der unabhängigen nationalen Staaten als den konkurrierenden anarchischen und imperialen Formen der politischen Ordnung überlegen herausstellen, sobald das menschliche Bedürfnis nach kollektiver Freiheit mit bedacht wird und die Gelegenheit erhält, sich seinen umfassendsten und vorteilhaftesten Ausdruck zu suchen.

1. Gewalt wird an den äußersten Rand verbannt. Unter einer anarchischen politischen Ordnung erhält das Bedürfnis nach kollektiver Selbstbestimmtheit seinen Ausdruck durch die Unabhängigkeit jedes Clans und Stammes von allen anderen. Unter solchen Umständen verlangt die Loyalität gegenüber dem Clan oder Stamm vom Einzelnen, für das Wohl dieser Kollektive in den Krieg zu ziehen, ob nun zur Durchsetzung ihrer Interessen oder um Gerechtigkeit zu erkämpfen, wenn gewaltlose Vermittlung gescheitert ist. Tatsächlich sind meist weder ihre Interessen noch Gerechtigkeit durchzusetzen, wenn nicht eine permanente Gewaltandrohung besteht, und das gesamte Leben wird dadurch beeinflusst.[125]

Wenn die Loyalität des Einzelnen auf die Ebene des nationalen Staates hochgeschaltet wird, dann vergrößert sich auch der Fokus seines Bedürfnisses nach kollektiver Freiheit und Selbstbestimmtheit. Das bedeutet nicht, dass er die Treue gegenüber seinem Clan oder Stamm aufgeben würde. Wo aber die Einigung der Stämme unter einem nationalen Staat erfolgreich ist, wird die Sehnsucht nach Freiheit und Selbstbestimmtheit für den Clan oder Stamm eingeschränkt durch den intensiven Wunsch, den inneren Zusammenhalt seiner Nation zu sichern. Mit anderen Worten: Der Wunsch nach innerem Zusammenhalt der Nation dient zur Niederhaltung von Kriegführung als Instrument zur Durchsetzung der Interessen von Clans und Stämmen, sodass der Krieg aus diesem Bereich verbannt wird und nur noch zur Verteidigung der großen nationalen Sphäre von innerstaatlicher Ordnung und Frieden vorkommt. In ähnlicher Weise wird die Rechtsprechung, die zuvor unter den Clans und Stämmen – wenn nötig – mit Gewalt durchgesetzt werden musste, auf ein System von Gesetzen, Vollstreckungsbehörden und Gerichten übertragen, das der nationalen Regierung untersteht und dadurch von den Einflüssen einzelner Familien-, Clan- oder Stammeszugehörigkeiten unabhängig ist.[126]

Auf diese Weise unterdrückt der nationale Staat über ein weites Gebiet hinweg die Kriegführung als Mittel der Konfliktlösung, und der Krieg wird an den äußersten Rand der menschlichen Wahrnehmung verbannt. Selbstverständlich werden jene, die dem Staat in der Regierung oder als Soldaten dienen, sich weiterhin dem Ringen zwischen nationalen Staaten und ihren Kriegen widmen. Gewalt jedoch wird nun viel seltener das Leben des Einzelnen behelligen, und fast immer weit entfernt von seinem Zuhause, wo seine Familie oft selbst dann in Frieden leben kann, wenn anderswo ein Krieg stattfindet. Die Schaffung dieser Sphäre des Friedens, in der Familie und Geschäftsleben weitgehend unberührt von Gewalt weitergehen können, ist die erste Innovation des nationalen Staates, auf der all seine vielen anderen Innovationen aufbauen.

2. Verachtung imperialer Landnahme. Ein nationaler Staat ist eine Einrichtung von beschränkter Größe. Das heißt, dass die Lenker des nationalen Staates Erben einer politischen Tradition sind, welche anerkennt, dass die Grenzen der Nation und deren Verteidigungsbedarf ihrer Ausdehnung natürliche Schranken setzen, und dass sie daher die Vorstellung der Unterwerfung fremder Nationen verachten. Das steht im Gegensatz zum imperialen Staat, der eine politische Tradition weiterführt, die keinerlei derartige Grenzen anerkennt, und dessen Herrscher immer wieder Anlässe finden, um weitere Völker zu unterwerfen. Wie schon angesprochen, jede dieser Sichtweisen gründet in der moralischen Ordnung – Imperialisten bestehen darauf, dass nur eines moralisch richtig sei, nämlich das Reich des Friedens und wirtschaftlichen Wohlstandes, den ihre Herrschaft der Menschheit bringen werde, weiter auszudehnen, während Nationalisten betonen, nur eines sei moralisch richtig, und zwar die Freiheit und Selbstbestimmtheit der Nationen. Jede dieser Positionen verfügt über eine gewisse Plausibilität. Doch die Verachtung gegenüber Kriegen für grenzenlose Ausdehnung, die gleichermaßen eine Grundlage und eine Folge des politischen Ideals des nationalen Staates ist, ist ein so großer Gewinn, dass sie in sich bereits genügen dürfte, um den Wettstreit zwischen diesen beiden Anschauungen zu entscheiden.

Auch wenn ein Widerwille gegenüber der Unterwerfung fremder Nationen oft als Freundlichkeit gegenüber anderen dargestellt wird, ist es doch wichtig, zu begreifen, dass es sich dabei vor allem anderen um den Ausdruck eines gewissen Blickes auf die Interessen der eigenen Nation handelt. Oft wird fälschlicherweise davon ausgegangen, dass alle Nationen – so wie einst die Römer – dazu tendierten, es als Zuwachs an Stärke zu verbuchen, wenn sie weiteren Völkern ihre Herrschaft aufzwingen, weil sie dadurch die Wirtschaft vergrößern, aus der sie Steuern gewinnen, und somit auch größere Heere ins Feld führen können. Doch es gibt noch eine alternative Tradition, die aus dem alten Israel stammt, welche derartige imperiale Staaten als ihrem Wesen nach schwach betrachtet und ihre grenzenlose Ausdehnung als etwas verachtet, das der nach ihr strebenden Nation schadet, anstatt ihr zu nützen. Herder hat das gut in Worte gefasst, als er über die wesenhafte Zerbrechlichkeit imperialer Staaten und, auf der anderen Seite, die Widerstandsfähigkeit des nationalen Staates schrieb:

> […] der natürlichste Staat ist also auch *ein* Volk, mit *einem* Nationalcharakter. Jahrtausendelang erhält sich dieser in ihm und kann, wenn seinem mitgebornen Fürsten daran liegt, am natürlichsten ausgebildet werden […]. Nichts scheint also dem Zweck der Regierungen so offenbar entgegen als die unnatürliche Vergrößerung der Staaten, die wilde Vermischung der Menschengattungen und Nationen unter einen Zepter. Der Menschenzepter ist viel zu schwach und klein, daß so widersinnige Teile in ihn eingeimpft werden könnten; zusammengeleimt werden sie also in eine brechliche Maschine, die man Staatsmaschine

> nennet, ohne inneres Leben und Sympathie der Teile gegeneinander. Reiche dieser Art, die dem besten Monarchen den Namen Vater des Vaterlandes so schwer machen, [...] da doch ohne Nationalcharakter kein Leben in ihnen ist und für die Zusammengezwungenen nur der Fluch des Schicksals sie zur Unsterblichkeit verdammen könnte; denn eben die Staatskunst, die sie hervorbrachte, ist auch die, die mit Völkern und Menschen als mit leblosen Körpern spielet. Aber die Geschichte zeigt gnugsam, daß diese Werkzeuge des menschlichen Stolzes von Ton sind und wie aller Ton auf der Erde zerbrechen oder zerfließen.[127]

In diesem Abschnitt bezeichnet Herder den imperialen Staat als nichts anderes als einen „Fluch" für alle Beteiligten. Dieser Betrachtungsweise zufolge ist eine menschliche Regierung von Natur aus eingeschränkt in dem, was sie zu erreichen vermag, und kann nur dann stark und wirksam sein, wenn sie sich auf die „Sympathie der Teile gegeneinander" verlassen kann, welche eine einzelne Nation zu einem nationalen Staat verbindet, dessen Führer dem Volke entstammen. Die „unnatürliche Vergrößerung der Staaten", die viele Nationen unter einer einzigen Herrschaft zusammenzwingt, beruht nicht auf einer solchen Sympathie. Sie vermehrt nur die Lasten und Schwierigkeiten, die sich über dem Staat auftürmen, während ihm immer weitere „widersinnige Teile" ohne die Bindungskraft der wechselseitigen Loyalität hinzugefügt werden, bis er schließlich nur noch als „zusammengeleimte Maschine" besteht, die unter dem Gewicht dieser Schwierigkeiten ächzt.

Einer solchen Betrachtungsweise liegt die Erkenntnis zugrunde, dass das Wohlergehen einer Nation nicht allein anhand ihrer militärischen und wirtschaftlichen Stärke zu ermessen ist, sondern auch in anderen Dimensionen, die kein bisschen weniger bedeutsam sind. Was Herder als „Nationalcharakter[, der sich j]ahrtausendelang erhält" beschreibt, bezieht sich auf das, was ich den inneren Zusammenhalt und das kulturelle Erbe der Nation genannt habe. Und genau diese Dinge gehen meist verloren, wenn der imperiale Staat sich ausdehnt. Das liegt daran, dass unterworfene Nationen ihre eigenen Ansprüche, Probleme und Interessen in den Staat einbringen. Und diese wachsende Vielfalt sorgt dafür, dass der Staat schwieriger zu beherrschen wird, indem sie die gegenseitige Loyalität schwächt, die ihn zusammenhielt, seine Aufmerksamkeit und Ressourcen zerstreut beim Bemühen, innere Konflikte und Gewaltausbrüche niederzuhalten, die ihm zuvor unbekannt waren, sowie die Herrscher dazu zwingt, unterdrückerische Methoden anzuwenden, um den Frieden aufrechtzuerhalten. Während das vor sich geht, werden die Herrscher in die Ränke und Absprachen entlegener Gruppen in weit entfernten Ländern verwickelt. Das schmeichelt ihrer Eitelkeit, weil sich sich dadurch selbst als „weltgewandt" betrachten können. In Wahrheit aber beschränkt sich ihr Wissen über die fremden Nationen, die sie zu befrieden versuchen, fast immer auf Äußerlichkeiten, auf hohle Karikaturen, sodass sie meist ebenso viel Schaden anrichten, wie sie Gutes tun, indem sie ihre flachen, angeblich „allgemeingültigen" Kategorien auf Begebenheiten am anderen Ende der Erde anwenden.[128] In der Zwischenzeit haben sie nur spärliche Aufmerksamkeit dafür übrig, wenn jemand mit einer Angelegenheit auf sie zutritt, die das Wohlergehen und den Wohlstand ihrer eigenen Nation betrifft, und insgeheim verfluchen sie diesen Einbruch „häuslicher Probleme" in einer Zeit, wenn größere Dinge drängen. So wenden die Herrscher ihren Geist ab und werden den Sorgen ihres eigenen Volkes gegenüber fast ebenso ahnungslos wie gegenüber den Interessen der fremden Nationen, über die sie regieren wollen.

Völker mit starken national-staatlichen Traditionen blicken mit Entsetzen auf dies alles; sie verachten die Vorstellung, dass die Führer ihres Landes sich darin verlieren könnten, ein Imperium aus fremden Nationen zu erhalten und zu verwalten, anstatt die Stämme ihrer eigenen Nation in ihrem eigenen Land zu stärken. Einer solchen Sichtweise nach werden die Herrscher der Nation aus deren Angehörigen erwählt, weil die Bindungen der wechselseitigen Loyalität, die sie mit ihrem eigenen Volk verbinden, sie in die Lage versetzen, die Bedürfnisse der Nation als ihre eigenen wahrzunehmen. Wo diese Treue geehrt wird, bleibt der Blick der Herrscher fest darauf gerichtet, Wohlergehen und Wohlstand ihrer eigenen Nation zu vermehren, indem sie nicht nur deren wirtschaftliche und militärische Stärke ausbauen, sondern auch den inneren Zusammenhalt der Nation erhalten und verstärken sowie für die Vertiefung und Verbreitung ihres kulturellen Erbes sorgen. Indem sie ihrem eigenen Volk gegenüber loyal bleiben, werden sie dies alles so empfinden, als ob sie selbst an Stärke gewännen, und werden fürchten, diese durch imperialistische Auswüchse zu vergeuden. Tatsächlich ist dieser Unwille, die Stärke der Nation durch die Verwaltung fremder Länder zu verschwenden, das gewichtigste Argument gegen den Hang von Herrschern, sich selbst durch immer weitere Eroberungen zu überhöhen (abgesehen vom Risiko der Niederlage auf dem Schlachtfeld). Es sind also Bindungen der wechselseitigen Loyalität im Verbund mit national-staatlichen Traditionen, die die Bedeutung dieser Treue von Herrschern ihrem eigenen Volk gegenüber immer wieder neu unterstreichen, die den politischen Horizont des nationalen Staates scharf umreißen, indem sie einen Staat errichten, der es vorzieht, andere Nationen ihrer eigenen Verwaltung zu überlassen, anstatt zu versuchen, sie sich alle eine nach der anderen einzuverleiben.

Das soll nicht heißen, dass der nationale Staat seinem Wesen nach zum Frieden neigen würde. Der nationale Staat kann sich sehr realen Bedrohungen durch ausländische Feinde gegenübersehen, und die Herrscher des nationalen Staates müssen darüber entscheiden, ob sie auf diese Bedrohungen mit Gewalt antworten und versuchen, die Bedingungen entlang oder außerhalb seiner Grenzen zu ändern, oder ob sie diese Grenzen selbst verschieben wollen. Wir kennen viele derartige Kriege zwischen Nationen: zwischen den Engländern und den Iren, zwischen den Serben und den Kroaten, zwischen Indien und Pakistan, zwischen Israel und den arabischen Staaten und so weiter. In derartigen Konflikten mögen die Führer nationaler Staaten mal richtig und mal falsch liegen. Es ist nicht von der Hand zu weisen, dass der öffentliche Diskurs im Zusammenhang mit Krieg gegen die Nachbarn oft von bombastisch übertriebener Selbstsicherheit und Fanatismus gewesen ist oder dass nationale Führer oft auf unnötige kriegerische Akte zurückgreifen, um sich territoriale, politische oder wirtschaftliche Vorteile zu verschaffen.

Aber auch wenn der nationale Staat nicht zwangsläufig auf Frieden aus ist, so muss man ihm doch einen anderen Umstand zugute halten, der kaum weniger bedeutungsvoll ist: Weil der nationale Staat eine politische Tradition weiterführt, die die Unterwerfung fremder Völker verachtet, sind Kriege zwischen nationalen Staaten in der Regel verhältnismäßig begrenzt, was ihre Ziele, die eingesetzten Ressourcen und das Ausmaß an verursachter Zerstörung und Leid anbelangt. Dies wurde häufig hervorgehoben mit Blick auf die nationalen Staaten Westeuropas nach dem Westfälischen Frieden, die über Jahrhunderte hinweg weiter eingehegte Kriege um politischen oder wirtschaftlichen Gewinn gegeneinander führten, aber davon Abstand nahmen, uneingeschränkte Kriege zu führen, um andere nationale Staaten vollkommen auszulöschen.[129]

Natürlich hat Europa in den letzten 400 Jahren große Kriege mit fast grenzenlosen Verwüstungen erlebt. Die Kriege, die Europa – und die Welt – nunmehr heimsuchten, waren jedoch keine Kriege zwischen nationalen Staaten um die Vorherrschaft unter Konkurrenten. Sie waren vielmehr ideologische Kriege, die im Namen irgendeiner universalen Doktrin ausgekämpft wurden, welche der ganzen Menschheit die Erlösung bringen sollte. Um dieser universalen Doktrin willen wurden Heere in die ganze Welt ausgeschickt, um eine Nation nach der anderen zu verschlingen und in jedem eroberten Land die bewährte Lebensordnung umzustürzen. So war es im Dreißigjährigen Krieg, in dem es um die deutsch-katholische Vorherrschaft in Europa ging. So war es auch in den Napoleonischen Kriegen, die die alte politische Ordnung zerschlagen sollten, um ein französisch-liberales Imperium über einen ganzen Kontinent und noch darüber hinaus zu errichten. Und es war ganz genauso im Zweiten Weltkrieg, in dem das deutsche Nazi-Reich darauf abzielte, eine neue Ordnung nach den Vorgaben seiner eigenen, verdrehten universalen Theorie über die Erlösung der Menschheit zu schaffen.[130]

Im Gegensatz zu diesen ideologischen Unruhen wird der Erste Weltkrieg oft als beispielhafter Krieg zwischen nationalen Staaten beschworen. Über die Ursachen dieser Katastrophe sind unzählige Bände geschrieben worden, und es bleibt zweifelhaft, ob man jemals zu einem eindeutigen Ergebnis kommen wird. Allerdings finde ich die am weitesten verbreiteten Erklärungen für den Krieg, die im Westen heute jedem Gymnasiasten beigebracht werden, überhaupt nicht überzeugend. Natürlich war der Zusammenstoß zwischen serbischem Nationalismus und dem österreichischen Imperium der unmittelbare Auslöser des Konfliktes. Aber nichts am serbischen Wunsch, gewisse unter der Kontrolle Österreich-Ungarns befindliche Gebiete zu befreien, hätte einen Krieg vom Zaun brechen oder aufrechterhalten können, der mehr als vier Jahre lang sämtliche Ressourcen aller großen Reiche auf der Welt mobilisierte, vielleicht 20 Millionen Menschen das Leben kostete und einen ganzen Kontinent physisch zerstörte. Ebenso wenig findet sich in der übrigen Diskussion – über die Unnachgiebigkeit der europäischen Bündnissysteme, die ineinandergreifenden wechselseitigen Beistandsversprechen im Konfliktfall, die Eile, in der Mobilisierungspläne umgesetzt werden mussten – eine überzeugende Erklärung. Diese Umstände beschreiben bestenfalls, wie der Krieg begann. Sie können nicht einmal ansatzweise erklären, warum der Krieg so viele Jahre lang und um einen so hohen Preis vorangetrieben wurde, statt durch einen Waffenstillstand beendet zu werden, sobald sich das Ausmaß der Verluste abzuzeichnen begann.

Ich glaube, um zu verstehen, was den Ersten Weltkrieg am Laufen hielt und zu dem Grauen werden ließ, das er war, bleibt keine andere Wahl, als auf den Imperialismus zu schauen, der zum bestimmenden Faktor der Politik von Großbritannien, Frankreich, Russland und Deutschland geworden war. Wie zu jener Zeit viele Beobachter hervorhoben, kann man den Krieg nicht von der fieberhaften Ausdehnung der überseeischen Reiche trennen, welche zwischen 1871 und 1914 zur Eroberung und Annektierung von rund einem Viertel der Landmasse der Erde durch Europäer und die Japaner geführt hatte, vorwiegend in Afrika, Asien und dem pazifischen Raum. Die erstaunlich aggressive Ausdehnung insbesondere des britischen und des französischen Imperiums hatte – speziell in Deutschland – viele zu der Schlussfolgerung verleitet, dass die Ära des europäischen Systems der nationalen Staaten faktisch an ihr Ende gekommen sei. Was sich stattdessen herauskristallisierte, schien ein Kampf zwischen einigen wenigen „Weltstaaten“ zu sein, von denen jeder ein universalistisches Imperium darstellte und die Welt nach seinem eigenen Vorbild umgestalten wollte. Dies scheint die Sichtweise Kaiser Wilhelms II. gewesen zu sein, und anscheinend glaubten er und seine Minister, es mit dem britischen Weltstaat aufnehmen zu können, der sich bereits in einer Stellung der überwältigenden globalen Vormacht befand, wenn sie nur Frankreich als bedeutende Kontinentalmacht ausschalten und einen großen Teil von Mittel- und Osteuropa unter deutscher „Führung“ vereinen würden. Es war die Notwendigkeit der Herbeiführung einer derart schwerwiegenden Veränderung im Wesen der europäischen Politik, die hinter der Entschlossenheit des Deutschen Reiches stand, sich auf einen Weltkrieg einzulassen, ebenso wie imperialistische Kriegsziele – etwa die Einverleibung des gesamten Nahen Ostens – großen Einfluss auf die Entscheidungsfindung in Großbritannien und Frankreich hatten.

Der Erste Weltkrieg war zum großen Teil das Ergebnis des Kokettierens der europäischen nationalen Staaten mit dem Imperialismus. So lange die Konkurrenz um überseeische Reiche ein Wettstreit zwischen traditionellen westeuropäischen nationalen Staaten wie Großbritannien, Frankreich und den Niederlanden geblieben war, war es möglich gewesen, das national-staatliche System innerhalb Europas als Kennzeichen der Beziehungen zwischen „zivilisierten" Völkern aufrechtzuerhalten (wohingegen die „unzivilisierten" Völker in Afrika und Asien als unwürdig angesehen wurden, über eigene nationale Staaten zu verfügen). Doch das neu gegründete Deutsche Reich hatte sich nicht dem Ideal des nationalen Staates verschrieben. Auch sahen seine Führer wenig Sinn darin, ihre Ressourcen auf den Versuch einer Ausbreitung in Afrika zu konzentrieren, wenn sich ein riesiges Imperium leichter und vorteilhafter auf dem europäischen Kontinent errichten ließ.[131] Die Ursache des Ersten Weltkrieges war, mit anderen Worten, die Entschlossenheit Deutschlands, auf dem Kontinent den Imperialismus wiederzubeleben und damit die europäische Ordnung der nationalen Staaten für immer zu beenden – zusätzlich zur ebenso großen Entschlossenheit Großbritanniens, das zu verhindern. Die Ursachen des Ersten Weltkrieges sind, so gesehen, denen des Zweiten Weltkrieges bemerkenswert ähnlich. Beide Kriege wurden prinzipiell um die Frage geführt, ob Deutschland Europa unter einem deutschen Kaiser vereinen würde oder nicht. Beide waren imperiale Kriege, die universalistische Ansprüche widerspiegelten. Und die Zerstörung, die beide verursachten, entsprach dieser Zielsetzung.[132]

Allgemein tendieren die Ansprüche nationaler Staaten also dazu, Kleinkriege zu verursachen, die zur Neuordnung ihrer Hierarchie untereinander oder zur Veränderung der Grenzen zwischen ihnen dienen sollen. Die universalen Ansprüche imperialer Staaten hingegen führen zu umfassenden ideologischen Kriegen, die die Welt ein für allemal geraderücken sollen und dementsprechend große Verheerungen mit sich bringen. Bei Völkern mit starken national-staatlichen Traditionen haben die Bindungen wechselseitiger Loyalität, die die Angehörigen der Nation binden, den folgenden Effekt: Sie beschränken das Ausmaß der Kriege, die von nationalen Staaten geführt werden, indem sie das Augenmerk der Herrscher unentwegt wieder auf die Nöte zurücklenken, die ihre eigene Nation durchzumachen hat, und darauf, was sie selbst tun können, um den materiellen Wohlstand, den inneren Zusammenhalt und das kulturelle Erbe dieser Nation innerhalb ihrer Grenzen zu stärken. Dies bestärkt beim nationalistischen Staatsmann eine heilsame Abscheu vor einem Einsatz der ihm unterstellten Streitkräfte zur Unterdrückung fremder Nationen und davor, seine Amtszeit damit zu verschwenden, in fremden Ländern Krisen zu bewältigen, die durch die Präsenz dieser Streitkräfte verursacht oder verschlimmert wurden.

Vor diesem Hintergrund ist es aufschlussreich, das Schicksal des amerikanischen Imperialismus zu betrachten, nachdem es in den 1890er-Jahren zunächst eine kurzzeitige Begeisterung dafür gegeben hatte.[133] Unter Präsident William McKinley beschlossen die Vereinigten Staaten, ein Weltreich zu werden – mit der Mission, ihr kulturelles Erbe des Christentums und des Kapitalismus in die unzivilisierten Winkel des Erdballs zu tragen. Im Namen dieser großen Vision eroberten die Vereinigten Staaten die Philippinen, Kuba, Puerto Rico und andere Inseln, die Teil des Spanischen Reiches waren, nur um dort auf hartnäckigen militärischen Widerstand zu stoßen. Die Amerikaner, die sich selbst als Befreier angesehen hatten, fanden sich als koloniale Unterdrücker in eine Serie von Kriegen verwickelt.[134] Die mächtige Geringschätzung gegenüber fremden Reichen, aus welcher die Vereinigten Staaten ursprünglich hervorgegangen waren, setzte sich erneut durch, und die amerikanische Führung von Teddy Roosevelt bis Woodrow Wilson verlor rasch das Interesse an überseeischer Ausdehnung. Sowohl den Philippinen als auch Kuba wurde bald die Unabhängigkeit in Aussicht gestellt. Nachdem sie mit der Idee eines großen, ideologisch unterfütterten Weltreiches experimentiert hatten, kehrten die Amerikaner zu ihrer national-staatlichen Tradition zurück – eine Entscheidung, die bis nach dem Zweiten Weltkrieg Bestand hatte.[135]

Und die europäischen nationalen Staaten? Selbst protestantische nationale Staaten wie England und die Niederlande nahmen ursprünglich nur im Hinblick auf ihre Ansprüche in Kontinentaleuropa Abstand vom Imperialismus. Die Macht des katholischen Spanien gründete auf dem Reichtum seiner ausgedehnten Besitzungen in Übersee, und die neuen protestantischen Mächte strebten ebenso wie Frankreich ihre eigenen Imperien an, um finanziell und militärisch mithalten zu können. Diese Zweigleisigkeit der unabhängigen europäischen Mächte – in der Heimat nationalistisch, aber imperialistisch im Umgang mit den Völkern Asiens, Amerikas und Afrikas – zeichnet ein in vielen Belangen erschreckendes Bild.[136] Am Ende diente die aggressive Ausdehnung der Briten, Franzosen und Holländer in Übersee als Provokation und Vorbild für imperialistische Ideologien in Deutschland, Italien und Japan – Ideologien, die das gesamte europäische System der nationalen Staaten mit Verachtung bedachten. In den beiden folgenden Weltkriegen und ihren Nachwehen waren es in erster Linie amerikanische Staatsmänner, die die imperialistischen Wurzeln der Katastrophe erkannten und schließlich weitläufige Zustimmung für das Prinzip einer nationalistischen politischen Ordnung fanden.[137]

3. Kollektive Freiheit. Menschliche Wesen sind unentwegt darauf aus und aktiv damit beschäftigt, das Wohlergehen und den Wohlstand der Familie, des Clans, des Stammes oder der Nation auf Grundlage der Bindungen wechselseitiger Loyalität zu befördern und vermehren. Innerhalb einer Ordnung unabhängiger nationaler Staaten erreicht die Menschheit den höchsten Grad an Freiheit, um ein derartiges kollektives Wohlergehen und kollektiven Wohlstand zu verfolgen. Wir wollen nun ergründen, warum das so ist.

In der Stammes- und Clanordnung genießen Freiheit und Selbstbestimmtheit des Kollektivs einen sehr hohen Stellenwert. Hier wirkt die Sorge um den materiellen Wohlstand, den inneren Zusammenhalt und das kulturelle Erbe des Kollektivs allumfassend. Nichtsdestoweniger lässt sich unmöglich behaupten, dass menschlichen Wesen in einer solchen Ordnung die größtmögliche kollektive Freiheit und Selbstbestimmtheit zuteilwürde. Denn auch wenn diese Clans und Stämme den Vorteil der Unabhängigkeit genießen, so leben sie doch in einem immerwährenden Krieg in einem Ausmaß, das uns, die wir unter einem Staat aufgewachsen sind, unbekannt bleibt. Und weil all ihre Bemühungen durchgängig auf ihr eigenes Überleben und den Krieg gegen andere gerichtet sind, leben sie oft in finsterer Armut und entbehren der Ressourcen, in Kunst und Wirtschaft voranzukommen, sowie der Sorgfalt, die es braucht, um das von den Ahnen überkommene kulturelle Erbe zu pflegen. Also findet sich jeder Clan oder Stamm – anstatt frei nach eigenem Gutdünken handeln zu können – tatsächlich als Sklave eines Lebens voller Krieg und Chaos wieder, aus dem es kein Entkommen gibt, selbst wenn er es sich vielleicht anders wünschen mag.

Man vergleiche diese Lebensumstände mit den Aussichten auf kollektive Selbstbestimmung unter einem nationalen Staat. In einem solchen Staat herrscht ein dauerhafter Friede zwischen einer gewissen Anzahl konkurrierender Stämme, die über eine gemeinsame Sprache oder Religion und eine Vorgeschichte des Zusammenhalts um gemeinsamer Interessen willen verfügen. Unter dem Schutz des nationalen Staates gibt jeder Stamm ein gewisses Maß seiner Selbstbestimmtheit auf, begibt sich der Möglichkeit gewalttätiger Antworten auf Provokationen der anderen Stämme und öffnet sich selbst für Einmischungen des Staates. Und doch zieht jeder Stamm daraus auch große Vorteile im Hinblick auf seine kollektive Freiheit. Zum Teil beruhen diese Vorteile auf der Tatsache, dass sich durch die Aussperrung des Krieges nach außerhalb der Staatsgrenzen die Möglichkeit eines größeren materiellen Wohlstandes eröffnet. Und unter diesen neuen Bedingungen kann jeder Stamm seine eigenen Fähigkeiten in Ackerbau, Kunst, Wirtschaft, Bildung sowie der Ausübung und Entwicklung seiner Religion im Einklang mit seinem eigenen kulturellen Erbe vermehren.

Durch einen solchen nationalen Frieden wird jedoch auch etwas noch Tiefergehendes eingeläutet. Der Einzelne war schon immer in der Lage gewesen, die größere Vereinigung von Stämmen, von der sein eigener Stamm einen Teil bildete, die Nation, als eine geeinte Wesenheit zu betrachten, wenn ein Bündnis gegen äußere Bedrohungen geschlossen wurde. In solchen Zeiten empfand er, dass das, was der Nation zustieß, gleichsam ihm selbst geschah. Mit der Herausbildung eines nationalen Staates wird dieses Empfinden zu einer dauerhaften Geisteshaltung. Der Einzelne denkt unter dem nationalen Staat nicht nur an die großen Verbesserungen der Verteidigungsfähigkeit seines Stammes gegen äußere Feinde und seine größere Freiheit, nach materiellem Wohlstand und der Vertiefung seines kulturellen Erbes zu streben. Er denkt auch im Rahmen der Nation als Ganzes und an die unermessliche Verbesserung des inneren Zusammenhaltes der Nation. Und er denkt an das größere Vermögen der Nation, nach materiellem Wohlstand zu streben und ihr kulturelles Erbe zu vertiefen – jenes kulturelle Erbe, das überhaupt erst die Grundlage für die Begründung des nationalen Staates war. Er betrachtet die Dinge, die der Nation zustoßen, nun als Dinge, die ihm selbst widerfahren, und zwar nicht nur in den seltenen Zeiträumen stammesübergreifender Bündnisse, sondern durchgängig. Und auch wenn ihm sein Stamm nach wie vor am Herzen liegt, so wird das unabhängige Leben der Nation in seinem Denken die höchste Priorität haben, solange sein Stamm nicht von den anderen ausgesondert und bedroht wird. Das heißt, dass der Einzelne ebenso wie der Rest seines Stammes eine weitaus größere kollektive Freiheit und Selbstbestimmtheit erfahren wird, als er sie zuvor kannte.

Die Fürsprecher eines imperialen oder universalen Staates beteuern, dass diese Vorzüge, die die Clans und Stämme im Hinblick auf ihre kollektive Selbstbestimmtheit in einem nationalen Staat genießen, ebenso gut oder besser unter einem imperialen Staat bereitgestellt werden könnten. Denn wenn Stämme zu einem Bund der gegenseitigen Loyalität zusammenkommen können, um einen nationalen Staat zu bilden, so sagen sie, warum sollten dann nicht die Nationen einen ähnlichen Bund der gegenseitigen Loyalität bilden und sich in ein Imperium umbilden?

Doch die Analogie zwischen der Gründung eines imperialen Staates und der eines freien, nationalen Staates ist eine falsche. Der Übergang von einer Ordnung der Stämme und Clans zum nationalen Staat bietet den Stämmen eine große Verbesserung der Möglichkeiten für ihre kollektive Selbstbestimmtheit. Das liegt daran, dass das große Hindernis für die Selbstbestimmtheit der bewaffneten und politisch unabhängigen Clans und Stämme der unablässige Schaden ist, den sie einander durch ihre erbarmungslose Kriegführung antun. Der nationale Staat nutzt die Grundlage für eine echte gegenseitige Loyalität für sich, die unter diesen einander bekriegenden Stämmen bereits existiert – eine gemeinsame Sprache oder Religion zuzüglich zu einer Vergangenheit, in der sie einander als Verbündete gegen gemeinsame Feinde verteidigten –, um eine geeinte nationale Regierung zu etablieren und so die ständige Nähe des Kriegszustandes zu lindern, während sich für diese Stämme gleichzeitig ein weites neues Feld für die Ausübung einer gemeinsamen Selbstbestimmtheit eröffnet.

Keine derartig dramatische Verbesserung ereignet sich im Übergang vom nationalen Staat zum Imperium. Wenn der nationale Staat intern geschlossen und stark ist, so hat er die Gewalt des Krieges bereits an seine Grenzen verbannt. Deshalb wird der imperiale Staat, selbst wenn er den Krieg durchaus noch weiter vom Territorium der Nation fortzubewegen vermag, in Wirklichkeit nicht als eine große Verbesserung der Umstände wahrgenommen. Im Gegenteil, er steht dafür, dass die Soldaten der Nationen sich weit weg von der Heimat wiederfinden und das Territorium von Fremden verteidigen müssen, anstatt ihre eigenen Grenzen zu schützen. Als Gegenleistung für diese zweifelhafte Wohltat soll die Nation unter einer einzigen Regierung mit anderen Nationen zusammenkommen, mit denen sie keine Sprache oder Religion und auch keine Geschichte des wechselseitigen Beistandes in großen Kriegen verbindet, sodass die Grundlage für eine echte gegenseitige Loyalität vollkommen fehlt. Mit fremden Nationen mit ihrem eigenen, gänzlich anderen kulturellen Erbe und ihren eigenen Bedürfnissen und Interessen zusammengespannt zu werden, beschert der Nation nur einen großen Verlust ihrer kollektiven Selbstbestimmtheit. Ganz sicher erfährt sie nichts Vergleichbares zu der Freiheit, die nach der Einigung der Stämme unter einem unabhängigen nationalen Staat im gesamten Land spürbar war.

Heute wird oft behauptet, dass eine Nation sich von einem Imperium, dem es zusammen mit etlichen anderen Nationen untergeordnet wurde, nicht entfremdet zu fühlen brauche. Warum, so die Frage, sollte eine Nation keine Loyalität gegenüber dem imperialen Staat empfinden, der sie mit materiellen Wohltaten versorgt und ihr die Möglichkeit bietet, sich für die edle Sache der Einigung der Menschheit zu engagieren? Und es ist gewiss wahr, dass manche Völker erheblich von den Gefälligkeiten des imperialen Staates profitieren können, selbst wenn er sich anschickt, noch weitere Nationen zu erobern. Doch die gleiche willkürliche imperiale Macht, die einer untergeordneten Nation einmal einen Gefallen tut, kann diesen Gefallen ebenso leicht wieder zurücknehmen. Das ist natürlich immer und immer wieder die historische Erfahrung der Nationen gewesen, und in der Praxis ist es unsinnig, darauf zu hoffen, dass ein imperialer Staat ein dauerhaftes Interesse am Wohlergehen irgendeiner konkreten Untertanennation haben könnte. Das Imperium hat viele andere Sorgen, und viele andere Nationen schielen auf seine Gefälligkeiten. Die Umstände können sich ändern, und ein Imperium, das in eine bestimmte Richtung steuerte, gelangt unter den Einfluss anderer Funktionäre mit anderen Prioritäten und anderen Ansichten. Letzten Endes dreht sich das Rad unablässig weiter, und eine einstmals privilegierte Nation erwacht eines Tages und findet sich in der Knechtschaft wieder. Natürlich war sie als Untertanennation eines imperialen Staates schon immer geknechtet. Doch in guten Zeiten ist die Tatsache der eigenen Knechtschaft schnell vergessen.

Ein imperialer Staat kann kein freier Staat sein. Er ist immer ein despotischer Staat. Es mag ein wohlwollender oder ein bösartiger Despotismus sein, abhängig von den Umständen und dem Charakter seiner Funktionäre zu einem beliebigen Zeitpunkt, und er mag einer Untertanennation gegenüber wohlwollend sein, während er einer anderen gegenüber bösartig ist, alles zu seiner Zeit. Doch in jedem Fall bietet der imperiale Staat der Nation keine Freiheit. Nur der nationale Staat, der von Individuen regiert wird, die aus den Stämmen der Nation selbst stammen, kann ein freier Staat sein – weil nur Herrscher, die dieser Nation durch Bindungen der gegenseitigen Loyalität verbunden sind und das, was der Nation widerfährt, so empfinden, als geschähe es ihnen selbst, sich der Freiheit und Selbstbestimmtheit dieser Nation auf Dauer verschreiben werden.

Daraus folgt, dass eine Ordnung der nationalen Staaten diejenige Ordnung sein wird, die den Nationen die größte Möglichkeit zur kollektiven Selbstbestimmung bietet. Diese Schlussfolgerung ergibt sich im Sinne der allseits bekannten These, dass Freiheit nur dort existiere, wo mehrere, voneinander unabhängige Machtzentren unterhalten werden. Diese Beobachtung kennt man aus dem wirtschaftlichen Bereich, wo ein von einem einzigen Unternehmen oder Kartell dominiertes System unweigerlich dazu führt, dass andere nicht die Freiheit haben, sich am Wettbewerb zu beteiligen, ganz gleich, über welche formalen Rechte sie verfügen mögen. Und sie gilt auch für die Innenpolitik der Nation, in der stammesbasierte und individuelle Freiheiten fast unmöglich zu erhalten sind, wenn die Macht des Herrschers nicht durch das Vorhandensein anderer Machtzentren eingehegt wird. Das gleiche Phänomen zeigt sich auch auf der Ebene der Ordnung der Nationen: Eine Nation kann ihre Freiheit und Selbstbestimmtheit nur in einem System ausüben, das nicht von einem einzigen Machtzentrum, dem imperialen Staat, dominiert wird, dessen Fähigkeit, das Gesetz vorzuschreiben, zur gegebenen Zeit unweigerlich zum Tragen kommen wird. Natürlich ist die Ordnung der nationalen Staaten, in welcher viele Machtzentren miteinander wetteifern, allein aus sich heraus noch keine Garantie dafür, dass ein konkreter nationaler Staat über die Ressourcen verfügen wird, Belastungen von außen her zu widerstehen, die ihn dazu treiben könnten, Politik gegen die Interessen seines Volkes zu betreiben. Doch wo es mehrere Machtzentren gibt, kann der Versuch, einem solchen Druck zu widerstehen, prinzipiell die Unterstützung anderer Machtzentren finden, die vielleicht Hilfe anbieten können. So bedurfte es für die Niederländer eines Hilfegesuches an England und Frankreich, um trotz des Druckes aus Spanien ihre Selbstbestimmtheit absichern zu können. In gleicher Weise gelang es den Amerikanern nicht allein, die Unabhängigkeit von Großbritannien zu erlangen; sie siegten dank Infanterie- und Marineunterstützung aus Frankreich.

Dieses Argument wird von Vattel gut zusammengefasst, der feststellte, dass der einzige Grund für das Prinzip des „Kräftegleichgewichtes“ in den internationalen Beziehungen, wonach es ständiger

Wachsamkeit bedarf, damit nicht eine einzelne Nation zu viel Macht gewinnt, exakt im Schutz der nationalen Freiheit innerhalb des Staatensystems zu finden ist. Er schreibt:

> Daraus entstand die berühmte Vorstellung von der politischen Balance, oder dem Kräftegleichgewicht. Damit ist ein Arrangement der Dinge gemeint, auf dass in einem Staate keine Macht absolut vorherrschend sei und Gesetze für die anderen mache. [...] [Es ist das Beste,] auf die eben genannte Methode zurückzugreifen, Bündnisse gegen den Mächtigsten zu bilden und ihn zu hindern, Gesetze zu erlassen. Das ist es, was die Souveräne Europas heute tun.[138]

Man beachte, dass Vattel nicht davon ausgeht, dass das Kräftegleichgewicht unter den Nationen für Frieden oder Stabilität gewahrt werde, wie so oft behauptet wird. Der Zweck des Kräftegleichgewichtes ist es vielmehr, sicherzustellen, dass keine Nation so mächtig wird, dass sie in der Lage ist, „Gesetze für die anderen" zu machen. Sein Zweck ist also der Schutz der Freiheit der Nationen, ihre eigenen Gesetze zu machen – das heißt, ihre Unabhängigkeit und Selbstbestimmtheit zu schützen.

Das Gut der nationalen Selbstbestimmtheit, das unsere Vorväter unter der Ordnung der Stämme und Clans kannten, findet demnach seine größtmögliche Ausdrucksfähigkeit in der Institution des nationalen Staates. Eine Nation, die in der Lage ist, unter ihren verschiedenen Stämmen Frieden zu stiften, und die der Versuchung widersteht, ihre Ressourcen an den Versuch zu verschwenden, die anderen Nationen zu erobern und ihnen ihre eigene Ordnung aufzuzwingen, ist eine Nation, die einem Leben in nationaler Freiheit den Weg bereitet hat – jener Freiheit, die von einem Volk geteilt wird, das einander in gegenseitiger Loyalität verbunden ist und seine Energien zu bündeln vermag, um sich im Lichte seines eigenen, einzigartigen Erbes zu erheben, ohne sich irgendeiner anderen Nation oder einem Imperium beugen zu müssen. Auf diese Weise wird der menschliche Wunsch nach kollektiver Freiheit und Selbstbestimmtheit bewahrt, kultiviert und derart kanalisiert, dass er seine Stärke und die ihm innewohnenden Vorteile vermehren kann, während gleichzeitig die durch ihn aufgeworfenen Probleme verringert werden.[139]

Genauso wenig stimmt es, dass nur die von Geburt an Angehörigen der Nation, die ihre Sprache, Religion und Geschichte teilen, an der kollektiven Freiheit teilhaben könnten, die der nationale Staat ermöglicht. Der unabhängige nationale Staat kann und wird häufig neue Stämme und Clans eingliedern, die gewillt sind, Bindungen gegenseitiger Loyalität der Nation gegenüber aufzubauen und ihre einzigartigen Fähigkeiten in ihren Dienst zu stellen. So gliederten die Engländer die Schotten, Waliser und Nordiren in eine weiter gefasste britische Nation ein. Die Hindumehrheit hat die Sikhs in die indische Nation eingegliedert, und in Israel hat die jüdische Mehrheit in gleicher Weise die Drusen, Beduinen und andere Gemeinschaften eingegliedert, die alle gemeinsam im Militär dienen.[140] Das Gleiche gilt überall dort auf der Welt, wo kleinere Clans und Stämme sich dazu entschließen, Bindungen der dauerhaften gegenseitigen Loyalität zu einer größeren Nation aufzubauen, die dazu bereit ist, ihre einzigartigen Traditionen zu respektieren und ihnen einen Platz zum Gedeihen einzuräumen. Auf diese Weise können die eingegliederten Stämme an der Freiheit der Nation teilhaben und sie als ihre eigene erfahren, so, wie es auch die Angehörigen der anderen Stämme der Nation tun.

Die Pflege der eigenen Nation wirkt abstoßend auf den Imperialisten, der sie als borniert und engstirnig betrachtet. Doch die Hingabe an die Verbesserung der Lebensbedingungen des eigenen Volkes und den Aufbau des eigenen Vermächtnisses sind einem Leben, das sich darin erschöpft, fremde Aufstände zu unterdrücken, unbedingt vorzuziehen. Die selbst gesetzten Grenzen des nationalen Staates, so eng und beschränkt sie auch wirken mögen, bergen in Wahrheit den Schlüssel zur Freiheit der Nation, der sie von den Fesseln des Imperiums erlöst. Derart befreit gestattet es der nationale Staat den Energien der nationalen Führung, sich auf die Schöpfung einer Sache von echtem Wert zu richten: eines einzigartigen Landes und Volkes mit einem ganz eigenen Charakter und einer ganz eigenen Wahrheit.

4. Ordnung des politischen Wettbewerbes. Es war das Mal des napoleonischen Imperialismus, dass er keine Staaten dulden konnte, die nicht nach dem Muster seines eigenen revolutionären Regimes beschaffen waren, wodurch er praktisch ein Rechtssystem für ganz Europa schuf. Selbst eine so altertümliche Institution wie der venezianische Stadtstaat, dessen konstitutionelle Traditionen mehr als ein Jahrtausend lang überdauert hatten, stellte für ihn nicht mehr als eine Abscheulichkeit dar, die zerstört werden musste.[141] Die gleiche Überzeugtheit davon, die letztgültige politische Wahrheit erfasst zu haben, die alle anderen nun zu akzeptieren hätten, charakterisierte auch Lenins Denken und den sowjetischen Imperialismus über die gesamten 70 Jahre seines Bestehens hinweg. Und sie findet sich in unseren Tagen aufs Neue in den Lehren der Europäischen Union, die mit der Herrschaft über eine Nation nicht zufrieden ist, sondern durchgängig danach strebt, im Einklang mit den politischen Wahrheiten, die ihre Bürokraten für allgemeingültig halten, allen Nationen eine immer größere Gleichförmigkeit aufzuzwingen.

Alle drei dieser europäischen imperialen Staaten sahen sich selbst – jeder auf seine eigene Weise – als Umsetzer der Lehre der Aufklärung von der allgemeingültigen Vernunft, die der gesamten Menschheit eine einzige, offenkundige politische Wahrheit vorschreibt. Das Prinzip der nationalen Freiheit beruht auf einer völlig anderen und tatsächlich entgegengesetzten Sichtweise des menschlichen Erkenntnisvermögens. Diese geht von der Annahme aus, dass die politische Wahrheit nicht für alle aus sich selbst heraus offenkundig ist, ob nun durch die Anwendung der Vernunft oder auf anderen Wegen. Das menschliche Denken ist dazu in der Lage, zu so gut wie jedem Schluss zu gelangen, und hat noch nie in der Geschichte eine einzige politische Wahrheit gefunden, auf die sich alle hätten einigen können, wie John Selden unterstrichen hat. Daher die Wichtigkeit der nationalen Freiheit, die es jeder Nation erlaubt, ihre eigenen, einzigartigen Ziele, Bräuche und Institutionen auszuprägen, die über Jahrhunderte hinweg gewissenhaft erprobt werden können. Diese Auffassung von der Notwendigkeit einer Vielfalt der Nationen, von denen jede gemäß ihrem eigenen Verständnis nach der Wahrheit strebt, soll nicht verleugnen, dass es Herrschafts- und Moralprinzipien gibt, die schlicht die besten sind. Verleugnet wird, dass diese Prinzipien jedem offenkundig sind, der nur willens ist, sich seiner Vernunft zu bedienen und sie zu erfassen. Der große englische Philosoph und Staatsmann beharrte aufgrund seines Empirismus auf der Legitimität der vielfältigen nationalen Traditionen: Wir können nur durch die unzähligen nationalen Experimente mit der Zeit lernen, was tatsächlich das Beste ist.

Die Wahl zwischen imperialistischer und nationalistischer Politik entspricht folglich einer Wahl zwischen zwei Erkenntnistheorien: Zumindest in der westlichen Geschichte ist der Imperialismus meist mit einer *rationalistischen* Erkenntnistheorie in Verbindung gebracht worden. Eine solche Theorie mit ihrem uneingeschränkten Vertrauen in die menschliche Vernunft stellt die kühne Behauptung auf, dass die großen, allgemeingültigen Wahrheiten bereits vorlägen und diese Erkenntnis jetzt nur noch auf die Menschheit angewandt werden müsse. Der Nationalismus geht auf der anderen Seite meist von einem *empirischen* Standpunkt aus, pflegt einen gemäßigten Skeptizismus gegenüber den Ergebnissen der menschlichen Vernunft und gedenkt des Unheils, das Männer im politischen Bereich durch das übermäßige Vertrauen auf ihre eigene Vernunft wieder und wieder über uns gebracht haben. Und indem er skeptisch ist, erkennt er die Weisheit an, die darin liegt, viele gänzlich unterschiedliche Versuche der Wahrheitsergründung zuzulassen. Auf diese Weise werden einige Experimente erfolgreich sein, während andere scheitern. Und jene, die gelingen, werden dies auf unterschiedliche Weisen tun, sodass die einzigartige Erfahrung einer jeden Nation uns stets andere Dinge lehrt, die wir zuvor nicht gekannt haben.[142] Wir können also mit anderen Worten sagen, dass nationalistische Politik zu einer großen Debatte unter den Nationen und einer Welt der Experimente und des Lernens einlädt. Imperialistische Politik hingegen erklärt diese Debatte für zu gefährlich oder mühselig und verkündet, dass die Zeit gekommen sei, ihr ein Ende zu machen.[143]

Eine ähnliche Auseinandersetzung zwischen rationalistischer und empiristischer Erkenntnistheorie kennen wir aus der Ökonomie. Der Sozialist hat immer daran geglaubt, dass das notwendige Wissen bereits verfügbar sei, sodass es keinen Wettbewerb auf dem Markt brauche. Die Wirtschaft müsse lediglich von einem rationalen Planer angeleitet werden, der die Transaktionen vorschreibt, die zum Wohle aller zu tätigen sind. Der Kapitalist andererseits hat diesen Vorschlag als bloßen Dünkel durchschaut, als ein Produkt menschlicher Arroganz und Torheit – denn in der Realität gibt es kein menschliches Wesen und keine Gruppe von Menschen mit der nötigen Macht der Vernunft und dem notwendigen Wissen, um korrekt zu bestimmen, wie eine ganze Ökonomie zum Wohle aller abzulaufen habe. Stattdessen stellt der Kapitalist von einem skeptischen und empirischen Standpunkt aus die These auf, dass wir viele unabhängige wirtschaftliche Akteure zulassen sollten, die bei der Entwicklung und Bereitstellung von Waren und Leistungen frei miteinander in Wettbewerb treten dürfen. Es gilt als ausgemacht, dass aufgrund der unterschiedlichen Ziele eines jeden konkurrierenden Wirtschaftsunternehmens und seiner jeweils ganz eigenen Organisationsstruktur einige Erfolg haben und einige scheitern werden. Doch diejenigen, die erfolgreich sind, werden dies auf Arten und Weisen sein, die kein rationaler Planer hätte vorhersehen können, und ihre Entdeckungen werden fortan verfügbar sein, um von anderen nachgeahmt und verbessert zu werden. Auf diese Weise profitiert die Wirtschaft als Ganzes von diesem Wettbewerb.

Die politische Ordnung ist in dieser Hinsicht der wirtschaftlichen Ordnung sehr ähnlich. In der Realität gibt es kein menschliches Wesen und keine Gruppe von Menschen mit der nötigen Macht der Vernunft und dem notwendigen Wissen, um eine politische Verfasstheit zu bestimmen, die der gesamten Menschheit angemessen wäre. Jeder, der einem skeptischen und empirischen Blickwinkel zuneigt, wird deshalb die Vorzüge einer nationalistischen Ordnung anerkennen, die viele unabhängige nationale Staaten zulässt und diesen gestattet, frei miteinander in Wettbewerb zu treten. Jeder nationale Staat verfolgt andere Ziele und verfügt über eine ganz eigene Organisationsstruktur. Und doch blicken die Herrscher nationaler Staaten, die im unablässigen Wettbewerb mit anderen Angehörigen der Ordnung ähnlicher Staaten stehen, trotz dieser Vielfalt ständig seitwärts auf ihre Konkurrenten, um herauszufinden, was diese erfolgreich macht, und das nachzuahmen, was sie an den Institutionen anderer Nationen für weise, nützlich und schön halten, um ihre eigene Nation zu verbessern. Auf diese Weise sind die Herrscher einer jeden Nation zwar vorrangig um die Stärke und den Stand ihrer eigenen Nation im Vergleich zu deren Konkurrenten bemüht, doch teilen letztlich ihre eigene, einzigartige Erkenntnis und Erfahrung mit der gesamten Menschheit.

Dieser Wettbewerb zwischen unabhängigen Staaten erklärt den Umstand, dass die Zeitabschnitte in der Geschichte, die wir im Hinblick auf die hervorgebrachten Individuen und deren Beiträge zu Wissenschaft, Religion und Kunst als besonders bewundernswert empfinden, genau solche Perioden waren, in denen die politische Ordnung eine der kleinen, unabhängigen Staaten war, die sich in ständigem Wettbewerb miteinander befanden, ob nun nationale Staaten oder stammesbasierte Stadtstaaten. Man denke an das alte Griechenland und Israel, an die italienischen Staaten der Renaissance und die nationalen Staaten des protestantischen Aufbaus Europas, besonders an die Niederlande, England, Frankreich und den mitteleuropäischen deutschen Staat. Dies wurde von einer langen Reihe empiristischer Philosophen festgestellt, darunter John Stuart Mill, der den Fortschritt Europas der „Verschiedenheit seiner Bahnen“ zuschrieb, welche die politische Ordnung erlaubte:

> Was ist der Grund, daß die europäische Völkerfamilie unter die fortschreitenden und nicht die stillstehenden Völker gehört? Nicht irgend ein überlegener Vorzug ihres Wesens, der, sofern er besteht, nur als die Wirkung und nicht als die Ursache besteht: sondern ihre ungewöhnliche Verschiedenheit in Charakter und Gesittung. Die Einzelnen, die Klassen, die Nationen, waren sich außerordentlich unähnlich; sie haben sich in den verschiedensten Richtungen, deren jede zu etwas Werthvollem leitet, Bahn gebrochen; und obgleich dabei keine die anderen je ertragen mochte, und eine jede alle andern gar zu gern in ihre eigene Bahn gezwungen hätte, so […] kam für jede eine Zeit, wo sie sich das von den andern dargebotene Gute gefallen ließ. Dieser Verschiedenheit seiner Bahnen verdankt Europa […] seine ganze fortschreitende und vielseitige Entwicklung.[144]

Wir können die Tatsache nicht übergehen, dass ein derart großer Anteil des Vermächtnisses der Menschheit das Ergebnis von Systemen unabhängiger Staaten gewesen ist, während der Beitrag imperialer Staaten im Vergleich verblüffend spärlich ausfällt. Eine Ära des Wettbewerbes innerhalb einer Ordnung der unabhängigen nationalen Staaten oder Stadtstaaten scheint fähigen Individuen, die dem nationalen oder dem Stadtstaat Vorteile verschaffen können, die besten Möglichkeiten zu bereiten. Der imperiale Staat befördert eine völlig andere Umgebung und bietet einem fähigen Mann letztendlich nur eine Möglichkeit: sich selbst den Bedürfnissen der einen großen politischen Macht anzupassen, die das Imperium darstellt. Und es scheint, dass diese Art von Möglichkeit wenig austrägt, wenn man sie mit der Blüte vergleicht, die innerhalb einer Ordnung der unabhängigen nationalen oder stammesbasierten Staaten möglich ist, von denen jeder eifersüchtig auf sein eigenes Wohlergehen, seinen eigenen Wohlstand sowie seine eigene Stärke und Reputation bedacht ist.[145]

Dieses Plädoyer für eine Ordnung des politischen Wettbewerbes sollte, wie ich schon sagte, attraktiv für Ökonomen sein, die immerhin von sich behaupten, eine empirische Wissenschaft entwickelt zu haben und deshalb die Welt der Experimente begrüßen sollten, die die vielen unabhängigen Nationen, jede mit ihren eigenen politischen Strategien, zu bieten haben. Und dennoch hören wir unentwegt, wie sich Ökonomen (und viele andere, die in Wirtschaftswissenschaften geschult worden sind) gegen die Ordnung der unabhängigen nationalen Staaten aussprechen, aus der Annahme heraus, dass die wirtschaftliche Effizienz innerhalb eines einzigen Weltmarktes, in dem es keine nationalen Grenzen mehr gibt, am größten wäre. Eine Welt ohne nationale Grenzen wäre, wie Hayek es ausgedrückt hat, eine Welt, in der sich alle Interessenkonflikte zwischen „Gruppen ständig wechselnder Zusammensetzung" abspielten anstatt zwischen nationalen Staaten mit dauerhafter innerer Solidarität und somit örtlichen politischen Agenden, die über lange Zeit hinweg stur festgeschrieben bleiben.[146] Deshalb wird aus dem Ökonomen, der sich seines Empirismus brüstet, wenn es um die Struktur der heimischen Wirtschaft geht – wo er auf den Wettbewerb zwischen unabhängigen Unternehmen hofft, um einen Fortschritt durch freie Innovation zu erlauben –, plötzlich ein Rationalist, wenn es darum geht, über die Weltwirtschaft nachzudenken. Wenn es um die Weltwirtschaft geht, fühlt er sich sicher genug, wie jeder Rationalist davon auszugehen, dass die für das Gedeihen der menschlichen Ökonomien notwendigen Regeln bereits vorliegen, dass ein zentrales Verwaltungsorgan (oder mehrere) dementsprechend bestimmen kann, welche Politik der gesamten Menschheit angemessen ist, und dass von einer solchen zentralisierten Planung alle profitieren werden!

Es waren genau solche rationalistischen Theorien, denen in Europa Margaret Thatcher entgegentrat und warnte, der Versuch, einem wirtschaftlichen Zentralorgan eine Gesetzgebungsbefugnis über alle Nationen zu verleihen, werde den Effekt haben, „der Vielfalt und dem Wettbewerb der Staaten" als „Bedingung einer erfolgreichen freien Wirtschaft" den Garaus zu machen. Sie schrieb:

> Es hieß, das Ziel sei eine „Chancengleichheit". Das Wort klingt beruhigend, aber enthält tatsächlich einen grundlegenden Trugschluss über Handel. Freihandel erlaubt es Firmen in verschiedenen Nationen, miteinander in Wettbewerb zu treten. Aber da die „Chancengleichheit" den Teil des Wettbewerbs abwürgt, der sich aus unterschiedlichen Regulationssystemen ergibt, verringert sie in Wirklichkeit den Gewinn aus dem Handel. [...] Wenn eine Vereinheitlichung über technische Standards und solche Dinge hinausgeht und sich auch auf Arbeitsrecht, Sozialversicherung und Besteuerung erstreckt, dann wirkt sie ökonomisch extrem destruktiv. Das liegt daran, dass der Wettbewerb zwischen verschiedenen Ländern um die international günstigsten Bedingungen für Unternehmen einen wichtigen Motor des wirtschaftlichen Fortschrittes darstellt.[147]

Thatchers Ansicht nach wird eine wirklich empiristische Herangehensweise an Ökonomie stets die Unterschiedlichkeit der Ökonomien verschiedener Nationen bevorzugen. Dies gilt für die Wirtschaft ebenso wie für jeden anderen Bereich: Der Wettbewerb zwischen unabhängigen nationalen Ökonomien wird die meisten Möglichkeiten für Experimente bieten und durch das Ausprobieren zu Fortschritten in der rechtlichen und regulatorischen Struktur, im Steuerwesen und bei jener Art von Handelsabkommen, die zwischen Nationen geschlossen werden, führen – zu Fortschritten, die es in einem einzigen Wirtschaftssystem, das allen aufgezwungen wird, nicht gäbe. Solche Neuerungen werden in unabhängigen nationalen Staaten erarbeitet werden, die miteinander konkurrieren, und rund um die Welt nachgeahmt und verbreitet werden, wenn sich eindeutig erweist, dass sie den Nationen, die sie zuerst anwandten, Vorteile gebracht haben.

Eine freiwillige Abstimmung zwischen Nationen war schon immer erwünscht, wenn es klare gemeinsame Interessen gab. Thatcher erwähnt hier die Zusammenarbeit zwischen Ländern bei der Festlegung technischer Standards, um es Firmen zu erlauben, über Grenzen hinweg in Wettbewerb zu treten, und sie hätte ebenso gut die Zusammenarbeit in Fragen von Sicherheit, Umwelt, Gesundheit, Katastrophenhilfe und mehr nennen können. Eine solche Zusammenarbeit kann jeder Nation nützen, solange sie streng innerhalb des Rahmens von Abkommen zwischen vollständig unabhängigen Nationen bleibt und diese nicht der Entscheidungskompetenz internationaler Organe unterstellt.[148]

5. Individuelle Freiheiten. Der unabhängige nationale Staat ist die beste der Menschheit bekannte Institution, um für kollektive Freiheit und Selbstbestimmtheit zu sorgen. Doch kollektive Freiheit ist nicht gleichbedeutend mit der Freiheit des Einzelnen. Die Amerikaner übten über einen großen Teil ihrer Geschichte hinweg ihre nationale Freiheit und Selbstbestimmtheit aus, während sie gleichzeitig die Sklaverei und abscheuliche Rassengesetze duldeten. Die Franzosen haben eine lange Geschichte des Ausdrucks ihrer nationalen Freiheit durch die Unterdrückung von Sprachen und religiösen Praktiken, die sie anstößig finden. Und es lassen sich zahllose weitere Beispiele finden, in denen die nationale Unabhängigkeit nicht zum Schutz der individuellen Freiheiten geführt hat.[149] Vor diesem Hintergrund ist behauptet worden, dass individuelle Rechte und Freiheiten in einem imperialen oder universalen Staat leichter zu schützen seien, in welchem einer Vielzahl von Nationen, Sprachen und religiösen Traditionen eine Art von Gleichheit eingeräumt werden könne – eine, die es in einem nationalen Staat mit seiner Vorherrschaft der Sprache und religiösen Tradition einer einzigen Nation nicht geben könne.[150]

Doch es gibt in der Geschichte nur wenige Hinweise, die die Annahme untermauern würden, dass der imperiale Staat besser zum Schutz der individuellen Freiheit geeignet sei. Im Gegenteil, die uns bekannten imperialen Staaten waren allesamt autokratische Regime der einen oder anderen Art. Die Herausbildung einer Tradition individueller Rechte und Freiheiten fand indes nur in nationalen Staaten statt, und einige politische Theoretiker haben vermutet, dass der nationale Staat die einzige Umgebung sei, in der sich freie Institutionen verfestigen könnten. Mill brachte in den *Betrachtungen über Repräsentativ-Regierung* 1861 die im 19. Jahrhundert übliche Sichtweise zum Ausdruck, wonach „es eine nothwendige Bedingung freier Staatseinrichtungen [ist], daß die Gränzen der verschiedenen Regierungen im wesentlichen mit denen der Nationalitäten zusammenfallen“[151]. In den anschließenden eineinhalb Jahrhunderten ist nichts geschehen, das uns Anlass dazu gäbe, diese Einschätzung als widerlegt anzusehen. Warum sollten wir?

Die Tradition individueller Rechte und Freiheiten wurzelt in der mosaischen Konstitution und ist in den Gesetzeswerken Englands und Amerikas am sorgfältigsten und erfolgreichsten ausgefasst worden. In diesen Ländern haben die Rechte und Freiheiten des Einzelnen nie für sich allein existiert, sondern waren Teil einer umfangreicheren Struktur dessen, was man als *freie Institutionen* bezeichnen kann. Diese sorgen dafür, dass 1) die Gesetze der Nation vorrangig gegenüber und unabhängig von dem Willen des Königs (oder Präsidenten) sind, 2) die Macht des Königs (oder Präsidenten) durch die Repräsentanten der Nation begrenzt wird, deren Rat und Einverständnis er einholen muss, um die Nation zu besteuern, ihre Gesetze zu ändern oder ihnen Beauftragte überzuordnen, 3) die Rechte des Einzelnen nur im Rahmen eines rechtsstaatlichen Verfahrens vom Staat angetastet werden dürfen, 4) die Gesetze so eingerichtet sind, dass sie – unter anderem – die Rechte des Einzelnen auf Leben, Ehe und Eigentum ebenso schützen wie die Rede-, Bewegungs-, Koalitions- und Religionsfreiheit, und 5) allgemeine Wahlen abgehalten werden, um die Funktionäre einiger Regierungszweige zu bestimmen.[152]

Wenn wir diese Charakteristika freier Institutionen untersuchen, so erkennen wir, dass die in England und Amerika garantierten Freiheiten des Einzelnen nichts sind, was der Einzelne einfach „von Natur aus" hätte, sondern, ganz im Gegenteil, das Ergebnis einer komplizierten Maschinerie, die über viele Jahrhunderte der Erprobung hinweg entwickelt wurde. Diese Prinzipien etablieren umfangreiche Rechte und Freiheiten für jedes Individuum, indem sie die Macht des Herrschers gegen jene der verschiedenen Stämme oder Fraktionen der Nation, die im Parlament versammelt sind, ausbalancieren – und die Macht des Herrschers und der stärksten Stämme oder Fraktionen zusammengenommen gegen jene unabhängiger Richter und Schöffen, deren Aufgabe es ist, über die Anwendung der Gesetze auf den Einzelnen zu bestimmen. Wie sofort offensichtlich ist, hängt das Funktionieren dieses gesamten Apparates von der Bereitschaft des Herrschers und der stärksten Stämme oder Fraktionen der Nation ab, zuzulassen, dass ihre Macht in dieser Weise eingeschränkt wird. Das heißt, sie müssen einer Schwächung ihrer eigenen Macht zustimmen und Ergebnisse akzeptieren, die ihnen unerwünscht sind, ohne gewaltsam dagegen vorzugehen.

Unter welchen Umständen würden der Herrscher, üblicherweise der Anführer des mächtigsten Stammes oder der mächtigsten Fraktion in der Nation, und die Anführer der anderen mächtigen Stämme oder Fraktionen sich bereit erklären, derart geschwächt zu werden? Das ist nur unter den Umständen möglich, die in einem nationalen Staat vorherrschen: Umstände, unter denen die Anführer der jeweiligen Stämme oder Fraktionen einander durch Bindungen der gegenseitigen Loyalität verbunden sind und die Stämme oder Fraktionen, die sie führen, einander gegenüber ebenso loyal sind. Wo solche Bindungen der gegenseitigen Loyalität existieren, werden die von einem so umständlichen Herrschaftsapparat geschützten individuellen Freiheiten und die daraus folgenden Vorteile für den materiellen Wohlstand und den inneren Zusammenhalt der Nation als Wohltaten wahrgenommen, die von allen gemeinsam hervorgebracht wurden. Wo sie existieren, können selbst die Aktivitäten einer politischen Fraktion, die man verabscheut, einer Glaubensgemeinschaft, die man ablehnt, oder einer Zeitung, die man als unverantwortliches Hetzblatt betrachtet, als Beiträge zur Sache der Nation angesehen werden, weil es sich bei ihnen um Ausdrucksformen freier Institutionen handelt, die die Kraft und Herrlichkeit der Nation ausmachen. Wir haben gesehen, wie solche Bindungen der gegenseitigen Loyalität im Falle der englischen, holländischen und amerikanischen nationalen Staaten mächtig genug waren, um umfassende individuelle

Rechte und Freiheiten heraufzubeschwören. Und wir haben gesehen, wie diese Bedingungen in anderen nationalen Staaten überall auf der Welt imitiert wurden, oft mit einem erheblichen Maß an Erfolg.

Was aber ist mit dem imperialen Staat? Kann er nicht einen ähnlichen Herrschaftsapparat hervorbringen, sodass auch er überall in seinem Imperium für umfassende individuelle Rechte und Freiheiten sorgen kann? Ich habe schon angesprochen, dass jeder imperiale oder universale Staat ein despotischer Staat sein muss. Ein ähnliches Argument hat Mill vorgebracht, dem die Funktionsweise von Imperien selbst nicht fremd war. Er betrachtete das Österreich-Ungarn seiner Zeit und sah, dass die einzelnen Völker keine Möglichkeit hatten, in einem imperialen Staat eine wechselseitige Loyalität einander gegenüber aufzubauen. Sie teilten weder Sprache noch Religion und konnten sich selbst nicht als echte Einheit begreifen, sondern nur als Konkurrenten, von denen ein jeder durch die anderen bedroht war. Es gab keinen allgemeinen politischen Führer, stattdessen hatte jede Nation ihre eigenen Führer. Ebenso gab es keine allgemeinen Druckschriften und folglich keinen allgemeinen Raum, in dem sich ein gemeinsames Wissen hätte herausbilden können, stattdessen hatte jede Nation ihre eigenen Druckschriften und ihre eigenen Ansichten darüber, was man über den Gang der Dinge zu wissen habe. Tatsächlich war das einzige, was diese rivalisierenden Nationen zusammenhielt, die Macht der österreichischen Waffen, die ihrerseits zum Einsatz kamen, um die Aufstände der einzelnen Nationen niederzuwerfen.[153] Zu dieser Analyse würde ich noch hinzufügen, dass jedes Imperium letzten Endes durch den Zusammenhalt einer echten Nation erhalten wird, deren Angehörige wirklich durch Bindungen gegenseitiger Loyalität miteinander verbunden sind. Im österreichischen Imperium war dies die deutsche Nation, die – mit mehr oder weniger ausgeprägter Unterstützung durch die Magyaren – in der Lage war, durch Zwang zu herrschen, solange sie ihren anderen Untertanennationen keine umfassende Freiheit gewährte.

Ein imperialer Staat wie das österreichische Imperium wird nicht von Bindungen der gegenseitigen Loyalität zwischen seinen diversen Nationen zusammengehalten. Das bedeutet, dass dann, wenn der imperiale Staat Triumph oder Scheitern erfährt, seine Untertanennationen dies nicht als etwas empfinden, das ihnen selbst widerfährt. Sie empfinden es vielmehr als etwas, das jemand anderem widerfährt: der Herrschernation und den Helfern, die diese aus anderen Nationen rekrutiert hat, über die man sagt, dass sie sich von ihren eigenen Leuten abgewandt hätten. Unter solchen Umständen ist jede Gewährung individueller Freiheiten – beispielsweise der Redefreiheit – ein Zugeständnis an die diversen Untertanennationen, die dieses neue Recht nutzen, um umso entschlossener auf die Auflösung des imperialen Staates zu drängen. Das war im österreichischen Imperium so, als dieses in seiner Endphase mit freien Institutionen experimentierte und damit seinen eigenen Niedergang beschleunigte. Und wir haben es ebenso in modernen multinationalen Staaten wie der Sowjetunion und Jugoslawien gesehen. Diese Staaten wurden über Generationen hinweg von nichts weiter zusammengehalten als der schärfsten Unterdrückung, und sie zerfielen umgehend in ihre einzelnen Völker, als zum Ende des vergangenen Jahrhunderts hin Versuche unternommen wurden, individuelle Rechte und Freiheiten zuzulassen.

Wenn wir also ein Interesse daran haben, freie Institutionen zu etablieren, so wie sie sich innerhalb der angloamerikanischen politischen Tradition herausgebildet haben, dann muss unsere erste Sorge dem Zusammenhalt der Nation gelten. Diese gegenseitige Loyalität, die sich aus einer echten Gemeinsamkeit von Sprache oder Religion ergibt, ist die feste Grundlage, auf der alles andere aufbaut. Wo sich diese Bindungen über lange Jahre hinweg und durch bittere Erfahrungen hindurch verfestigen, werden wir feststellen, dass die Individuen dazu bereit sind, ihren eigenen augenblicklichen politischen Vorteil – oder den ihres Clans oder Stammes – für das kollektive Wohl der Nation zu opfern. Diese Bereitschaft dazu, auf kurzzeitige Gewinne zu verzichten, kann dann den Weg ebnen für die Entwicklung freier Institutionen, einschließlich einer Tradition individueller Rechte und Freiheiten, ebenso wie sie den Weg dazu ebnet, sich für die Verteidigung der Nation gegen äußere Feinde selbst aufzuopfern.

15. Der Mythos der föderalen Lösung

Innerhalb des politischen Denkens stellen Imperialismus und Nationalismus miteinander unvereinbare Positionen dar. Wir können entweder der Ansicht sein, dass der ganze Erdball einer einzigen Regierung unterworfen sein sollte, deren Herrschaft alle Völker umfasst – oder wir können eine Welt der unabhängigen nationalen Staaten als beste Form der politischen Ordnung anstreben. Wir können aber nicht diese beiden Ansichten zeitgleich pflegen.

Viele Autoren haben sich sehr bemüht, diesen Zwiespalt zu vermeiden und einen Mittelweg oder Kompromiss zwischen diesen beiden theoretischen Standpunkten zu finden. In aller Regel war ihr Vorschlag für eine Lösung des Dilemmas, zwischen dem imperialen Staat und einer Ordnung nationaler Staaten wählen zu müssen, die Etablierung einer weltweiten Bundesregierung oder eines ähnlichen Regimes, dem gegenüber die Nationen für ihre Taten Rechenschaft ablegen müssten.[154] Die von Immanuel Kant angestrebte Herrschaft des „ewigen Friedens" beispielsweise sollte durch einen solchen Weltbund erreicht werden.[155] Die „Souveränität der Menschheit" Woodrow Wilsons zielte ganz ähnlich darauf ab, den Völkern Unabhängigkeit und Selbstbestimmung zuzugestehen, während gleichzeitig ein internationales Regime eingesetzt werden sollte, um Streitigkeiten zwischen ihnen beizulegen und, wo notwendig, Entscheidungen durch Zwang durchzusetzen.[156] Friedrich Hayek, der wichtigste liberale Theoretiker des letzten Jahrhunderts, hat ebenso argumentiert, dass die Unabhängigkeit der Völker zu Kriegen führe und dass sich Frieden und Wohlstand nur durch die Errichtung eines internationalen Bundesstaates herstellen ließen.[157]

Solche Forderungen nach einem internationalen Zusammenschluss sind als Verbesserung gegenüber dem imperialen Staat gedacht, weil die Zuständigkeit der internationalen Bundesregierung darauf beschränkt wäre, Zwistigkeiten zwischen ansonsten unabhängigen und selbstbestimmten nationalen Staaten beizulegen. Unter dem allumfassenden Bundesstaat, so heißt es, wird jedes Volk in so gut wie allen Belangen unabhängig bleiben: Es wird seine eigene Verfassung und seine eigenen Rechte bestimmen, seine eigene Sprache und Religion pflegen, seine eigene Wirtschaft befördern und seine Kinder nach seinen eigenen Gepflogenheiten erziehen können. Kurz: Es wird frei seinen eigenen Weg gehen können. Lediglich der grenzüberschreitende Gebrauch von Gewalt wird verboten werden, und Konflikte werden durch Institutionen der über die Staaten herrschenden Bundesregierung beigelegt werden.

Diese Argumentation beruht allerdings auf einem Missverständnis darüber, welche politische Ordnung es braucht, um einen internationalen Staatenbund einzurichten. Tatsächlich unterscheidet sich die so oft vorgeschlagene internationale Bundesregierung in keinem nennenswerten Aspekt von einem imperialen Staat. Die Idealvorstellung von einem internationalen Zusammenschluss ist einfach nur die Idealvorstellung von einem Imperium. Sie sollte beklagt und verworfen werden, so wie alle anderen imperialen Machenschaften.

Bevor ich meinen Standpunkt begründe, sollte ich unterstreichen, dass auch mir am Frieden zwischen den Völkern gelegen ist. Die Propheten Israels setzten das Ideal des Friedens zwischen den Völkern an den Ursprung unserer politischen Tradition, um uns stets daran zu gemahnen, dass der Rückgriff auf Blutvergießen als ein unaussprechliches Übel zu gelten hat, solange ein Konflikt friedlich beigelegt werden kann.[158] Nichtsdestoweniger handelt es sich bei der von den Propheten verkündeten um eine Welt, in der die Völker ihre Streitigkeiten nach Jerusalem tragen, damit dort frei darüber beschieden werde. Es handelt sich dabei nicht um einen internationalen Bundesstaat mit der Fähigkeit, Schiedssprüche zu erzwingen und seine Entscheidungen gewaltsam durchzusetzen. Das sind tatsächlich zwei gänzlich verschiedene Ziele für die Zukunft der Menschheit, die den Anspruch auf zwei gänzlich verschiedene Formen der politischen Ordnung widerspiegeln:

A) *freiwillige Streitbeilegung:* Im Streit befindliche Nationen wählen, ob sie ihren Disput schlichten lassen wollen, und auch darüber, ob sie der Entscheidung des Richters oder der Schlichtungsstelle folgen, entscheiden diese unabhängigen Nationen selbst.

B) *zwangsweise Streitbeilegung:* Nationen werden dazu verpflichtet, ihre Dispute von den Funktionären des internationalen Bundesstaates schlichten zu lassen, und die Umsetzung des Schiedsspruches wird von Vollstreckungsbeamten dieses internationalen Bundesstaates erzwungen.

Die in diesen beiden Szenarien beschriebenen Bedingungen stehen für zwei unterschiedliche Formen politischer Ordnung, mit denen wir bereits vertraut sind: In Szenario A findet eine freiwillige Schlichtung von Streitigkeiten innerhalb einer Ordnung unabhängiger nationaler Staaten statt. Wenn wir von der Unabhängigkeit dieser Staaten sprechen, dann meinen wir damit, dass es eben gerade keine internationale Autorität gibt, die sie dazu verpflichten kann, einen Disput schlichten zu lassen, und auch keine, die sie zum Gehorsam gegenüber einem Schiedsspruch zwingen kann, wenn sie sich entscheiden, dies nicht zu tun. In Szenario B hingegen handelt es sich um zwangsweise Schlichtung, gerade weil es eine internationale Autorität gibt, die Streitfälle zwischen Nationen zu entscheiden vermag – ob diese es nun wollen oder nicht. Und genau das ist ein Definitionsmerkmal einer imperialen politischen Ordnung. Auch wenn die Streitparteien sich „Staaten" nennen mögen, so sind sie doch keine unabhängigen und selbstbestimmten Gebilde. Sie haben keine Entscheidungsmöglichkeit darüber, ob ihnen eine bestimmte Angelegenheit entzogen und der Bestimmung der internationalen Bundesregierung unterworfen wird, denn die Macht, eine solche Entscheidung zu treffen, hat nur diese überstaatliche Körperschaft. Genauso wenig haben sie die Wahl in der Frage, wer in der Sache einen Schiedsspruch fällen wird oder wann dies geschieht, denn auch diese Entscheidung liegt bei der internationalen Regierung. Genauso wenig können sie darüber befinden, ob sie sich der Entscheidung der internationalen Regierung fügen, denn diese wird ihnen, wenn nötig, gewaltsam aufgezwungen werden – wiederum auf Grundlage eines Beschlusses, der gänzlich bei der internationalen Bundesregierung liegt.

Die Wahl zwischen diesen beiden Szenarien ist also unausweichlich die Wahl zwischen einer Ordnung unabhängiger nationaler Staaten und einer imperialen Ordnung. Der Umstand, dass Philosophen und Staatsmänner gelegentlich die Alternative B aus kosmetischen Gründen als „Zusammenschluss unabhängiger Nationen" anstatt als imperialen Staat bezeichnen, hat keinerlei Auswirkungen auf die Vorgehensweise. Die Entscheidungen darüber, wie die Mitgliedstaaten ihre eigenen Angelegenheiten zu regeln haben, werden auf der Ebene des imperialen Staates gefällt.

Wie bereits ausgeführt wurde, behaupten die Verfechter eines internationalen Zusammenschlusses gern, dass der nationale Staat in jedweder Hinsicht außer in der Frage nach Krieg und Frieden seine

Freiheit behalten werde. Sie sagen, dass der Zusammenschluss im Einklang mit einer schriftlich festgesetzten Satzung durchgeführt werde – anhand eines verbindlichen Dokumentes, das die Belange aufzählt, in welche der internationale Zusammenschluss eingreifen darf, und die übrige hoheitliche Macht als rechtliche Befugnisse in den Händen der Staaten lässt.

Allerdings ist die Annahme, dass eine internationale Bundesregierung irgendwie beschränkt werden könnte, sodass sie sich nur in bestimmte, klar vorgegebene Angelegenheiten einmischt, ein Trugschluss. Das zeigt sich sowohl beim Blick auf das Prinzip an sich als auch bei einer Rückschau auf die geschichtliche Praxis föderaler Institutionen.

Was das Prinzip angeht, so nehmen wir einmal an, dass ein Staat bei der internationalen Bundesregierung eine Beschwerde (oder eine Klage) über die Politik oder die Taten eines benachbarten Staates einreicht. Die Beschwerde mag sich auf die Errichtung von Militärbasen an der Grenze beziehen oder auf die rasante Vergrößerung der Streitkräfte und der Rüstungsindustrie des Nachbarn. Sie mag sich vielleicht auch um die Unterdrückung gewisser ethnischer Minderheiten oder religiöser Sekten, die mehrfach um Hilfe von außen gebeten haben, im Nachbarstaat drehen. Oder der klageführende Staat sieht sich selbst als durch die wirtschaftliche Praxis seines Nachbarn geschädigt an, oder durch dessen Duldung illegaler Einwanderung oder durch aufstrebende Drogenkartelle oder Terrororganisationen auf der anderen Seite der Grenze. Oder durch die Überbeanspruchung oder Zerstörung einer gemeinsamen Wasserversorgung oder anderer gemeinsamer Ressourcen. Oder durch die Einmischung in seine Wahlen oder seine Innenpolitik. Oder durch Spionage, Mordanschläge oder Störungen des öffentlichen Friedens, die er als vom Nachbarn angezettelt ansieht. Oder durch das, was er für feindselige Propaganda in den Medien und Schulen des Nachbarn erachtet. Will heißen: So gut wie jede nennenswerte Handlung oder politische Maßnahme eines Staates kann zu einem echten Anlass für Militäraktionen werden – und wenn nicht das, so doch zumindest ein zusammengesponnener Vorwand für Militäraktionen. Und jetzt, nach Monaten oder Jahren der gescheiterten Versuche, die Sache durch Verhandeln, Bestechen und Drohen beizulegen, wendet sich die Führung des Klägerstaates – unmittelbar davor stehend, das Ganze mit Gewalt zu beenden – an die Institutionen des internationalen Zusammenschlusses, um eine Lösung erzwingen zu lassen, sodass der Krieg vermieden werden kann.

Wer wird nun darüber entscheiden, ob die Beschwerde (oder Klage) von den Beamten des internationalen Zusammenschlusses berücksichtigt wird? Wer wird darüber befinden, ob die Beschwerde eine Intervention des internationalen Zusammenschlusses in Übereinstimmung mit dessen Satzung rechtfertigt? Und wenn der Zusammenschluss in diesem Streitfall interveniert, wer wird dann bestimmen, welche Seite recht hat? Wer wird bestimmen, welche Abhilfemaßnahmen es braucht, um den Streit zu beenden? Und wenn sich eine Streitpartei oder beide Parteien weigern, die Entscheidungen des Zusammenschlusses zu akzeptieren, wer wird dann diese Maßnahmen durch Zwang oder militärisches Vorgehen durchsetzen?

Die naheliegende Antwort ist, dass alle diese Fragen von den internationalen Bundesbehörden entschieden werden. Denn wenn diese Entscheidungen nicht bei den Bundesbehörden lägen, wären wir wieder bei Szenario A angelangt: Jeder nationale Staat würde selbst darüber entscheiden, ob er an der Klärung der Angelegenheit durch den Zusammenschluss teilnimmt, und ebenso darüber, ob er sich dem föderalen Schiedsspruch beugt, wenn dieser getroffen wurde. In einem solchen Fall handelt es sich nicht um einen internationalen Zusammenschluss, sondern schlicht um eine Interessengemeinschaft zur freiwilligen Beilegung von Streitigkeiten zwischen unabhängigen nationalen Staaten. Wenn aber die Beamten der internationalen Bundesregierung die Fragen für sich selbst beantworten und über genug Machtmittel verfügen, um eine Lösung zu erzwingen, dann werden wir Zeugen des Vorganges der friedlichen Streitbeilegung innerhalb eines imperialen Staates in Übereinstimmung mit Szenario B.

Man beachte, was das bedeutet. Die Annahme, dass der internationale Zusammenschluss „nur“ in Fragen von Krieg und Frieden eingreifen werde, hat sich bereits als unsinnig erwiesen. Jede Intervention zur Verhinderung oder Beendigung eines Krieges erfordert die Behebung von Missständen – und bei diesen kann es sich, wie wir gesehen haben, um jede Handlung oder politische Maßnahme eines benachbarten Staates handeln, die als hinreichend provokativ oder lästig empfunden wird. Das Mandat des internationalen Zusammenschlusses, sich in Fragen von Krieg und Frieden einzumischen, ist folglich so umfangreich wie die Beschwerdeliste jedes Staates gegenüber seinen Nachbarn, ob diese Klagegründe nun echt oder vorgeschoben sind. Der Versuch, diese Missstände durch föderale Intervention zu beheben, bedeutet – soweit er ernsthaft betrieben wird – also zwangsläufig die Beschneidung der Unabhängigkeit der beschuldigten Nation, und möglicherweise auch der klageführenden Nation, in Bereichen wie der Verteidigungs- und Sicherheitspolitik, der Wirtschafts-, Zuwanderungs- und Umweltpolitik, der religiösen und kulturellen Richtlinien sowie schlussendlich der Verfassung und der Gesetze. In all diesen Belangen ist die Selbstbeschränkung der Funktionäre des internationalen Zusammenschlusses selbst das einzige Hindernis für eine föderale Aneignung der Rechte unabhängiger Staaten innerhalb eines internationalen Bundesstaates. In unserer gesamten Erfahrung mit menschlicher Staatsführung weist nichts darauf hin, dass diese Funktionäre zu solcher Selbstbeschränkung in der Lage wären. Ganz im Gegenteil, wenn sie erst einmal mit einer so schwerwiegenden Aufgabe betraut sind, wie der fraglichen Region „Frieden zu bringen“, dann werden sie glauben, dass sie keine andere Wahl haben, als möglichst rigoros einzugreifen – in der Hoffnung, die einander bekriegenden Nationen so weit umzuformen, dass sie schließlich den Vorstellungen des internationalen Zusammenschlusses von einer fügsamen Mitgliedsnation entsprechen.

Diese Analyse sollte nicht als Einwand gegen den Föderalismus an sich aufgefasst werden; dieser kann ein nützliches Regierungsinstrument sein. Jede Nation besteht aus diversen Stämmen, und jeder von diesen hat seine eigenen Bräuche, möglicherweise sogar seine eigene Sprache, eigene Gesetze und eine eigene Religion. Oft wird ein wohlregierter nationaler Staat jedem Stamm ein Maß an Freiheit zugestehen, um seinen eigenen Kurs zu fahren, und ihm in verschiedenen Bereichen eine gewisse Autorität übertragen, solange dies nicht als Bedrohung des inneren Zusammenhaltes des nationalen Staates als Ganzes gesehen wird. Unter günstigen Umständen gestattet eine solche Politik es den Stämmen, sich ihrer größeren kollektiven Freiheit und Selbstbestimmtheit bewusst zu werden, während die Nation als Ganzes von den Innovationen profitiert, die aus der Vielfalt dieser Stämme und dem Wettbewerb unter ihnen entspringen. Der Föderalismus ist mit anderen Worten das, was von der Ordnung der Stämme und Clans übrig bleibt, wenn diese nicht länger als autonome Entitäten mit dem Recht, untereinander Krieg zu führen, existieren. Weil er den ursprünglichen Entwurf der politischen Organisation der Menschen in abgeschwächter Form aufrechterhält, bewahrt der

Föderalismus einige der Vorteile dieses Entwurfs, und an ihm festzuhalten, wird für den nationalen Staat oft günstig sein. Das gilt genauso auch für einen imperialen Staat, für den es ebenfalls günstig sein kann, seinen unterworfenen Nationen ein Mindestmaß an Autorität in gewissen Bereichen zu belassen, und aus diesem Grund wird er oft eine föderale Struktur der einen oder anderen Art errichten – so, wie die Perser den Juden in Jerusalem militärische und rechtliche Autonomie einräumten und die Briten den amerikanischen Kolonien innerhalb des Rahmen ihres Empires Autonomie gewährten.

Doch die Übertragung von Autorität innerhalb eines föderalen Systems beläuft sich niemals auf ein Zugeständnis von Unabhängigkeit den Stämmen oder Nationen gegenüber, die von diesem System beherrscht werden. Es handelt sich dabei nicht um Unabhängigkeit, weil die Regierung an der Spitze der föderalen Struktur die ganze Zeit über dafür zuständig bleibt, darüber zu bestimmen, welches Maß an übertragener Autorität angemessen ist. Und wenn diese Bundesregierung zu dem Schluss kommt, dass zu umfangreiche Autorität übertragen wurde, dann wird sie früher oder später schon eine passende Begründung finden, um diese wieder einzuschränken.

Das ist in den Vereinigten Staaten, dem vielleicht am meisten gefeierten Experiment föderaler Strukturen, wieder und wieder unter Beweis gestellt worden. Wie allgemein bekannt ist, setzten die 13 amerikanischen Kolonien ihre Unabhängigkeit von Großbritannien als ein Bündnis unabhängiger Staaten durch. Das bedeutet, dass wie im alten Israel oder im griechischen System der Stadtstaaten ursprünglich jedem Stamm seine Unabhängigkeit belassen wurde. Die Weisesten unter den Amerikanern erkannten, dass sie über gemeinsame Sprache, Gesetze, Religion und Geschichte verfügten, und versuchten, einen Zustand ständiger Kriegführung unter den ehemaligen Kolonien zu verhindern, indem sie sie zu einem einzigen nationalen Staat vereinten. Die 1787 vorgelegte Verfassung, die diese Vereinigung und die Schaffung eines amerikanischen nationalen Staates zuließ, hatte einen föderalen Charakter und sicherte den 13 Staaten umfassende Befugnisse.[159] Doch nachdem die nationale Regierung erst einmal gebildet worden war, erachtete sie zwangsläufig sich selbst als zuständig für das materielle Gedeihen, den inneren Zusammenhalt und das kulturelle Erbe der Nation als Ganzem, und ihr Handeln entsprach dieser Verantwortung. Thomas Jefferson beispielsweise tat als Präsident alles in seiner Macht Stehende, um die protestantische Verfassungs-

und Religionsordnung in Massachusetts und Connecticut, die er für eine Bedrohung des kulturellen Erbes des gesamten Nation hielt, zu stürzen.[160] Abraham Lincoln ging noch weiter, er führte Krieg gegen die Sezession der Südstaaten und das abstoßende Recht, wonach man dort menschliche Wesen besitzen und versklaven konnte.[161] Folgende Bundesregierungen bekämpften die mormonische Praxis der Mehrfachehe so lange, bis sie schließlich zerstört war. Später griff die Bundesregierung in die inneren Angelegenheiten widerspenstiger Staaten ein, um gegen Schwarze gerichtete Rassengesetze abzuschaffen und um national einheitliche moralische Grundsätze durchzusetzen, im Hinblick auf Themen wie Bibelunterricht und Gebet in staatlichen Schulen, Abtreibungen und homosexuelle Partnerschaften. Und man könnte noch viele weitere Beispiele anführen.

Die gesamte Geschichte des amerikanischen Föderalismus hindurch hat die Bundesregierung also die ihr zu Verfügung stehende Macht benutzt, um die Staaten dazu zu zwingen, ihre konstitutionellen und religiösen Traditionen dem Spektrum an für akzeptabel erachteten Verhaltensweisen anzupassen. Auf diese Weise ist das ursprüngliche Versprechen einer umfassenden Selbstbestimmung auf der Ebene der Bundesstaaten Schritt für Schritt zurückgenommen worden.[162] Ich bringe das nicht auf, weil ich mich dagegen aussprechen wollen würde – ich halte die rassische Unterdrückung der Schwarzen in den amerikanischen Südstaaten für besonders beschämend und habe deshalb Verständnis für die Schritte, die zu ihrer Ausmerzung ergriffen worden sind. Nichtsdestoweniger ist es wichtig, zu verstehen, was wir aus der fortschreitenden Rücknahme von Rechten und Freiheiten, die den Bundesstaaten in einer schriftlich fixierten Verfassung und der Bill of Rights zugesprochen worden waren, über das Wesen von föderalen Herrschaftsstrukturen im Allgemeinen lernen können. Es gibt keinen Anlass, zu glauben, dass irgendeine andere föderale Form der Herrschaft dauerhafter oder erfolgreicher als die amerikanische sein könnte. Und doch lernen wir vom amerikanischen Beispiel, dass die Selbstbestimmtheit der im Bund zusammengeschlossenen Stämme oder Untergliederungen (etwa die kongregationalistischen Staaten Neuenglands, die Sklavenhalterstaaten im Süden der USA oder das mormonische Utah) von den Funktionären einer nationalen Regierung nicht länger zugelassen werden wird, sobald eine solche Selbstbestimmtheit als Bedrohung des materiellen Wohlstandes, des Zusammenhaltes oder des kulturellen Erbes der Nation als Ganzes eingestuft worden ist. Ganz egal, wie großzügig ein föderales System konstruiert worden ist, und ganz egal, wie unmissverständlich Verfassungswerke ihren föderierten Stämmen gewisse Rechte vorbehalten mögen, es sind die Funktionäre der nationalen Regierung, die letzten Endes darüber bestimmen, in welchem Ausmaß den Stämmen oder Untergliederungen Rechte und Befugnisse zugestanden werden – und diese werden mitunter auch eingeschränkt und aufgekündigt, notfalls mit Gewalt, um im Einklang mit den Ansichten zu bleiben, die in der nationalen Regierung über das Wohl der Nation vorherrschen.

Der amerikanische Fall bot in vielen Belangen recht vorteilhafte Voraussetzungen für die Wahrung einer großzügigen Machtverteilung innerhalb einer föderalen Struktur: Die unter dem amerikanischen Föderalismus zusammengeschlossenen Staaten teilten sich die englische Sprache und die Tradition des *Common Law*, das protestantische Bekenntnis und eine gemeinsame Geschichte des siegreichen Kampfes gegen Widrigkeiten, wodurch es relativ leicht für sie war, sich selbst als eine Nation anzusehen, die durch Bindungen der gegenseitigen Loyalität zusammengehalten wird. Im Vergleich dazu ist der internationale Zusammenschluss, den Philosophen und Staatsmänner vorgeschlagen haben, ein viel schwierigeres Unterfangen. Er setzt voraus, dass ein föderales Herrschaftssystem geschaffen werden kann, um Nationen zu vereinen, die keine gemeinsame Sprache, gemeinsame Gesetze oder eine gemeinsame Religion haben, und auch keine echte Geschichte geschlossenen Kämpfens gegen einen gemeinsamen Feind. Die Unterschiede zwischen diesen zusammengeschlossenen Nationen würden deshalb in radikaler Weise stärker hervortreten als jene, die die amerikanischen Staaten voneinander trennten. Und wenn diese Unterschiede Anlass zu politischer Konfrontation geben, was sich nicht vermeiden lassen wird, so wird die Regierung dieses Zusammenschlusses von Nationen mit zwei Alternativen konfrontiert sein: Entweder verfügt sie über die Mittel und die Entschlossenheit, um den ihr untergeordneten widerspenstigen Nationen ihren Willen aufzuzwingen – in diesem Fall hätten wir in jeglicher Hinsicht einen imperialen Staat vor uns. Oder es fehlen ihr die Mittel und die Entschlossenheit, ihren Willen durchzusetzen – in diesem Fall würde der Zusammenschluss wieder in seine einzelnen Nationen zerfallen, wie es auch der amerikanischen Föderation ergangen wäre, wenn deren Führer nicht willens gewesen wären, widerspenstige Staaten zu zwingen.

Das geht derzeit im herausragendsten gegenwärtigen Experiment internationaler Zusammenschlüsse vor sich, der Europäischen Union. Seitdem sie 1992 durch den Maastricht-Vertrag geschaffen wurde, hat die EU Dutzende vormals unabhängiger Nationen unter dem Prinzip der „Subsidiarität" vereint – ein Begriff aus dem mittelalterlichen Katholizismus, der mittlerweile mehr und mehr anstelle des amerikanisch konnotierten „Föderalismus" mit seinen starken biblischen Bezügen gebraucht wird.[163] Der Vertrag stellt die Absichten seiner Verfasser folgendermaßen dar:

> In den Bereichen, die nicht in ihre ausschließliche Zuständigkeit fallen, wird die Gemeinschaft nach dem Subsidiaritätsprinzip nur tätig, sofern und soweit die Ziele der in Betracht gezogenen Maßnahmen auf Ebene der Mitgliedstaaten nicht ausreichend erreicht werden können und daher wegen ihres Umfangs oder ihrer Wirkungen besser auf Gemeinschaftsebene erreicht werden können.[164]

Hier stellt der Maastricht-Vertrag explizit klar, was in der amerikanischen Verfassung uneindeutig belassen wurde: Die europäische Regierung wird für die ihr unterworfenen nationalen Staaten Entscheidungen treffen, und zwar sowohl in den Bereichen, die ihr durch den Vertrag eingeräumt werden, als auch zusätzlich in anderen Bereichen, in denen „die Ziele der in Betracht gezogenen Maßnahmen [...] besser auf Gemeinschaftsebene erreicht werden können". Da die Entscheidung darüber, welche Ziele besser durch die europäische Bundesregierung erreicht werden können, in den Händen von Funktionären dieser Regierung selbst liegt, gibt es abgesehen von der Selbstbeschränkung dieser Beamten keine Hürde für die ständige Verringerung der Befugnisse der Mitgliedstaaten. Diese Beschränkung hat allerdings nicht lange gehalten, und die EU-Bürokratie hat – gedeckt durch föderale europäische Gerichte – ihre Hoheit über die Mitgliedsnationen immer weiter ausgedehnt, in Bereichen wie Wirtschaftspolitik, Arbeitsmarktpolitik, öffentliches Gesundheitswesen, Kommunikation, Bildung, Verkehr, Umwelt und Städteplanung. Das europäische Subsidiaritätsprinzip ist also nichts anderes als ein Euphemismus für Imperialismus: Die untergeordneten Nationen Europas sind nur dann unabhängig, wenn die europäische Regierung entscheidet, dass sie unabhängig sein sollen.[165]

Der offensichtliche imperiale Charakter der europäischen Bundesregierung ist jedoch konsequent verschleiert worden – durch Behauptungen, dass die Europäische Union eine neue „transnationale“ Form der politischen Ordnung entdeckt habe, auf welche die traditionellen Kategorien für die Beschreibung politischer Institutionen nicht länger anwendbar seien. Parteigänger der EU leugnen beispielsweise oft, dass der Verlust politischer Unabhängigkeit, den die europäischen Mitgliedstaaten zu erdulden haben, zur Einrichtung einer Bundesregierung geführt hat, wie man normalerweise schlussfolgern würde. Stattdessen heißt es, Europa habe eine neue Form der „gemeinsamen Souveränität“ ersonnen, unter der es keine Regierung gebe, nur eine vereinte „Steuerung“. Und wenn es keine europäische Bundesregierung gibt, dann ist es natürlich unmöglich, zu sagen, dass diese Bundesregierung eine imperiale politische Ordnung errichtet habe.

Doch all das ist nur eine Fassade. Die Europäische Union hat trotz aller Propaganda sehr wohl eine mächtige Zentralregierung, deren Richtlinien für die europäischen Nationen und deren einzelne Staatsangehörige rechtsverbindlich sind. Diese Regierung besteht aus einer enormen gesetzgeberischen Bürokratie, deren Anweisungen den untergeordneten Nationen Europas durch ihre Strafverfolgungsbehörden und Justizsysteme, die europäischen Bundesgerichten unterstehen, aufgezwungen werden. Verschiedene ernannte und gewählte Institutionen haben die Macht, diese Gesetze zu ratifizieren oder dies zu verweigern, obwohl die letztgültige Autorität bei der Justizhierarchie verbleibt.[166] Natürlich erinnert uns nichts davon an die Institutionen einer freien Regierung. Aber es ist eindeutig eine Form von Regierung: jene Art von bürokratischer Autokratie, die historische imperiale Staaten benutzt haben, um über ihre unterworfenen Nationen zu herrschen. Transnationalismus und gemeinsame Souveränität sind also mitnichten eine brillante neue Entdeckung der politischen Theorie. Sie sind nichts weiter als eine Rückkehr zu Europas imperialer Vergangenheit.

Die Europäische Union unterscheidet sich jedoch von den historischen imperialen Staaten, die ihre Vorläufer darstellen, in einer wichtigen Hinsicht: Ihr fehlt eine starke Führung – ein Imperator – mit der Fähigkeit, die äußeren Beziehungen zu steuern und Krieg zu führen. Dass es der EU an einer solchen Führung mangelt, liegt vorwiegend an ihrem andauernden Status als Protektorat der Vereinigten Staaten, die seit dem Zweiten Weltkrieg dafür verantwortlich waren, durch das Werkzeug der North Atlantic Treaty Organization (NATO) Frieden und Sicherheit in Europa zu sichern. Der amerikanische Präsident ist also sozusagen der Oberbefehlshaber der Streitkräfte Europas – eine Tatsache, die in den noch nicht lange zurückliegenden NATO-Kriegen gegen Serbien nochmals unterstrichen wurde. Das heißt, dass der Präsident im heutigen Europa faktisch die Rolle des Imperators spielt. Dieses Arrangement ist vor allem anderen eine Folge des Umstandes, dass weder Amerikaner noch Europäer sonderlich begeistert von der Alternative sind, nämlich einer deutschen Wiederbewaffnung und eines deutschen Imperators. Die europäischen Nationen werden, wie jedem bewusst ist, von Deutschland dominiert. Die Europäische Union ist – abgesehen vom Namen – durch und durch ein deutscher imperialer Staat. Doch solange Deutschland einen Aufbau seines Militärs und die Übernahme der Verantwortung für die Sicherheit des Kontinentes zu vermeiden versucht, wird die EU scheinbar ein amerikanisches Protektorat bleiben – ein Protektorat, das gleichzeitig für sich genommen ein Imperium ist. Sollten die Vereinigten Staaten ihr jemals ihren Schutz entziehen, würde sich all das Gerede von den Europäern, die eine neue Form der politischen Ordnung schafften, schnell verflüchtigen. Dann würde Deutschland eine starke europäische Führung einsetzen und zur Wahrung der Sicherheit des Kontinentes ermächtigen. Damit wäre die Wiederherstellung des mittelalterlichen Deutschen Reiches in Europa abgeschlossen, und das von England inspirierte Experiment mit einer Ordnung der unabhängigen nationalen Staaten in Europa wäre an sein Ende gelangt.

Die Wahrheit ist also, dass es keine „föderale Lösung“ gibt, die es uns allen erlauben würde, der Entscheidung für entweder eine imperiale Ordnung oder eine Ordnung der unabhängigen Nationen zu entgehen. Eine internationale Bundesregierung ist nichts anderes als eine imperiale Regierung – ganz egal, ob man es nun vorzieht, amerikanische oder europäische Präzedenzfälle zu betrachten. Ein internationaler Zusammenschluss würde von Funktionären beherrscht werden, die ganz eigene Ansichten davon haben, welche Grenzen der Selbstbestimmtheit untergeordneter Nationen gesetzt werden sollten. Vor den Ansichten dieser Beamten können über kurz oder lang keine Gründungsurkunden, und seien sie noch so gut ausgearbeitet, effektiven Schutz bieten. Denn sie sind es, die über die Autorität verfügen, diese Urkunden auszulegen und damit den Gang der Dinge zu bestimmen. Sie werden alle Dokumente so auslegen, ignorieren oder abändern, wie es ihrem eigenen Verständnis davon entspricht, was notwendig ist für das Wohlergehen und den Wohlstand des imperialen Staates – was sie zwangsläufig und gemäß einer sehr alten Tradition mit dem Wohlergehen und dem Wohlstand der gesamten Menschheit in eins setzen werden.

16. Der Mythos des neutralen Staates

Die Angehörigen einer jeden Nation sind geografisch verstreut und mit anderen nationalen Bevölkerungsgruppen vermischt. Darüber hinaus sorgen Geschichte und Topografie für Einschränkungen dahingehend, welche Territorien der nationale Staat halten und verteidigen kann. Das bedeutet in der Praxis, dass der nationale Staat niemals über alle Angehörigen der Nation herrscht und dass er stets auch über einen Bevölkerungsanteil herrscht, der anderen Nationen angehört, ob dieser nun größer oder kleiner ausfällt. Weder lebt das gesamte polnische Volk in Polen, noch leben innerhalb der Grenzen dieses Landes ausschließlich Polen, und das Gleiche lässt sich über die Iren in Irland, die Hindus in Indien oder die Türken in der Türkei sagen.

Ausgehend von diesen unausweichlichen Umständen ist oft die Frage gestellt worden, warum die Ordnung der unabhängigen nationalen Staaten aus nationalen Staaten bestehen sollte – also aus Staaten, die die Selbstbestimmtheit einer bestimmten Nation versinnbildlichen. Wäre die politische Ordnung nicht gerechter und friedfertiger, wenn sie rings um das aufgebaut wäre, was oft als *neutraler Staat* (oder *staatsbürgerlicher Staat*) bezeichnet wird, welcher keinerlei partikularistische Verpflichtungen gegenüber irgendeiner der verschiedenen Nationen, Sprachen oder Religionen innerhalb seiner Grenzen hätte? Ein solcher Staat, so heißt es, würde sich nur mit der allgemeinen Verteidigung der Bevölkerung, der Friedensbewahrung und der Sicherung der Rechte und Freiheiten des Individuums befassen. Die einzelnen Angehörigen der jeweiligen Nationen oder Stämme könnten weiterhin frei ihrem kollektiven Streben nach Selbstbestimmtheit nachgehen und ihre eigenen Sprachen und religiösen Traditionen pflegen, soweit sie es wünschen. Der Staatsapparat hingegen würde gegenüber all diesen Anstrengungen eine strenge Neutralität wahren. Anhänger dieses Konzeptes verweisen auf die Vereinigten Staaten, Frankreich und Großbritannien als Beispiele und behaupten, dass diese Staaten gerade deshalb so erfolgreich gewesen seien, weil sie als neutrale Staaten im besagten Sinne verfasst seien.[167]

In Wahrheit ist dieser neutrale Staat jedoch nur ein Mythos. Er wird wieder und wieder von denjenigen beschworen, die sich einbilden, der Staat könne ohne nationalen oder stammesbasierten Zusammenhalt existieren – wohingegen es in Wirklichkeit allein der nationale oder stammesbasierte Zusammenhalt ist, der er erlaubt, einen unabhängigen Staat zu gründen und zu erhalten, ohne ununterbrochen politischen Zwang anwenden zu müssen. Die Vorstellung vom neutralen Staat ist ebenso utopisch, wie sozialistische Beschreibungen der Wirtschaft utopisch sind: Der Sozialist wünscht sich den Wohlstand, den eine Marktwirtschaft gestattet, doch er will ihn ohne das Profitmotiv haben, welches diesen Wohlstand in Wirklichkeit erst möglich macht. In gleicher Weise wünschen sich die Verfechter des neutralen Staates die energische Verteidigung der Bevölkerung, den Rechtsgehorsam und die Garantien individueller Freiheiten, die es innerhalb eines nationalen Staates geben kann, doch sie wollen all diese Dinge ohne die gegenseitigen Bindungen der nationalen oder stammesbasierten Loyalität haben, welche sie in Wirklichkeit erst möglich machen. Auf diesen Umstand ist schon viele Male hingewiesen worden, deshalb werde ich mich darauf beschränken, lediglich einige meiner eigenen Beobachtungen zu ergänzen.[168]

Die Idealvorstellung vom neutralen oder staatsbürgerlichen Staat beinhaltet eine Unterscheidung zwischen Nation und Staat entlang ähnlicher Linien, wie sie sich Jefferson in seinem Ruf nach einer „Trennung von Kirche und Staat" vorstellte.[169] Ganz genau bedeutet diese vorgeschlagene Unterscheidung, dass dem Individuum nicht abverlangt wird, aus Loyalität gegenüber seinem eigenen Stamm oder seiner eigenen Nation die Gesetze des Staates zu befolgen, Steuern zu zahlen und in der Armee zu dienen, also aus den Gründen, die das Individuum in einem nationalen Staat an den Staat binden und es dazu bewegen, all diese Dinge zu tun. Die wesentliche Frage an ein solches Ideal lautet also: Wenn es nicht die Loyalität gegenüber Stamm oder Nation sein soll, die den Einzelnen dazu motiviert, derartig drückende Lasten zu schultern, was soll ihn denn stattdessen dazu bewegen, in einem neutralen Staat solche Opfer zu bringen? Wenn sie erkennen, dass es irgendeine derartige Motivation braucht, schlagen die Anhänger des neutralen Staates vor, dass die Individuen der Verfassung des Staates gegenüber loyal sein sollten, und gegenüber den verschiedenen Symbolen, die sich die Staatsbeamten ausgedacht haben, um dieses Gründungsdokument in der Wahrnehmung der Bevölkerung zu repräsentieren. Ein solcher „Verfassungspatriotismus“ wird allgemein mit seinem bekanntesten Fürsprecher in Verbindung gebracht, dem deutschen Philosophen Jürgen Habermas. Ähnliche Vorschläge hört man inzwischen aber auch in Amerika, wo häufig eine Liebe zu den Gründungsdokumenten (oder zum „Amerikanischen Glaubensbekenntnis“, das sie angeblich enthalten) als Ersatz für eine Bindung an die amerikanische Nation selbst beschworen wird.[170]

Ist so etwas möglich? Kann es einen Staat geben, in dem kraft einer weitverbreiteten Loyalität gegenüber der schriftlichen Verfassung des Staates die Gesetze befolgt, Steuern eingehoben und Soldaten zum Kriegsdienst eingezogen werden?

Wir wissen von scheinbaren Fällen einer solchen Loyalität gegenüber einem schriftlichen Dokument. Quer durch die Geschichte hindurch haben Muslime sich selbst Gefahren ausgesetzt, um ihr eigenes Gründungsdokument, den Koran, davor zu beschützen, beschädigt oder verunglimpft zu werden. Hindus pflegen eine ähnliche Verehrung für die Veden und Juden für die Tora, die Schriftrolle mit den fünf Büchern Mose, die quasi ihre Verfassung darstellen. Auch im historischen Christentum waren einst viele Menschen dazu bereit, Opfer zu bringen, um bestimmte heilige Texte und Bilder vor Schaden oder Entweihung zu beschützen. Diese und ähnliche Beispiele verstärken den Eindruck, dass eine motivierende Verehrung für ein Gründungsdokument im Bereich des Möglichen liegt. Erfahrungsgemäß scheint es so, dass sich eine politische Tradition einer solchen motivierenden Verehrung für das Gründungsdokument eines Staates entwickeln ließe, wenn man den gesellschaftlichen Respekt vor der Verfassung in Richtung einer genuin religiösen Ehrfurcht zwänge.[171]

Dass eine solche Heiligung der Gründungsdokumente des Staates ohne das Bezugssystem familiärer, stammesbasierter und nationaler Traditionen stattfinden könnte, innerhalb dessen das Individuum lernt, gewisse Dinge zu verehren und zu heiligen und andere nicht, ist allerdings unmöglich. Als Kind war ich in der Synagoge durchgängig mit der Verehrung der Tora konfrontiert. Ich spürte die Verehrung in der Art und Weise, wie die Erwachsenen vortraten, um die Schriftrolle zu küssen, wenn sie dreimal in jeder Woche zum Lesen hervorgeholt wurde, und darin, wie die Rolle hoch über unsere Köpfe gehoben wurde, sodass alle die von Hand übertragene Schrift auf dem Pergament sehen konnten. Auch wusste ich, dass die Gemeinde zur Buße einen Monat lang fasten würde, wenn die Tora einmal auf den

Boden fiele, und schnappte zusammen mit allen anderen nach Luft, wenn ich sah, dass die Rolle beim Hochheben schwankte. Auf diese und viele andere Weisen erlebte ich die Verehrung des Clans – denn für Juden und Christen ist die Gemeinde über lange Zeit hinweg die Entsprechung zum Clan gewesen – als meine eigene. Will heißen: Die Kinder lernen, dass die Verehrung der Tora und die Loyalität ihr gegenüber ein untrennbarer Bestandteil ihrer Loyalität gegenüber Familie und Clan ist, welche ihre Verehrung der Tora wiederum als einen untrennbaren Bestandteil ihrer Loyalität gegenüber der jüdischen Nation zur Schau stellen. Christen, Muslime und Hindus pflegen eine bemerkenswert ähnliche Ehrfurcht vor ihren heiligen Texten und Gegenständen, und sie kultivieren sie in jeder neuen Generation von Kindern auf vergleichbare Weise.

Das Heilige tritt nur in den Gebräuchen der Familie, des Clans, des Stammes und der Nation in die Welt. Natürlich gibt es Einzelne und Familien, die erst im Erwachsenenalter zu diesen heiligen Dingen finden, doch für die meisten Menschen entsteht ein Bewusstsein für die Heiligkeit zusammen mit den Bindungen der gegenseitigen Loyalität, die wir in unserer Kindheit und Jugend ausprägen. Das bedeutet, dass das Gründungsdokument des neutralen Staates weit davon entfernt ist, die Loyalität gegenüber Stamm und Nation ersetzen zu können, und immer nur so sehr verehrt und zum Objekt der Loyalität werden wird, wie der Stamm oder die Nation, dem oder der gegenüber wir loyal sind, die Heiligkeit dieses Dokumentes jeder neuen Generation von Kindern weitervererbt. Die schriftlichen Dokumente würden dadurch zum kulturellen Erbe bestimmter Stämme oder einer bestimmten Nation werden, und erneut würde die Loyalität des Einzelnen gegenüber seinem Stamm oder seiner Nation – und eben nicht die eindeutige und unabhängige Loyalität gegenüber den Dokumenten selbst – zur Grundlage aller Handlungen, die er zur Verteidigung des neutralen Staates zu unternehmen gewillt ist. Das Gleiche würde auch für alle anderen angeblich neutralen Ämter, Symbole oder Rituale des Staates gelten, die dessen Beamte sich ausdenken mögen. Die Verehrung all dieser Dokumente und Symbole wäre das Artefakt einer konkreten stammesbasierten oder nationalen Tradition – und also ganz und gar nicht neutral. Und genau so würde sie auch von den Nationen und Stämmen in der Minderheit angesehen, die nicht durch Bindungen der gegenseitigen Loyalität mit der nationalen Mehrheit im Staat verbunden sind und das, was der nationalen Mehrheit widerfährt, nicht so empfinden, als geschehe es ihnen selbst. Anstatt als Symbole des neutralen Staates verehrt zu werden, würden diese Dokumente und Symbole von entfremdeten nationalen und Stammesminderheiten als die Quasireligion einer anderen Nation oder eines anderen Staates betrachtet, und als Heuchelei, wenn auf dieser Grundlage von Neutralität die Rede ist.

Es gibt keine neutralen Staaten. Was einen freien Staat zusammenhält, ist die gegenseitige Loyalität der Angehörigen seiner Mehrheitsnation oder -stammesgruppe und ihre Loyalität dem Staat gegenüber – zusätzlich zu den strategischen Bündnissen, ob nun kurz- oder langfristig, die diese Mehrheitsnation oder -stammesgruppe mit anderen schließt, um den Staat zu stabilisieren und zu stärken. Jeder freie Staat ist also, mit anderen Worten, ein nationaler oder stammesbasierter Staat.[172] In ganz ähnlicher Weise stellen wir bei despotischen Herrschaftssystemen fast immer fest, dass die Regierung von einem einzigen Stamm oder einem Clan oder einer Familie beherrscht wird, die zusammen mit einigen Verbündeten die große Mehrheit durch Furcht und Bestechung in Schach hält.

Wie also vermag der Mythos des neutralen Staates, in welchem der Staat von der Nation getrennt worden ist, sich zu halten? Dieser Mythos beruht vor allem anderen auf der bereits erwähnten Behauptung, dass erfolgreiche westliche Staaten wie die Vereinigten Staaten, Großbritannien oder Frankreich beispielhaft für neutrale oder staatsbürgerliche Staaten seien, und dass diese Staaten erfolgreich von jeder Verbundenheit mit der Nation oder dem Stamm, die oder der sie konstituiert, abgetrennt worden seien. Diese Behauptung ist jedoch völlig haltlos. Die Vereinigten Staaten werden von den Bindungen gegenseitiger Loyalität zusammengehalten, die die amerikanische Nation vereinen, eine englischsprachige Nation, deren verfassungsmäßige und religiöse Traditionen ursprünglich in der Bibel, dem Protestantismus, dem Republikanismus und dem *Common Law* Englands verwurzelt waren.[173] Jahrhunderte vergingen, und die Eingliederung einer großen katholischen Gemeinde und anderer, kleinerer Glaubensgemeinschaften bedeutete praktisch, dass in ebendiese amerikanische Nation neue Stämme aufgenommen wurden. Doch hat dies in keiner Weise etwas an der Tatsache geändert, dass die Amerikaner eine einzige, ganz besondere Nation bleiben.[174] Es hat noch kein Territorium als Staat Aufnahme in die amerikanische Union gefunden, bevor dort nicht eine klare Mehrheit englischsprachiger

Siedler etabliert worden war. Die zahlenmäßige Überlegenheit amerikanischer Ureinwohner, spanischsprachiger Völker oder, in Hawaii, der Sprecher polynesischer Sprachen ist stets vermieden worden.[175] Die fortwährende Gegenwart der angestammten Bevölkerung des Landes – etwa als politisch autonome Nation der Navajo, deren Angehörige in die Hunderttausende gehen und ihre Kinder bis heute in der Sprache und den Bräuchen ihres Volkes unterrichten – zeugt von dem Umstand, dass die amerikanische Nation trotz ihrer überwältigenden Vorherrschaft in den Vereinigten Staaten noch immer nur eine Nation wie alle anderen auch ist.[176] Das Gleiche lässt sich über die französische Nation sagen, die ihren Zusammenhalt über Jahrhunderte hinweg durch aggressive und manchmal erschreckende Kampagnen zur Ausrottung der okzitanischen und anderer Sprachen, die als schädlich für die Einigkeit des französischen Volkstums betrachtet wurden, erhalten hat. Und ebenso über die englische Nation, zusammengeschmiedet in Jahrhunderten des Krieges, um die keltischen Völker an ihren Rändern zurückzudrängen.[177]

Der angeblich neutrale oder staatsbürgerliche Charakter von Staaten wie den Vereinigten Staaten, Großbritannien oder Frankreich ist folglich illusorisch. Die Stärke und Stabilität dieser freien Staaten ist einzig das Ergebnis der überwältigenden Vorherrschaft der amerikanischen, englischen und französischen Nationen über ausnahmslos alle konkurrierenden Nationen oder Stämme innerhalb ihrer Grenzen – eine Vorherrschaft, die in allen drei Fällen über Jahrhunderte hinweg durch die Vernichtung aller bedeutenden Rivalen erlangt wurde. Es ist der innere Zusammenhalt dieser Nationen, der die fraglichen nationalen Staaten möglich werden lässt, und es ist das kulturelle Erbe dieser Nationen, das den Charakter ihres jeweiligen nationalen Staates prägt. Wenn sich von diesen Staaten etwas lernen lässt, dann, dass die überwältigende Vorherrschaft eines einzigen Volkstums innerhalb eines beliebigen Staates das Heranwachsen freier Institutionen erlaubt, einschließlich individueller Rechte und Freiheiten, welche ein innerlich geteilter Staat – das heißt: ein *nicht-nationaler Staat* – in aller Regel weder hervorbringen noch bewahren kann.[178]

Es ist eine der auffälligsten Eigenheiten der politischen Ordnung, die mit dem Rückzug der europäischen Imperien im letzten Jahrhundert entstand, wie viele der im Nahen Osten, in Afrika und anderswo neu geschaffenen unabhängigen Staaten in genau diesem Sinne nicht-nationale Staaten sind. Das bedeutet, dass die Engländer, Franzosen und Holländer bei der Aufgabe vieler ihrer eroberten Länder meist nicht dem Muster ihres eigenen, erfolgreichen Modells folgten, die Staatsgrenzen entlang der nationalen und stammesmäßigen Grenzen zu ziehen. Das mag daran gelegen haben, dass diese ehemaligen imperialen Herrscher sich nicht darum kümmern wollten, willkürlich gezogene koloniale Grenzen neu auszuhandeln oder groß angelegte Bevölkerungsverschiebungen anzustoßen, um eine vernünftige Abstimmung zwischen Staatsgrenzen und Volksgruppen herbeizuführen. Oder vielleicht lag es im Gegenteil daran, dass sie es tatsächlich vorzogen, Staaten mit willkürlichen anstatt national oder stammesmäßig orientierten Grenzen zu gründen, weil ihnen völlig klar war, dass diese Territorien dadurch so gut wie unmöglich zu regieren sein würden und somit leichter aus der Ferne zu manipulieren und zu kontrollieren wären. Was auch immer der Grund war, es ist bemerkenswert, dass die meisten von imperialen Mächten neu gegründeten Staaten als nicht-nationale Staaten geschaffen wurden.

So erhielt beispielsweise der Staat Irak als Folge von Grenzziehungen in Abstimmung mit Frankreich 1932 seine Unabhängigkeit vom imperialen Großbritannien. Niemals zuvor in der Geschichte hatte es eine „irakische“ Nation gegeben, doch die Briten ignorierten nationale und religiöse Grenzen und beharrten nichtsdestoweniger darauf, dass eine solche Nation geschaffen werden könne, indem man – unter anderem – kurdische, assyrische, sunnitisch-arabische und schiitisch-arabische Stämme zusammenzwang; Völker, die weder eine Sprache noch eine Religion noch eine Vorgeschichte gemeinsamen Handelns miteinander teilten. Sie wurden eine Nation getauft und bekamen eine schriftliche Verfassung, eine Flagge und das Recht, Botschafter in die ganze Welt zu entsenden, ebenso wie diverse andere Symbole eines nationalen Staates. All das geschah mit dem Ziel, den Eindruck zu erwecken, als sei dieser neue Staat Irak tatsächlich ein nationaler Staat, ebenso wie England oder Frankreich oder Amerika nationale Staaten sind. Nichts davon entsprach jedoch der Wahrheit. In der Realität bildeten die sunnitischen Araber die vorherrschende Stammesgruppe, die den Staat durch die erbarmungslose Unterdrückung des viel größeren Bevölkerungsanteils der schiitischen Araber zusammenhielt. Die große kurdische Bevölkerung akzeptierte die arabische Herrschaft nie. Der Giftgasangriff auf Kurden in Halabdscha 1988 durch die sunnitischen Iraker ist nur das bekannteste Beispiel für die unaussprechliche Brutalität, die das sunnitisch-arabische Regime für nötig hielt, um die Stabilität des Staates abzusichern. Der amerikanische Versuch, das Land zu retten, indem man es 2005 gewaltsam als westliche Demokratie neu konstituierte, mitsamt einer neuen schriftlichen Verfassung, die individuelle Freiheiten garantierte, scheiterte schnell und endete in einem entsetzlichen Bürgerkrieg.

Ein ähnliches Schicksal hat Syrien ereilt, das von den Franzosen 1946 als unabhängiger Staat gegründet worden war. Niemals zuvor in der Geschichte hatte es eine „syrische" Nation gegeben, selbst der Name war eine Erfindung der Griechen gewesen, um diese geografische Region zu bezeichnen. Doch die alawitischen, drusischen, kurdischen, assyrisch-christlichen und sunnitisch-arabischen Stämme innerhalb dieses willkürlich umgrenzten Territoriums wurden im Widerspruch zu den offensichtlichen Tatsachen zu einer Nation erklärt. Das Ergebnis war, dass diese Anhäufung bis aufs Blut verfeindeter Gruppen zwei Jahrzehnte chronischer Instabilität und staatlicher Unterdrückung durchlebte, bis die Alawiten, ein nicht-muslimisches Volk oder Stamm mit einer ganz eigenen Religion und Geschichte, schließlich in der Lage waren, die Macht zu ergreifen. Sie schufen zusammen mit den Christen und Drusen eine Minderheitenfront und unterwarfen die Mehrheitsbevölkerung der sunnitischen Araber einer Terrorherrschaft, bis hin zu der berüchtigten Zerstörung der sunnitischen Stadt Hama durch die Alawiten. Auch in den 2010er-Jahren verhinderten die Alawiten weiterhin die Errichtung eines sunnitisch-arabischen Regimes, zum Preis von einer halben Million Toter und der Vertreibung womöglich der Hälfte der Gesamtbevölkerung des Landes.

Man vergleiche diese Staaten mit ihrem nahe gelegenen Nachbarn Israel, das beinahe zur gleichen Zeit gegründet wurde. Israel entstand 1948 nach dem Rückzug der Briten aus dem Land als nationaler Staat für das jüdische Volk. Sein Zweck, wie er aus der Unabhängigkeitserklärung und zahlreichen Staatsgesetzen hervorgeht, war es, die Selbstbestimmtheit der Juden als Volk zuzulassen. In dieser Funktion nahm Israel Millionen bettelarmer jüdischer Flüchtlinge aus arabischen Ländern, dem Iran, Mitteleuropa, der Sowjetunion und von anderswo auf. Angeboten hatte man diesen jüdischen Einwanderern Freiheit von Verfolgung, wirtschaftliche Möglichkeiten und staatliche Schulen, in denen ihre Kinder in das Erbe ihres Volkes eingeführt werden konnten, indem sie Hebräisch, die jüdische Geschichte und die Bibel lernten. Israel hat sich mit anderen Worten als der nationale

Staat eines konkreten Volkes aufgeführt. Doch gleichzeitig hat Israel auch freie Institutionen hervorgebracht, die es seinen nationalen und stammesmäßigen Minderheiten erlauben, ihren religiösen Praktiken nachzugehen, wie sie es für richtig halten, und ihre Kinder in ihren eigenen Sprachen und kulturellen Vermächtnissen zu unterrichten. Tatsächlich ist Israel der einzige Staat im heutigen Nahen Osten, in dem Christen, Drusen und andere ihre Religionen offen praktizieren können, ohne um ihre Leben fürchten zu müssen.

Was verleiht Israel die Fähigkeit, als ein freier Staat zu gedeihen und sogar nationalen und stammesbasierten Minderheiten umfassenden Schutz zu bieten, während Staaten wie Syrien und der Irak zu keiner Zeit in der Lage waren, anders als durch blutrünstigsten Staatsterror Stabilität zu erlangen? Es gibt ein einziges Prinzip, das diese Staaten voneinander unterscheidet: Israel war von dem Moment seiner Gründung an ein nationaler Staat. Das bedeutet erstens, dass sowohl innerhalb des Landes als auch außerhalb seiner Grenzen eine tatsächliche jüdische Nation existiert. Die verschiedenen jüdischen Stämme verbinden die jüdische Religion und das jüdische Gesetz, die hebräische Sprache und eine Geschichte der Einigung im Angesicht der Not, die sich tausende Jahre weit zurück erstreckt. Des Weiteren schlossen sich diese Stämme freiwillig zusammen, um den jüdischen nationalen Staat zu gründen, zu dem Zweck, ihre kollektive Selbstbestimmtheit voranzubringen. In Israel hat die jüdische Nation seit der Gründung des Staates die überwältigende Mehrheit der Bevölkerung gestellt. Die Symbole und der Charakter des Staates wurden aus den nationalen und religiösen Traditionen der Juden abgeleitet und spiegeln die kollektive Selbstbestimmtheit wider, deren Ausdruck dieser unabhängige Staat ist.[179]

Vieles von dem, was in den letzten Jahrzehnten über Nationalismus geschrieben worden ist, beteuert, dass ein Staat, der als nationaler Staat verfasst wurde, weniger geschlossen und deshalb sowohl weniger stabil als auch unterdrückerischer sei als ein neutraler oder staatsbürgerlicher Staat. Dieser Argumentation zufolge beinhaltet ein nationaler Staat besondere Privilegien für die Angehörigen der Mehrheitsnation im Staat, was zu Verbitterung, Widerstand und Gewalt vonseiten der Minderheitenbevölkerungen führt. Die Mehrheit ist dadurch gezwungen, mit Unterdrückung zu antworten, um sich ihren Sonderstatus zu bewahren. Auf diese Weise beginnt ein „Kreislauf der Gewalt“, aus dem es keinen Ausweg gibt.

Die Erfahrung allerdings lehrt uns das Gegenteil. Die überwältigende Vorherrschaft eines einzigen, geschlossenen Volkstums, das durch unauflösliche Bindungen der gegenseitigen Loyalität zusammengehalten wird, ist tatsächlich die einzige Grundlage für inneren Frieden in einem freien Staat. Damit meine ich nicht, dass die gesamte Bevölkerung aus einem einzigen Volk bestehen muss, denn so etwas gibt es nirgendwo auf der Welt. Darüber hinaus gibt es keinen Beweis dafür, dass eine solche vollständige Homogenität für den Zusammenhalt, die Stabilität und den Erfolg des Staates notwendig ist. Was es zur Errichtung eines stabilen und freien Staates vielmehr braucht, ist eine Mehrheitsnation, deren kulturelle Vorherrschaft eindeutig und unstrittig ist und gegen die Widerstand zwecklos zu sein scheint. Eine solche Mehrheitsnation ist stark genug, keine Herausforderungen durch Minderheitennationen zu fürchten, und ist dadurch in der Lage, ihnen Rechte und Freiheiten einzuräumen, ohne die innere Stabilität des Staates zu beschädigen. Ebenso werden die Minderheiten, die einer solchen nationalen Mehrheit entgegenstehen, von sich aus zögern, sich in Konfrontationen zu stürzen, von denen sie wissen, dass sie sie nicht gewinnen können. Zum überwiegenden Teil passen sie sich deshalb dem System der Anforderungen an, das durch die konstitutionelle und religiöse Kultur der Mehrheitsnation gebildet wird, lernen deren Sprache und greifen nur in seltenen Fällen zu Gewalt. Das war in den meisten erfolgreichen nationalen Staaten der Fall, so etwa in Großbritannien, Amerika, Frankreich und anderen Ländern in Europa, außerdem in nationalen Staaten wie Australien, Japan, Korea, Thailand, der Türkei, Indien und Israel. In jedem Fall hat die überwältigende Vorherrschaft einer einzigen Mehrheitsnation Staaten hervorgebracht, die in dramatischer Weise stabiler, wohlhabender und toleranter sind als ihre Nachbarstaaten, die nicht als nationale Staaten gegründet wurden.[180]

Wo der Staat nicht als nationaler Staat gegründet wird, geschieht das genaue Gegenteil: Die verschiedenen Nationen oder Stämme, die gewaltsam zusammengewürfelt wurden, verfügen über keine gemeinsame Sprache oder Religion und keine Geschichte der Zusammenarbeit gegen gemeinsame Feinde; sie können keine Bindungen der gegenseitigen Loyalität ausbilden und somit nicht zu einer Nation werden. Sie kämpfen so lange um die Macht, bis eine nationale oder stammesbasierte Gruppe letztendlich die Kontrolle über die Regierung an sich reißt. Doch weil die Bevölkerung entlang nationaler und stammesbasierter Linien innerlich geteilt bleibt, ändert diese Machtergreifung nichts an der grundlegenden Schwäche des Staates. Was ihn vor dem vollständigen Zusammenbruch bewahrt, sind die Bindungen der gegenseitigen Loyalität, die die nationale oder stammesbasierte Gruppe zusammenhalten, welche die Regierung übernommen hat, ebenso wie die eiserne Hand ihrer Herrschaft, die alle anderen in Furcht hält. Auf diese Weise kippen nicht-nationale Staaten ausnahmslos in despotische Regime und schließlich, wenn der Despotismus des Staates nicht länger gehalten werden kann, in die Auflösung. Nicht nur Syrien und der Irak, sondern auch Staaten wie die Sowjetunion, Jugoslawien, die Tschechoslowakei, der Libanon, der Jemen, der Sudan, Nigeria und der Kongo – allesamt multinationale Gebilde, die von sich behaupteten, eine Art von Neutralität gegenüber den diversen Nationen innerhalb ihres Herrschaftsbereiches zu wahren – entbrannten in Bürgerkriegen oder brachen einfach in sich zusammen.[181]

17. Ein Recht auf nationale Unabhängigkeit?

Ich habe die These aufgestellt, dass eine politische Ordnung der unabhängigen nationalen Staaten die beste sei. Meine Sichtweise gleicht der von Mill, der die Unabhängigkeit nationaler Staaten als erwiesen gut ansah und darauf drängte, solche Staaten überall dort einzurichten, wo es möglich ist.[182] Eine solche Position erfordert allerdings nicht, dass wir noch einen Schritt weiter gehen und ein universales Recht auf nationale Unabhängigkeit und Selbstbestimmtheit befürworten, das für alle Völker gelten soll, so wie es Woodrow Wilson vorgeschlagen hat.[183] Und tatsächlich sieht es ganz danach aus, dass es kein solches Recht geben kann. Ich werde nun erklären, warum das so ist und was es für die internationale Politik und die Weiterentwicklung der Ordnung nationaler Staaten bedeutet.[184]

Ein Großteil des politischen Diskurses befasst sich heutzutage mit der Beteuerung diverser naturgegebener und allgemeingültiger Rechte, die Individuen und Kollektiven angeblich zustehen sollen. In diesen Diskussionen findet oft eine allzu einfache Überleitung statt von der Würdigung, dass etwas gut sei, zu der Behauptung, dass alle Menschen oder Nationen ein „Recht" auf dieses Gute hätten. In der Realität kann nicht jedes Gute jedem Menschen oder jeder Nation gleichermaßen zuteilwerden: Wenn etwas Gutes für einen Einzelnen verfügbar ist, so verhindert das, dass er sich ein anderes zu eigen macht, oder er entzieht anderen Individuen ihre jeweiligen Güter, oder die heutige Verfügbarkeit des Guten führt zu einer wesentlichen Verschlechterung der zukünftigen Bedingungen und so weiter. Das bedeutet, dass die Frage, welche Güter verfügbar gemacht werden können, eine praktische Angelegenheit ist, die sich nicht ohne die Erprobung in real existierenden Gesellschaften einfach festlegen lässt. Echte Rechte, die Verpflichtungen gegenüber anderen bedürfen, um wirksam zu werden, lassen sich aus diesem Grund nicht berechnen, ohne die Zwänge der Bedingungen in der wirklichen Welt zu berücksichtigen. Wir können beispielsweise sagen, dass eine gute politische Führung eine solche sei, unter der die Individuen keinen Hunger leiden müssen und vor den Verheerungen des Krieges geschützt sind.

Anzuerkennen, dass dies Aspekte des politisch Guten sind, ist aber nicht das Gleiche wie anzuerkennen, dass ein Recht darauf besteht. Eine Verpflichtung dazu, jedes Auftreten von Hunger zu verhindern, ist potenziell möglich, aber nur in einer Gesellschaft, die über die wirtschaftlichen und logistischen Ressourcen verfügt, eine solche Anstrengung zu unternehmen. Genauso kann ein Recht darauf, nicht in den Krieg ziehen zu müssen, nur in einer Gesellschaft potenziell existieren, deren Streitkräfte stark genug und deren Nachbarn friedfertig genug sind, um eine derartige Garantie einhalten zu können. Und das Gleiche lässt sich über viele andere allgemeingültige Rechte sagen, die im Laufe der vergangenen zwei Jahrhunderte behauptet worden sind, ohne zu beachten, ob die Ressourcen zu ihrer Verfügbarmachung überhaupt existieren. Es ist schwierig zu verstehen, wie die bloße Benennung eines Guten, zu dessen Bereitstellung die Ressourcen fehlen, ein Recht nach sich ziehen soll, bei dem es sich um eine Verpflichtung handelt, die andere zu tragen haben.

Das trifft auch auf das vorgeschlagene universale Recht auf nationale Unabhängigkeit zu. Die beste uns bekannte politische Ordnung ist eine Ordnung der unabhängigen nationalen Staaten. Das soll aber nicht heißen, dass jede Nation ein Recht darauf hätte, unabhängig zu sein. Als Wilson behauptete, dass nationale Ansprüche berücksichtigt werden würden und dass kein Volk mehr gegen seinen Willen beherrscht werden müsse, empfahl er eine bestimmte Sichtweise darüber, was gut oder das Beste sei. Aber er beteuerte auch ein Recht der Völker darauf, nicht gegen ihren Willen beherrscht zu werden, und damit eine Verpflichtung für andere, dies zu garantieren. Diese Behauptung eines solchen Rechts und einer solchen Verpflichtung geht von einer Welt aus, in der es möglich ist, eindeutig zu bestimmen, was eine die Unabhängigkeit verdienende Nation ausmacht, und in der genügend Ressourcen vorhanden sind, um einen unabhängigen nationalen Staat sicherzustellen, wo immer der glaubwürdige Anspruch auf einen solchen erhoben wird. Aber die Welt der Nationen ist nicht so eindeutig. Ebenso wenig sind auch nur annähernd genug Ressourcen verfügbar, um ein solches universales Recht in jedem Fall eines glaubwürdigen Anspruches gewähren zu können.

Betrachten wir zuerst die Frage der Bestimmung, was eine Nation ausmacht. Es gibt heutzutage tausende staatenlose Völker.[185] Allein in Indien werden 1700 völlig verschiedene Sprachen gesprochen; in Afrika sind es weitere 1500, in Indonesien 700 und viele weitere mehr überall auf der ganzen Welt. Jede dieser Sprachen steht für eine eigene Nation oder einen eigenen Stamm mit einem ganz eigenen kulturellen Erbe, also – unter bestimmten Umständen – einen potenziellen Anwärter auf die Unabhängigkeit. Doch selbst die riesige Anzahl an Völkern, die ein Blick auf die Sprachkarten nahelegt, gibt uns keinen vollständigen Überblick über das Problem. Fakt ist, dass es unmöglich ist, eine Untergrenze dafür einzuführen, was berechtigt als Nation bezeichnet werden kann. Jede Nation lässt sich auf ihre Stämme reduzieren, und jeder Stamm auf seine Clans – jeder mit seinem eigenen Dialekt, seiner eigenen, einzigartigen religiösen und kulturellen Tradition und seiner eigenen Geschichte. Und jeder von ihnen wird – unter bestimmten Umständen – auch sein eigenes Recht auf Unabhängigkeit und Selbstbestimmtheit einfordern. Natürlich ist die Lage, in der jeder Stamm und Clan auf seine Unabhängigkeit pocht und für sich das Recht in Anspruch nimmt, sich selbst zu regieren, seine eigene Außenpolitik zu treiben und Krieg zu führen, exakt das, was wir als eine Ordnung der Stämme und Clans definieren.[186]

Definitionsgemäß beinhaltet eine Ordnung der nationalen Staaten – die als etwas anderes als eine stammesbasierte oder feudale Ordnung zu verstehen ist – die Anhäufung und den wechselseitigen Zusammenhalt vieler solcher Stämme und Clans, die ihr angebliches Recht darauf, sich selbst zu regieren, Außenpolitik zu treiben und Krieg zu führen, aufgegeben haben, um größere, unabhängige nationale Staaten zu bilden, deren Stämme intern im Frieden miteinander leben. Wenn man es in ein universales Recht auf Unabhängigkeit für jeden Stamm oder Clan umwandelt, der es für sich beansprucht, stellt das Prinzip der kollektiven Selbstbestimmtheit das genaue Gegenteil einer solchen Ordnung der nationalen Staaten dar: Es verheißt die Auflösung aller bestehenden nationalen Staaten zugunsten immer kleinerer nationaler, stammesmäßiger und clanbasierter Staaten, schwächt dadurch das Prinzip der nationalen Unabhängigkeit und macht es schlussendlich ganz zunichte, indem es uns zu einer anarchischen Ordnung der Stämme und Clans zurückführt. Mit anderen Worten: Wenn man versucht, allen nationale Unabhängigkeit zu gewähren, bekommt am Ende niemand nationale Unabhängigkeit. Wie ein törichter König, der entdeckt, dass er seine Schulden abbezahlen kann, indem er unaufhörlich neues Geld prägen lässt, fanden Staatsmänner des letzten Jahrhunderts heraus, dass sie gute Stimmung ernten konnten, wenn sie unaufhörlich unabhängige Staaten schufen. Doch ebenso wie Geld verliert Unabhängigkeit schnell an Wert, wenn sie in zu großer Menge im Umlauf ist, und wird sehr bald als bedeutungslos empfunden.

Zusätzlich zu dieser Tendenz des Prinzips der kollektiven Selbstbestimmung, bestehende Staaten zu zerreiben, besteht auch noch das Problem der begrenzten Ressourcen. Um seine Unabhängigkeit zu wahren, muss ein nationaler Staat nicht nur über inneren Zusammenhalt verfügen, sondern auch über militärische und wirtschaftliche Stärke sowie ein verteidigungsfähiges Staatsgebiet, damit er nicht bei der erstbesten Gelegenheit von feindlichen ausländischen Mächten annektiert oder von kriminellen oder terroristischen Organisationen überrannt wird. Wo diese Voraussetzungen fehlen, wird es keinen unabhängigen nationalen Staat geben. Eine Nation oder ein Stamm kann ohne diese Dinge nur durch ein Bündnis mit einem mächtigen Nachbarn darauf hoffen, in Frieden leben zu können, das heißt: als ein Protektorat. Das wird vielleicht nicht jedem gefallen. Aber das Dasein als Bundesstaat oder Protektorat mit einem gewissen Maß an delegierter Autorität stellt für die meisten Völker der Erde den höchsten erreichbaren Grad kollektiver Selbstbestimmtheit dar.

In diesem Zusammenhang ist es hilfreich, über das Recht auf nationale Selbstbestimmtheit nachzudenken, das die Konföderierten Staaten von Amerika („die Südstaaten") während des Bürgerkrieges für sich in Anspruch nahmen. Wer glaubt, dass die Amerikaner ein universales Recht aller Völker auf Unabhängigkeit geltend gemacht hätten, als sie sich 1776 von Großbritannien abspalteten, der wird in große Verlegenheit kommen, zu erklären, warum die Konföderation 1861 nicht das gleiche Recht hatte. Die Südstaaten lassen sich gewiss am einfachsten als Stämme einer amerikanischen Nation beschreiben, mit einer ganz eigenen gemeinschaftlichen Kultur, aber ohne gesonderte Sprache oder Religion. Doch das hätte man größtenteils auch über die amerikanischen Engländer sagen können, die sich gegen die britische Herrschaft auflehnten. Was die amerikanische Unabhängigkeit als ein berechtigtes Streben erscheinen lässt, sind nicht so sehr die verhältnismäßig milden Formen der Ausbeutung, die die Amerikaner vonseiten der britischen Regierung zu erleiden hatten, als vielmehr die topografische Tatsache, dass zwischen den beiden ein Ozean lag. Die Südstaaten lagen nicht auf der anderen Seite eines Ozeans, und Lincoln sah korrekt voraus, dass die Entstehung einer unabhängigen Sklavenhalternation im Süden dazu geführt hätte, dass den Vereinigten Staaten aus dieser Richtung für Jahrhunderte feindliche Konkurrenz erwachsen wäre. Er musste sich nur den biblischen Bericht über die Bruderkriege zwischen den Königreichen von Israel und Juda, die schlussendlich beide schwächten und ihrer Zerstörung den Boden bereiteten, vor Augen führen, um die Zukunft vor sich sehen zu können. Und diese Zukunftsaussicht – im Verbund mit dem Übel, die Sklaverei in Amerika weiter fortbestehen zu lassen – rechtfertigte es tatsächlich, der Konföderation die nationale Selbstbestimmtheit zu verweigern. Die Gründe dafür, weshalb die Frage der amerikanischen Unabhängigkeit von jener der konföderierten Unabhängigkeit zu unterscheiden ist, liegen daher nicht in der Art und Weise, wie wir eine „Nation" definieren oder ein vorgeschlagenes universales Recht auf nationale Selbstbestimmtheit ausformulieren. Die beiden Fragen unterscheiden sich allein auf Grundlage des Verhältnisses von Moral- und Vernunfterwägungen zueinander bei der Frage, ob in einem konkreten Fall die Unabhängigkeit unterstützt oder abgelehnt werden sollte.

Das Gleiche gilt für alle anderen Fälle. Nach dem Ersten Weltkrieg stellte die Politik von Saint-Germain und Trianon, Österreich-Ungarn in eine Anzahl von nationalen Staaten zu zerlegen, im Anschluss an den Zusammenbruch Russlands eine offene Einladung an Deutschland dar, sich nach Süden und Osten hin auszudehnen. Wilson selbst war so hellsichtig, Deutschland des Strebens nach einer „Vormachtstellung" unter den Völkern der Welt zu verdächtigen, und doch zielten die Nachkriegsvereinbarungen nicht darauf ab, sicherzustellen, dass es dazu nicht kommen konnte, sondern auf die Durchsetzung des Selbstbestimmungsrechtes für alle Völker, ob nun stark oder schwach. Diese Politik stärkte die deutsche Stellung gegenüber seinen östlichen Nachbarn dramatisch und bereitete den Boden dafür, dass all diese Länder 20 Jahre später eines nach dem anderen von Hitler verwüstet werden konnten.[187] In gleicher Weise half Eisenhowers Unterstützung des arabischen Nationalismus und der arabischen Selbstbestimmtheit im Nahen Osten bei der Zerschlagung der Reste des Britischen Empire und zerstörte so einen der treuesten und zuverlässigsten Verbündeten Amerikas im Kampf gegen den Sowjetkommunismus. Gleichzeitig führte diese Unterstützung der arabischen nationalen Selbstbestimmtheit in Ägypten zur aggressiven Diktatur des Gamal Abdel Nasser – der den Amerikanern ihre Gefälligkeiten damit vergalt, dass er Ägypten in die Umlaufbahn des

Sowjetimperiums führte.[188] Diese Beispiele sollen keine Argumente gegen die tschechische oder ägyptische Unabhängigkeit sein. Aber sie beleuchten die Weise, in der das Prinzip der nationalen Selbstbestimmtheit, wenn es ohne die Berücksichtigung anderer Faktoren angewandt wird, ebenso leicht zu seiner eigenen Aufhebung und der Unterdrückung von Völkern führen kann wie zu deren Freiheit.

Zwei zusätzliche Beispiele spiegeln wider, wie das Prinzip der nationalen Selbstbestimmtheit in den internationalen Beziehungen gegen Vernunfterwägungen ausbalanciert wird. Wie allgemein bekannt ist, stemmten sich viele britische und amerikanische Staatsmänner lange gegen die Gründung eines jüdischen Staates im Nahen Osten und beriefen sich dabei darauf, dass die Nachteile durch eine Zurückweisung der Interessen von Arabern und Muslimen schwerer wiegen würden als der moralische Anspruch der Juden auf nationale Selbstbestimmtheit. Dieses Verhältnis der Erwägungen verschob sich jedoch in den Augen vieler, nachdem der Holocaust mit größtmöglicher Deutlichkeit gezeigt hatte, dass die jüdische Selbstbestimmtheit moralisch gerechtfertigt war, und nach den militärischen Erfolgen der Juden auf dem Schlachtfeld, die nahelegten, dass sie mit ausländischer Unterstützung tatsächlich in der Lage sein könnten, einen überlebensfähigen Staat zu errichten. Auch im Fall der Kurden lehnen manche die nationale Unabhängigkeit ab, weil sie besorgt sind, die Türkei vor den Kopf zu stoßen, und das trotz deren langer Geschichte von Mord und Unterdrückung gegen die Kurden. Auch hier haben die siegreichen Schlachten der Kurden und ihre erwiesene Fähigkeit, zum amerikanischen Krieg gegen radikalislamische Gruppen beizutragen, die Argumente für einen kurdischen Staat gestärkt, die für die meisten Regierungen kaum überzeugend gewesen waren, solange sie nur auf dem Moralargument für die nationale Selbstbestimmtheit der Kurden beruhten.

Es liegt also auf der Hand, dass es kein universales Recht auf nationale Unabhängigkeit und Selbstbestimmtheit gibt. Ob ein Volk in seinem Streben nach Unabhängigkeit unterstützt werden sollte, ist eine Entscheidung, bei der man eine Reihe von Faktoren berücksichtigen muss, einschließlich der Bedürfnisse des betreffenden Volkes, seines inneren Zusammenhaltes, seiner aufwendbaren militärischen und wirtschaftlichen Ressourcen, seiner Befähigung, nach einer Konstituierung als unabhängiger nationaler oder stammesbasierter Staat zu den Interessen und dem Wohlergehen anderer Nationen beizutragen, und der Bedrohung, die dieses Volk nach der Erlangung seiner Unabhängigkeit für andere darstellen könnte. Eine solche Abwägung von Überlegungen legt eine Theorie der Außenpolitik nahe, die sich gänzlich vom „Idealismus" Wilsons unterscheidet, wonach die dringlichste Sorge der Weltordnung darin liege, einen allgemeingültigen rechtlichen Rahmen zur Lenkung politischer Angelegenheiten im Einklang mit den universalen Rechten der Nationen zu schaffen und durchzusetzen. Solange es keinen imperialen Staat gibt, der in der Lage ist, Nationen Rechte zu verleihen, und über die notwendige militärische Macht verfügt, diese Rechte durchzusetzen, ist dieses ganze Gerede von universalen Rechten der Nationen bedeutungslos; es neigt dazu, das Urteilsvermögen der Staatsmänner zu vernebeln, wenn es darum geht, was erreicht werden kann – und vor allem, ob richtig ist, was sie zu erreichen versuchen.

Dass rein legalistisches Denken in den internationalen Beziehungen unzweckmäßig ist, bedeutet jedoch nicht, dass wir eine Politik der Nationen einzig auf Grundlage von Berechnungen über den nationalen Eigennutz anstreben sollten, wie sie zeitweilig von der Schule der Staatsräson (den sogenannten Realisten) vorgeschlagen wurde. Nicht nur, weil es uns abstoßend erscheint, moralische Bedenken vollkommen auszuklammern – dann würde jeder Mörder auf dem Weg an die Macht umso mehr unsere Unterstützung verdienen, je weiter der Leichenberg anwächst. Auch ist es so, dass das Prinzip des nationalen Eigennutzes, wenn es zum einzigen Maßstab der Außenpolitik erhoben wird, nicht in allen Fällen eindeutige Entscheidungen darüber ermöglicht, was die für den Staat beste Politik ist. Sicher, es gibt Umstände, unter welchen offensichtlich ist, welchen Kurs das Bedürfnis einer Nation vorgibt, sich mit den stärksten Parteien zusammenzuschließen, die ein Gegengewicht zu ihren Feinden bilden können. Doch in vielen Fällen kann ein Staatsmann schlicht nicht wissen, welche von zwei oder mehr potenziellen Entscheidungen zu diesem Ergebnis führen wird. Das kann an Unklarheiten darüber liegen, welche Partei die stärkste ist oder ob der stärksten Partei zuzutrauen ist, ihren Teil eines Paktes einzuhalten, oder ob die verschiedenen Probleme, die sich aus einer weiteren Stärkung dieser Partei ergeben, nicht am Ende schwerer wiegen als die Vorteile für die eigene Nation oder andere Verbündete. Außerdem könnten Staatsmänner vielleicht auch in schwächere Parteien investieren, mit deren allmählichem Machtzuwachs sie rechnen oder durch deren Unterstützung sie den Anschein einer gerechten Politik erwecken wollen, der sich in der Innenpolitik oder anderen Bereichen als vorteilhaft erweisen kann. Diese und ähnliche Faktoren bedingen es, dass Berechnungen über den nationalen Eigennutz im Hinblick auf politische Maßnahmen meist zu mehrdeutigen Ergebnissen führen. Diese naturgemäße Unklarheit in den politischen Beziehungen eröffnet einen nicht unerheblichen Spielraum für moralische Bedenken, um den Ausschlag der Entscheidungsfindung in die eine oder die andere Richtung zu kippen, ohne dabei in irgendeiner Weise die Verantwortung des Staatsmannes, sich für die Interessen der Nation einzusetzen, zu berühren.

Aus diesem Grund kann politischen Denkern, denen die Bedeutungslosigkeit des weltpolitischen Idealismus à la Wilson bewusst ist, nichtsdestoweniger am Aufbau einer Ordnung der unabhängigen nationalen Staaten gelegen sein. Ein Staatsmann, der diese als die beste Form der politischen Ordnung anerkennt, wird nicht im Anschluss wie ein Napoleon losziehen, um das Bestehende umzustürzen, damit er der ganzen Welt diese Idealvorstellung aufzwingen kann. Ebenso wenig wird er ihr die Fähigkeit einräumen, in jedem einzelnen Fall die angemessene Politik zu bestimmen. Dennoch wird die Ordnung der unabhängigen nationalen Staaten für ihn fortan eine Vorstellung vom Guten sein, die er genau im Blick behält sowie seine Überlegungen und Entscheidungen in ausgewogener und maßvoller Weise daran ausrichtet, ohne in dogmatischen Unsinn abzugleiten. Das bedeutet, dass er keine Ressourcen aufwenden wird, um auf die Unabhängigkeit eines bestimmten Volkes hinzuwirken, wenn diese nicht im Laufe seiner Generation im Bereich des Möglichen liegt. Und wo die Anwendung des Prinzips der nationalen Selbstbestimmtheit seiner eigenen Nation Nachteile bringen, einem Verbündeten massiv schaden oder aber ein instabiles, feindseliges oder böswilliges Regime installieren würde, wird er sich dagegenstellen. Gleichzeitig wird er die Freiheit der Nationen als ein Gut ansehen, das es zu berücksichtigen gilt, und wird in seltenen Fällen auch mit Nachdruck auf die Gründung eines neuen nationalen Staates oder die Auflösung eines gescheiterten nicht-nationalen Staates hinwirken. Und er wird seine Freude daran haben, diese Gelegenheit zu nutzen, seinen Einfluss in die Waagschale zu werfen zugunsten einer Nation, deren erwiesene Bedürfnisse und Fähigkeiten die Erwartung zulassen, dass ihre Unabhängigkeit ein Segen für sie selbst und andere sein wird.

Die Ordnung der unabhängigen nationalen Staaten ist keine Blaupause für eine neue Welt, die sich innerhalb von ein paar Generationen des rechtschaffenen Aktivismus auf den rauchenden Trümmern der alten errichten ließe. Sie ist vielmehr ein Fernziel, ein Leitstern oder Kompass, um der außenpolitischen Praxis eine grobe Richtung und Bestimmung zu verleihen. Der einzelne Staatsmann, dem berechtigterweise in erster Linie an den Interessen und Ansprüchen seiner eigenen Nation gelegen ist, kann vielleicht nur begrenzt zum langsamen, großen Voranskommen dieser Ordnung beitragen, die sich über Jahrhunderte hinweg erhebt.

18. Einige Prinzipien der Ordnung der nationalen Staaten

Die Ordnung der unabhängigen nationalen Staaten beruht auf der Einhaltung gewisser praktischer Prinzipien. Sobald die Ordnung der nationalen Staaten als die beste politische Ordnung anerkannt worden ist, gelten diese jedoch nicht länger nur als praktische Prinzipien, sondern werden als natürliche Verpflichtungen oder Naturrecht der Nationen angesehen. Was heutzutage oft fälschlicherweise als „Völkerrecht“ bezeichnet wird, hat seinen Ursprung tatsächlich genau darin, dass die praktischen Regeln für die Einhaltung der Ordnung der nationalen Staaten mittlerweile als natürliche Tugendhaftigkeit angesehen werden, wie seit dem 17. Jahrhundert viele Autoren argumentiert haben.[189] Es wird nützlich sein, hier einige dieser Prinzipien aufzuzählen.

Vor allem anderen ist die Ordnung der nationalen Staaten eine Ordnung, die *politische Unabhängigkeit für Nationen gewährt, die über genug Zusammenhalt und Stärke verfügen, um diese zu schützen*. Das heißt: Wenn eine Nation mit der Zeit ausreichende militärische und wirtschaftliche Stärke aufbieten kann, um zu verhindern, dass sie von fremden Mächten erobert wird, so werden andere nationale Staaten sie innerhalb der Ordnung der nationalen Staaten als eine unabhängige Nation anerkennen. Wenn die einzelnen Stämme der Nation nicht einig genug sind, um den inneren Zerfall und ständige Gewalt zu verhindern, oder sie nicht genug militärische und wirtschaftliche Stärke aufbringen, um sich gegen fremde Mächte zu verteidigen, so können sie innerhalb der Ordnung der nationalen Staaten im Umkehrschluss nicht als eine unabhängige Nation bezeichnet werden.

Oft wird behauptet, dass innerhalb einer Ordnung der nationalen Staaten eine Nation, die über genug Zusammenhalt und Stärke verfügt, um ihre politische Unabhängigkeit zu schützen, innerhalb ihrer Grenzen ein „Souveränitätsrecht“ habe. Beide Teile dieser Wortkomposition sind aufgrund ihres Zusammenhanges mit den politischen Theorien des Rationalismus und des Absolutismus heute problematisch.[190] Tatsächlich werden hier zwei verschiedene Prinzipien angesprochen, das zweite und das dritte Prinzip der Ordnung der nationalen Staaten:

Das zweite Prinzip gebietet die *Nichteinmischung in die inneren Angelegenheiten anderer nationaler Staaten.* Dadurch wird es – in einem freien Staat – einer Nation ermöglicht, ihre Interessen und Ansprüche nach ihrem eigenen Gutdünken zu verfolgen. Ohne dieses Prinzip würden sich mächtige Nationen der Angelegenheiten kleinerer Nationen bemächtigen, und die Ordnung der nationalen Staaten würde zu einer imperialen Ordnung verkommen.

Das dritte Prinzip ist das des *Regierungsmonopols auf organisierten Zwang innerhalb des Staates.* Diesem Prinzip zufolge hat die Regierung eines jeden nationalen Staates das Recht und die Pflicht dazu, die einzige organisierte Zwangsgewalt innerhalb des Staatsgebietes zu unterhalten und einzusetzen. Ohne dieses Prinzip würden die diversen Stämme und Clans anstelle der Einigkeit des nationalen Staates jeweils ihren eigenen Willen und ihr eigenes Recht durchsetzen, und die Ordnung der nationalen Staaten würde zu einer anarchischen Ordnung verkommen.

Diese beiden Prinzipien sind grundlegend für die Ordnung der nationalen Staaten, und diese kann nicht bestehen, solange sie nicht weitgehend eingehalten werden. Es wäre nichtsdestoweniger ein Fehler, davon auszugehen, dass sie uneingeschränkte Rechte verleihen würden, die sich auf jeden Fall anwenden ließen. Das Prinzip der Nichteinmischung etwa wird als ein antiimperialistischer Grundsatz aufgefasst. Allzu beharrlich auf dieses Prinzip zu pochen, kann jedoch leicht zur Zerstörung nationaler Staaten und der Heraufkunft einer imperialen Ordnung führen. Wir wissen beispielsweise, welche Schrecken hinter den Mauern gewisser unabhängiger Staaten ausgebrütet wurden: dem Frankreich Napoleons, dem Deutschland Hitlers, dem Russland Stalins und so fort. Die Verbrechen, die diese Männer an ihren eigenen Völkern verübten, waren nur ein Vorspiel zu ihren Versuchen, alle umliegenden nationalen Staaten zu zerstören und deren Bevölkerungen in ein universales Imperium einzugliedern. Im Angesicht solcher aggressiven imperialistischen Akteure haben nationale Staaten keine andere Wahl, als einzuschreiten, ob nun politisch oder militärisch, um ihren Aufstieg zu verlangsamen oder aufzuhalten. Das Recht auf ein solches Einschreiten leitet sich aus dem Wesen der Ordnung der unabhängigen nationalen Staaten selbst ab, denn ohne wachsames Vorgehen zu Erhaltung dieser Ordnung werden die fraglichen Staaten einer nach dem anderen fallen und die Freiheit der Nationen aus der Welt verschwinden.

Eine ähnliche Einschränkung ergibt sich im Hinblick auf das Regierungsmonopol auf organisierten Zwang innerhalb des Staates. Kraft der Exklusivität der Befugnisse, die er für sich beansprucht, spricht der nationale Staat den Stämmen und Clans innerhalb seiner Grenzen die Fähigkeit ab, sich zu bewaffnen und Krieg zu führen, und das heißt: Er schränkt ihre Fähigkeit ein, ihre eigenen Angehörigen zu verteidigen und ihre eigene kollektive Selbstbestimmtheit durchzusetzen.[191] Indem er das tut, nimmt der nationale Staat gleichzeitig die Verantwortung auf sich, alle Stämme und Clans innerhalb seiner Grenzen zu schützen. Diese Verpflichtung leitet sich ebenfalls aus dem Wesen der Ordnung der nationalen Staaten ab – und aus den Anforderungen an eine nationale Regierung innerhalb einer solchen Ordnung.

Um das zu verstehen, betrachten Sie es folgendermaßen: Wir wissen, dass ein Stamm oder Clan, der vom Staat nicht geschützt wird, den Schutz seiner Angehörigen selbst in die Hand nehmen wird. Ein nationaler Staat, der darin versagt, alle Stämme und Clans auf seinem Territorium zu schützen, beschwört also die ziemlich schnelle Wiederauferstehung einer anarchischen Ordnung der Stämme und Clans innerhalb seiner Grenzen herauf. Das beginnt in den Bezirken und Städten, in denen diese ungeschützten Stämme am stärksten vertreten sind, und breitet sich dann aus, bis die Existenz des Staates selbst bedroht ist. Anarchische Bedingungen stellen auch eine günstige Umgebung für das organisierte Verbrechen dar, bei dem es oft um Schutz im Gegenzug für Gewinn geht; sie bieten eine kaum weniger günstige Umgebung für imperialistische Gegner des nationalen Staates, etwa marxistische und islamistische Terrororganisationen, denen die Anarchie den idealen Boden zur Rekrutierung von Gefolgsleuten bereitet. Angesichts derartiger Bedrohungen werden Stämme und Clans, die sich noch nicht der Einschüchterung durch Kriminelle oder Terroristen gebeugt haben, oft Schutz bei nationalen oder imperialen Staaten im Ausland suchen. Auf diese Weise dienen anarchische Bedingungen innerhalb so gut wie jedes beliebigen Staates dazu, in anderen Staaten imperiales Denken und Streben anzufachen. So führten die anarchischen Bedingungen nach dem Zerfall Jugoslawiens zu einer amerikanischen Intervention, die schlussendlich in der

Bombardierung serbischer Städte und der dauerhaften Stationierung ausländischer Truppen in Bosnien und dem Kosovo gipfelte – eine anarchische Ordnung, die eine imperialistische Reaktion erzeugte. In ähnlicher Weise haben anarchische Bedingungen in Syrien und im Irak die imperialistischen Ambitionen Amerikas, Russlands, der Türkei und des Iran angeheizt.

Innerhalb einer imperialen Ordnung betrachtet jeder einzelne imperiale Staat sich selbst als dazu berechtigt, allen Nationen ein Gesetz zu diktieren und dieses Gesetz nach seinem eigenen Gutdünken durchzusetzen. Die Geltung der Ordnung der nationalen Staaten entspringt aus der Tatsache, dass keine Nation und kein Zusammenschluss von Nationen als berechtigt angesehen wird, die Gesetze für alle anderen festzulegen. Die Fähigkeit der Nation, ihr je eigenes, einzigartiges Verfassungswerk und ihre religiösen Traditionen zu erhalten und zu pflegen, bildet den Kern der nationalen Freiheit, und genau dies wird durch die Ordnung der nationalen Staaten ermöglicht. Doch diese Freiheit der Nationen ist schwierig zu bewahren, selbst nachdem sie errungen wurde. Die politische Ordnung ist nicht festgeschrieben, und so kann die Freiheit nur relative Stabilität haben. Nationen gehen auf und wieder unter. Ihre Bevölkerungszahlen steigen und fallen im Verhältnis zueinander, und das Gleiche gilt für ihre militärische und wirtschaftliche Macht ebenso wie für den Grad ihres inneren Zusammenhaltes. Diese Umstände bedeuten, dass jeder nationale Staat ununterbrochen Gefahr läuft, seine Freiheit an eine andere Nation oder einen Zusammenschluss von Nationen zu verlieren. Die Bedrohung nimmt stets die gleiche Form an: Eine beliebige Nation, die im Verhältnis zu anderen wesentlich stärker geworden ist, beginnt zu glauben, dass dieser Machtzuwachs auf die Überlegenheit ihrer Religion oder Verfassung über alle anderen zurückzuführen sei, und hält sich deshalb selbst für berechtigt, ihre Herrschaft über alle anderen Nationen auszudehnen. Unnötig zu erwähnen, dass diese imperialistische Nation das Imperium nicht bloß als ihr Recht ansieht. Sie hält die Überlegenheit ihrer Religion oder Verfassung auch für einen Grund an sich, weshalb alle Nationen davon profitieren würden, erobert zu werden und sich ihre Gesetze diktieren lassen zu müssen.

Das Vorhandensein dieser unablässigen Bedrohung legt das vierte Prinzip nahe, nämlich den *Unterhalt mehrerer Machtzentren*. Dabei handelt es sich mit anderen Worten um die bekannte Doktrin, wonach die jeweiligen nationalen Staaten nach der Erhaltung eines „Kräftegleichgewichtes" untereinander streben, um eine beliebige einzelne Nation oder eine feste Allianz von Nationen daran zu hindern, so stark zu werden, dass sie ihre Verfassung oder Religion den anderen vorschreiben und aufzwingen kann. Oft wird behauptet, dieser Imperativ des Unterhaltes mehrerer Machtzentren innerhalb des Systems der Nationalstaaten sei eine Einrichtung zur Bewahrung der Stabilität oder gar des Friedens. Diese Erklärung ist jedoch schon immer zweifelhaft gewesen, kann doch eine imperiale Ordnung, innerhalb welcher jede Abweichung unterdrückt wird, im Vergleich zu einer Ordnung der unabhängigen nationalen Staaten ebenso gut oder noch besser für Stabilität und Frieden sorgen. Der Zweck dieses Prinzips ist vielmehr die Sicherstellung der Freiheit der Nationen. Denn keine Nation kann lange ihre politische Freiheit bewahren innerhalb einer Ordnung, die von einem einzigen imperialen Staat dominiert wird, der seine eigene Verfassung oder Religion als überlegen betrachtet und zwangsläufig in die Angelegenheiten anderer Nationen eingreifen wird, um alles auszuradieren, was ihm unangenehm oder unerträglich ist. Es geschah also um ihrer nationalen Freiheit willen, dass die Nationen Europas Bündnisse schlossen, die die imperialen Ansprüche zuerst der Deutschen, dann der Franzosen und schließlich, unter dem Kommunismus, der Russen im Zaum zu halten vermochten.

Ich schrieb, dass die nationalen Bevölkerungszahlen im Verhältnis zueinander steigen und fallen. Das trifft rein zahlenmäßig zu, im Hinblick auf ihre militärische und wirtschaftliche Macht und auch im Hinblick auf ihren inneren Zusammenhalt. Diese Veränderungen, die letzten Endes zu Verschiebungen in den Beziehungen zwischen jeder Nation und ihren Nachbarn führen, implizieren, dass nationale Grenzen nicht für alle Zeit festgeschrieben sein können.[192] Eine Neuziehung überholter Staatsgrenzen, um den realen nationalen oder stammesmäßigen Grenzen zu entsprechen, muss ein mögliches Instrument der Diplomatie sein, wenn nationale Staaten ihren inneren Zusammenhalt und ihre Fähigkeit zur Selbstverteidigung nach außen hin bewahren sollen, die beide unentbehrlich für den Erhalt des Systems der nationalen Staaten insgesamt sind. Im Extremfall müssen auch die Gründung neuer nationaler Staaten und die Auflösung gescheiterter nicht nationaler Staaten vorgenommen werden, wenngleich diese Maßnahmen allgemein auf Fälle höchster Not beschränkt werden sollten, so wie den Zerfall Syriens, des Irak, Bosniens oder des Kongo, wo die Ziehung neuer nationaler Grenzen eine echte Aussicht auf einen gewissen Grad an nationaler Freiheit und Frieden bietet.

Eine solche Gründung neuer nationaler Staaten und Neuziehung von Grenzen muss jedoch vom fünften Prinzip der Ordnung der nationalen Staaten geleitet sein, der *Sparsamkeit bei der Gründung unabhängiger Staaten*. Eine Politik der Sparsamkeit sollte von einer solchen unterschieden werden, die existierende Staaten nach und nach in immer kleinere unabhängige Körperschaften aufteilt, sodass die Anzahl unabhängiger Staaten immer weiter ansteigt und niemals sinkt. Eine solche unsinnige Politik zeigt sich in der Einrichtung des Kosovo als zweitem albanischen Staat unter internationalem Schutz. Eine Politik der Sparsamkeit hätte eine Lösung zugelassen, die das Kosovo entweder an Albanien angegliedert oder als einen historischen und integralen Teil bei Serbien belassen hätte. In solchen Fällen muss der Staatsmann mindestens ebenso sehr die Angliederung von Territorien an bestehende nationale Staaten in Erwägung ziehen, wodurch deren Überlebensfähigkeit gestärkt wird, wie die Zerlegung und Aufspaltung bestehender nationaler Staaten. In diesem Zusammenhang ist es wichtig, sich klarzumachen, dass die „Wiedervereinigung" Deutschlands 1990 in Wahrheit eine Angliederung Ostdeutschlands an Westdeutschland war, eine Neuziehung von Grenzen, um die umfassendere nationale Selbstbestimmtheit der deutschen Nation zu ermöglichen. Was im Falle Deutschlands als wünschenswert erachtet wurde, kann und sollte auch in anderen Regionen eine Möglichkeit darstellen.

Dieses Prinzip der Sparsamkeit ist auch von Bedeutung, wenn die Gründung eines neuen Staates die Überlebensfähigkeit eines bestehenden nationalen Staates oder mehrerer gefährden würde. Da es im ersten Prinzip der Ordnung der nationalen Staaten um die Überlebensfähigkeit unabhängiger Nationen geht, ist nichts damit gewonnen, einen nationalen Staat in Gefahr zu bringen, indem man innerhalb seiner Grenzen einen neuen Staat gründet, der ihn viel schwieriger zu unterhalten macht, ob nun militärisch, wirtschaftlich oder als geschlossene kulturelle Einheit.[193]

Innerhalb einer Ordnung der nationalen Staaten stellt das Problem der ungeschützten Minderheitenbevölkerungen einen Aspekt des Problems der Anarchie dar. Jede Minderheitsnation oder -stammesgruppe hat Interessen und Ansprüche, die mindestens leicht anders gelagert sind als jene der Mehrheitsnation oder -stammesgruppe innerhalb des Staates, oft sogar gänzlich anders. Wo aber eine solche Minderheitsnation oder -stammesgruppe nicht den Schutz des nationalen Staates genießt oder Verfolgungen durch ihn ausgesetzt ist, wird sie unweigerlich zu einem Nährboden für politische Unzufriedenheit, für die Schwächung der Loyalitätsbindungen dem Staat gegenüber, und somit für die Entstehung einer Sphäre der Anarchie innerhalb des Staates. Der *Minderheitenschutz durch die nationale Regierung* stellt folglich ein notwendiges sechstes Prinzip einer Ordnung der nationalen Staaten dar. Obwohl dieses Prinzip auch in anderen Bereichen moralische Wirkung entfaltet, betrachte ich es hier als eine Verpflichtung, die aus dem Wesen des Systems der nationalen Staaten selbst entspringt. Es ist ein Prinzip, ohne das die Ordnung der nationalen Staaten nicht fortbestehen kann, denn wo auch immer die daraus erwachsenden Verpflichtungen nicht beachtet werden, sind Anarchie und Imperium die Folge. Das ist so, trotz der Tatsache, dass dieses Prinzip die kollektive Selbstbestimmtheit der Mehrheitsnation oder -stammesgruppe in jedem Staat ganz klar einschränkt.

Der Schutz von und die Kulanz gegenüber Minderheitennationen und -stammesgruppen können sich nicht in jedem nationalen Staat in der gleichen Weise manifestieren. Es gibt nationale und stammesbasierte Minderheiten, deren politische Unzufriedenheit zu einem wesentlichen Teil die Folge von Übergriffen und Vernachlässigung ist; in diesen Fällen trägt der nationale Staat selbst die Schuld daran, eine Sphäre der Anarchie innerhalb seiner Grenzen geschaffen und dadurch die Ordnung der nationalen Staaten insgesamt untergraben zu haben. Gleichzeitig gibt es auch nationale und stammesbasierte Minderheiten, deren politische Unzufriedenheit von anderen nationalen Staaten oder imperialen Mächten aggressiv angefacht wird, indem diese aus eigenen Interessen heraus Angst und Zorn schüren. Und natürlich mag auch beides gleichermaßen der Fall sein. In einigen Fällen muss dem Problem der politischen Unzufriedenheit deshalb durch größere Beachtung der Bedürfnisse des fraglichen Volkes begegnet werden, wozu auch ein höheres Maß an politischer oder religiöser Autonomie zählen mag, als bislang für vertretbar erachtet wurde; in anderen Fällen hingegen hat der nationale Staat keine andere Wahl als ein strengeres Vorgehen, um die Ansprüche imperialistischer und anarchischer Elemente gewaltsam zu unterbinden. Und es kann auch sein, dass beide Herangehensweisen zeitgleich erforderlich sind.

Zuletzt möchte ich noch ein siebtes Prinzip hinzufügen, und zwar die *Nichtübertragung von Regierungskompetenzen an universale Institutionen*. Diese Angelegenheit ist im Laufe des vergangenen Jahrhunderts besonders dringend geworden, weil sich Staatsmänner wiederholt an der Gründung internationaler Organisationen versucht haben, welche die nationalen Staaten im Namen des universalen Friedens und Wohlstandes um deren unabhängige Urteilsfähigkeit und Handlungsfähigkeit erleichtern sollten und sollen. Wie ich bereits feststellte, handelt es sich bei internationalen Institutionen, die in der Lage sind, ihre Mitgliedstaaten zu etwas zu zwingen, um nichts anderes als die Institutionen einer imperialen politischen Ordnung. Und man kann diesen Institutionen nicht Autorität übertragen, ohne dass die Ordnung der nationalen Staaten zu einer imperialen Ordnung verkommt.

Es lässt sich fragen, ob dieses Prinzip nicht der Idealvorstellung von nationaler Unabhängigkeit und Selbstbestimmtheit widerspricht. Denn wenn eine beliebige Nation so unzufrieden mit ihrer politischen Unabhängigkeit ist, dass sie sich innerhalb eines imperialen oder universalen Staates beherrschen lassen möchte – dass sie es also vorzieht, von anderen beherrscht zu werden –, dann sollte doch die Aufgabe ihrer nationalen Freiheit ihr gutes Recht sein, ihr letzter großer Akt der nationalen Selbstbestimmung.

Ich erachte diese Sache für etwas komplizierter. Wenn beispielsweise die Niederländer den Wunsch hätten, ein Bundesland oder ein Protektorat Deutschlands zu werden, weil sie dies für den besten ihnen offenstehenden Weg halten, dann hätten wir vermutlich keine andere Wahl, als diesen Entschluss zu akzeptieren, so sehr wir auch das Verschwinden eines nationalen Staates mit einem solch prächtigen nationalen Erbe aus der Welt bedauern mögen. Ein solcher Schritt ließe sich mit dem Prinzip der Sparsamkeit rechtfertigen und könnte – in der Theorie – als Anpassung der Grenzen eines deutschen nationalen Staates behandelt werden.[194] Doch es ist eine gänzlich andere Sache, die Hoheitsrechte des Staates an eine von Deutschland dominierte Europäische Union zu übertragen, bei der es sich praktisch um einen universalen Staat handelt, der über keine natürlichen Grenzen verfügt und im Namen universaler Lehren herrscht, deren Geltungsanspruch allein durch die Macht, die dieses Imperium zur

Geltung bringen kann, begrenzt wird. Wenn ein nationaler Staat Regierungskompetenzen an einen solchen imperialen Staat überträgt, dann gibt er nicht nur seine eigene nationale Freiheit auf, wie es im Falle der Niederlande wäre, wenn diese ein Staat innerhalb eines föderalen Deutschland würden. Er trägt auch – durch die Übertragung von Macht an einen unbegrenzten internationalen Staat und die imperiale Ordnung, die die Führung dieses Staates zu errichten sucht – unmittelbar zur Zerstörung der Ordnung der nationalen Staaten bei. Eine solche imperiale Ordnung kann und wird die Existenz unabhängiger nationaler Staaten nicht dulden. Wenn sie stärker wird, wird sie daran arbeiten, alle übrig gebliebenen nationalen Staaten zu delegitimieren und zu unterminieren, indem sie diese als Überbleibsel eines unzivilisierten und primitiven Zeitalters darstellt. Soweit der imperiale Staat dazu in der Lage ist, die erforderlichen Kräfte aufzubieten, wird er danach streben, Druck auf die übrigen nationalen Staaten auszuüben und diese letztendlich in einen Stand der Knechtschaft zu zwingen, während er gleichzeitig erklärt, dass diese Schritte um des Friedens und Wohlstandes der gesamten Menschheit willen unternommen würden. Das gilt nicht nur für die Europäische Union, sondern auch für alle anderen Pläne zur Errichtung einer internationalen Zwangsordnung – einschließlich der Versuche, den Weltsicherheitsrat der Vereinten Nationen mit der Befugnis zu für alle Nationen verbindlichen Entscheidungen in Fragen von Krieg und Frieden auszustatten, die Welthandelsorganisation als maßgebliche Behörde zur Regulierung nationaler Ökonomien als Bedingung für die Teilnahme der jeweiligen Nation am Welthandel einzurichten oder den UN Menschenrechtsrat und verschiedene europäische Gerichte als die höchsten moralischen Autoritäten in Fragen der Würde und des Wohlergehens einzelner Menschen überall auf der Welt zu etablieren.[195]

Wenn wir die Freiheiten schätzen, die wir unter einer Ordnung der unabhängigen nationalen Staaten genießen können, so haben wir keine andere Wahl, als auf der vollständigen Unabhängigkeit des nationalen Staates von internationalen Institutionen zu beharren, die danach streben, eine Zwangsherrschaft über die ihnen angehörigen Nationen auszuüben. Natürlich muss dem nationalen Staat an der Verbesserung der Lebensbedingungen in anderen Ländern gelegen sein, sowohl aus Eigennutz als auch aus moralischen Gründen. Doch der angemessene Weg, dies zu bewerkstelligen, sind bi- und multilaterale Verhandlungen unter unabhängigen nationalen Staaten, nicht die Errichtung internationaler Zwangsorgane. Wir sollten nicht zulassen, dass auch nur ein Hauch unserer Freiheit an fremde Einrichtungen – egal unter welchem Namen – oder an fremde Rechtssysteme, die nicht von unserer eigenen Nation bestimmt werden, übertragen wird. Was heute noch bloß wie ein kleines Zugeständnis aussieht, wird morgen unweigerlich zu einem großen. Und wenn eine Nation aus ihrem Schlaf erwacht und entdeckt, dass sie langsam und unaufhaltsam erobert worden ist, dann werden ihr keine Optionen mehr bleiben, außer sich in die ewige Knechtschaft zu fügen oder in den Krieg zu ziehen.

Es braucht viel Raffinesse und Hingabe vonseiten des Staatsmannes, um eine lebensfähige Ordnung der unabhängigen nationalen Staaten zu unterhalten und zu stärken. Darin gleicht die Institution des nationalen Staates anderen Institutionen, die für eine freie Selbstregierung notwendig sind, wie die Gewaltenteilung und die Bewahrung eines Systems der individuellen Eigentumsrechte. Derlei Institutionen können nur durch die allerhöchste Wachsamkeit und eine ständige Sorge um ihre Bewahrung und ihre Verbesserung aufrechterhalten werden. Natürlich werden solche Wachsamkeit und Sorge dort immer schwieriger, wo die Gründe für die ursprüngliche Schaffung einer Institution nicht mehr geläufig sind. Wenn in unserer Generation die Vorzüge der Ordnung der unabhängigen nationalen Staaten nicht mehr gelehrt werden und nur noch schwach in Erinnerung sind, so werden die Rufe nach einer Rückkehr zur Einfachheit und Erhabenheit und angeblichen moralischen Tugend eines allumfassenden Imperiums immer hartnäckiger und drängender werden. Doch solange uns unsere Freiheit weiterhin wichtig ist, gibt es keinen anderen Weg, um sie sicherzustellen. Wir müssen die schwierige Arbeit vollbringen, die unabhängigen nationalen Staaten zu erhalten und zu stärken, die unsere Vorväter geschaffen und uns als ein wertvolles Vermächtnis überantwortet haben.

Dritter Teil: Antinationalismus und Hass

19. Ist Hass ein Argument gegen Nationalismus?

Der geläufigste Vorwurf gegenüber dem Nationalismus ist, dass er zu Hass führe. Nationalisten kümmern sich in der Regel vor allem um das Wohl ihrer eigenen Nation und möchten, dass diese im Wettbewerb mit anderen erfolgreich ist. Diese Sorge um das Eigene soll sich angeblich im Hass auf und Gewalt gegen andere ausdrücken. Der Imperialist hingegen behauptet, dass ihm am Wohl aller Menschen gelegen sei. Ihm gehe es um die Menschheit als Ganzes, so sagt er, und er habe den Hass überwunden, der bestimmend für die Persönlichkeit des Nationalisten sei.

Natürlich gibt es Nationalisten, die ihren Gegnern und Konkurrenten gegenüber Hass empfinden. Die Konkurrenz zwischen Stämmen und Nationen führt unweigerlich zur Anhäufung von Geschichten über vergangenes Unrecht, ob nun tatsächlich geschehen oder eingebildet, und diese Geschichten beeinflussen die Gegenwart und befeuern fortdauernde Feindseligkeiten, Vorurteile und Gewalt.

Aber: Genügt dieser Hass vonseiten einiger Nationalisten als Argument gegen Nationalismus – also gegen eine politische Ordnung auf der Grundlage unabhängiger nationaler Staaten? Um den Hass einiger Nationalisten zu einem überzeugenden Argument gegen den Nationalismus zu machen, müsste nachgewiesen werden, dass der Anspruch, eine universalistische politische Ordnung schaffen zu wollen, nicht genauso Hass schürt und befeuert. Denn wenn imperialistische Politik in gleichem Maß dazu neigt, erbarmungslosen Hass zu erzeugen, wie nationalistische Politik es tut, dann ist schließlich die Behauptung, dass wir Nationalismus wegen des von ihm hervorgerufenen Hasses vermeiden sollten, kaum besser als Propaganda. Sie ist eine Phrase, die vielleicht nützlich sein mag, um den nationalen Staat und jene, die ihm die Treue halten, verächtlich zu machen. Aber sie hat nicht den Vorzug, der Wahrheit zu entsprechen.

Zur Verwirrung rund um dieses Thema trägt weiterhin bei, dass viele zeitgenössische Liberale dazu neigen, Hass und Gewalt nicht nur dem Nationalismus anzulasten, sondern auch der Religion. Doch sind die beiden vorrangig erwähnten Religionen, wenn es um religiös begründeten Hass geht, das Christentum und der Islam. Und diese beiden sind die meiste Zeit ihrer Geschichte über universalistische Bewegungen gewesen, die danach strebten, ein einziges, die Welt beherrschendes Reich zu errichten. In dieser Hinsicht ähnelten sie dem Kommunismus oder dem Nazismus, die ebenso ein einziges, die Welt beherrschendes Reich errichten wollten. Alle diese imperialistischen Bewegungen waren natürlich sehr produktiv dabei, in ihren Anhängern Hass zu erzeugen. Universalistische Ideale neigen nämlich dazu, in Hass umzuschlagen, sobald sie auf entschlossenen Widerstand stoßen. Entschlossener Widerstand ist für solche Leute ein unwillkommener Beweis dafür, dass die fraglichen Ideale vielleicht doch nicht so allgemeingültig sein könnten, wie sie zuvor angenommen hatten.

Wir können also zwischen zwei verschiedenen Arten von Hass unterscheiden: Es gibt den Hass, der sich in nationalistischen Bewegungen findet, den Hass eines Clans, eines Stammes oder einer Nation auf andere, die in Konkurrenz stehen. Und es gibt jenen Hass, der sich in imperialistischen Bewegungen findet, den Hass eines universalistischen Ideals auf die Nationen oder Stämme, die sich weigern, seinen Anspruch auf Allgemeingültigkeit zu akzeptieren. Die Frage ist, ob die Liberalen – die von sich selbst glauben, sie hätten sich vom Hass der nationalistischen Bewegungen weitgehend befreit – auch frei vom lang anhaltenden und bisweilen völkermörderischen Hass sind, den alle bisherigen universalistischen Ideologien an den Tag gelegt haben, sobald sie sich mit echter, tief verwurzelter Opposition gegen ihre Lehren konfrontiert sahen.

Die Erfahrung weist darauf hin, dass Imperialisten jeglicher Couleur voller Hass auf Nationalisten, Partikularisten und Dissidenten sind. Die Annahme, dass Imperialisten eher zu Liebe oder Toleranz in der Lage seien, scheint eine Legende zu sein, die von ebendiesen Imperialisten verbreitet wird. In diesem Abschnitt des Buches möchte ich einen genaueren Blick auf den Hass werfen, der sich bei liberalen Verfechtern einer neuen, universalen politischen Ordnung findet. Ich werde mit der allseits bekannten Abneigung gegenüber jenem nationalen Staat beginnen, der meine Heimat ist, nämlich Israel. Ich werde dann den Fokus meiner Betrachtung erweitern, um vergleichbare Phänomene – einschließlich des Hasses, der sich gegen britischen und amerikanischen Nationalismus und gegen andere nationale Staaten richtet – zu berücksichtigen, die sich immer weniger vom liberalen Universalismus unserer Zeit entkoppeln lassen.

20. Die Schmierkampagnen gegen Israel

ALLE PAAR MONATE WIEDER wird Israel in internationalen Organisationen, in Medien und an Universitäten rund um die Welt für angebliche Menschenrechtsverletzungen – ob nun real oder ausgedacht – öffentlich an den Pranger gestellt. Der konkrete Fall, der mich ursprünglich dazu brachte, eingehend über dieses Phänomen nachzudenken, war der Angriff auf ein türkisches Schiff, das die israelische Seeblockade des Gazastreifens zu durchbrechen versuchte, wobei es Widerstand gegen die Enterung des Schiffes und schließlich neun Tote gab. Doch auch viele andere Vorfälle haben zu solchen Kampagnen geführt, darunter israelische Einsätze gegen das radikalislamische Regime im Gazastreifen, der israelische Luftschlag gegen das irakische Atomprogramm, der Besuch eines israelischen Offiziellen auf dem Tempelberg, der Kauf und die Nutzung eines Gebäudes in Ostjerusalem durch Juden und diverse andere.

Doch ganz egal, was das angebliche Thema ist, und ganz egal, ob Israels politische Führung, seine Soldaten und seine Sprecher ihren Pflichten in angemessener Weise nachgekommen sind, das Resultat ist stets eine neue Schmähkampagne in den Medien und an den Universitäten und in den politischen Führungsetagen – eine Schmierkampagne, wie sie in der Geschichte nur wenigen Nationen regelmäßig widerfahren ist. In jeder dieser Kampagnen müssen wir Israelis erneut mit ansehen, wie unsere Nation nicht als eine Demokratie behandelt wird, die ihre Pflicht tut, um ihr Volk und ihre Freiheit zu verteidigen, sondern als eine Art Landplage. Wir müssen erneut mit ansehen, wie alles, was uns teuer ist und was wir für gerecht halten, vor unseren Augen zertrampelt wird. Wir müssen aufs Neue erleben, wie frühere Freunde sich von uns abwenden und jüdische Studenten sich eilends von Israel distanzieren, ja selbst vom Judaismus, in dem vergeblichen Bemühen, sich die Gunst einiger angewiderter Kommilitonen zu erhalten. Und wieder spüren wir das Brennen der steigenden Flut des Antisemitismus, der nach einer Auszeit im Anschluss an den Zweiten Weltkrieg zurückgekehrt ist.

Dies alles ist schon mehrfach passiert, und wir wissen, dass es wieder passieren wird. Tatsächlich sind diese Ausbrüche mittlerweile seit Jahrzehnten mit jedem verstrichenen Jahr bösartiger und schlagkräftiger geworden. Und es besteht aller Grund zu der Annahme, dass sich dieser Trend fortsetzen wird.

Was die Reaktionen von Juden und anderen Freunden Israels auf diese Schmierkampagnen angeht, so haben sich diese Antworten in den vergangenen Jahrzehnten auch nicht wirklich verändert: Meine liberalen Freunde scheinen immer davon auszugehen, dass ein Wandel der israelischen Politik diesen Schmähkampagnen vorbeugen oder zumindest deren Ausmaß begrenzen könnte. Meine konservativen Freunde scheinen immer zu betonen, dass wir „bessere Pressearbeit" bräuchten.

Kein Zweifel, Israel kann es immer vertragen, bessere Politik und bessere Pressearbeit zu haben. Ich persönlich bin allerdings der Ansicht, dass keine dieser ansonsten vernünftigen Reaktionen dabei behilflich sein kann, die Umstände zu verbessern, weil keine von beiden wirklich ins Zentrum dessen vordringt, was mit Israels Legitimität geschehen ist. Die israelische Politik hat in den letzten Jahrzehnten radikal geschwankt, mal zum Besseren, mal zum Schlechteren. Und die Gewandtheit, mit welcher Israel seine Interessen in den Medien und über die diplomatischen Kanäle vertreten hat, war ebenfalls mal besser, mal schlechter. Doch die internationalen Bestrebungen, Israel zu verleumden, in die Enge zu treiben, zu delegitimieren und aus der Staatenfamilie zu vertreiben, sind weitergegangen und angestiegen und stärker geworden, trotz all der Auf- und Abschwünge in der Politik und der Pressearbeit Israels.

Nichts verdeutlicht das besser als der jüdische Rückzug aus dem Gazastreifen und die anschließende Entstehung einer unabhängigen und aggressiven islamischen Republik dort, nicht einmal 65 Kilometer entfernt von der Innenstadt Tel Avivs. Israelis und Freunde Israels können berechtigterweise unterschiedlicher Meinung darüber sein, ob der Rückzug aus dem Gazastreifen 2005 oder der vergleichbare Rückzug aus der Sicherheitszone im Südlibanon 2006 wirklich in Israels Interesse war und ob der jüdische Staat ohne diese besetzten Gebiete heute besser dran ist. Man kann jedoch nur schwerlich behaupten, dass diese Rückzüge sonderlich viel dazu beigetragen hätten, die Flut an Hass und Schmähungen zum Versiegen zu bringen, die sich auf internationaler Ebene über Israel ergießt. Jene, die Israel hassen, sind dazu übergegangen, andere politische Maßnahmen Israels anzuklagen, die ihren Zorn kein bisschen weniger anfachen. Was auch immer den Trend der fortschreitenden Delegitimierung Israels antreiben mag, es arbeitet zum großen Teil ohne Bezugnahme auf die Details konkreter israelischer Politik zu einem konkreten Zeitpunkt.

Um es ein wenig anders zu formulieren: Nicht der Unterhalt einer Schutzzone im Südlibanon oder die israelische Kontrolle über den Gazastreifen oder der Angriff auf einen türkischen Blockadebrecher sind dafür verantwortlich, was mit der Wahrnehmung Israels in der Weltöffentlichkeit passiert. Diese spezifischen Fälle israelischer Vorgehensweise sind – für die Kritiker Israels – vorwiegend Sinnbilder für etwas tiefer Liegendes und Hasserfüllteres, das sie ein ums andere Mal enthüllt sehen, wenn sie den Staat Israel und dessen Taten betrachten.

Der Philosoph Thomas Kuhn hat die These aufgestellt, dass wir darauf abgerichtet seien, die Welt durch ein bestimmtes Bezugssystem von Begriffen zu sehen, welches er *Paradigma* nannte. Das Paradigma bestimmt nicht nur die Interpretation, die ein Wissenschaftler den Fakten angedeihen lässt, sondern auch, welche Fakten es zu interpretieren gilt: Die „Fakten", welche Wissenschaftler als zulässig für die Diskussion erachten, sind jene, die das vorherrschende Paradigma ohne Weiteres bestätigen oder die sich darin einpassen lassen, indem man das Paradigma erweitert oder leichte Korrekturen an ihm vornimmt. Diejenigen, die sich nicht einpassen lassen, werden gänzlich ignoriert oder als bedeutungslos verworfen. Kuhn zufolge wird selbst ein ganzer Berg an Fakten nichts an der Überzeugung eines Wissenschaftlers ändern können, der auf ein bestimmtes Paradigma hin ausgebildet wurde, weil der begriffliche Rahmen, durch welchen er die Welt betrachtet, von Grund auf unfähig ist, diese Fakten zu integrieren. Aber wie kommt es dann dazu, dass Wissenschaftler ihre Meinung ändern? Kuhn vertritt die Ansicht, dass sie das in vielen Fällen niemals tun. Die Vorurteile der alten Garde seien zu tief verwurzelt, und es brauche eine neue Generation von Wissenschaftlern, die nicht annähernd so dogmatisch ist, um in der Lage zu sein, eine neue Theorie ernsthaft in Betracht zu ziehen.[196]

Kuhns Denken hat einen enormen Einfluss darauf gehabt, wie der wissenschaftliche Betrieb verstanden wird. Doch die Revolution der Art und Weise, wie Gelehrte über Fakten, Argumente und die Wahrheit denken, hat noch nicht allzu viele Auswirkungen auf die Debattenführung auf der öffentlichen Bühne gehabt. Wenn es beispielsweise um die Behandlung von Israelhass im öffentlichen Diskurs geht, so sind die meisten Autoren noch immer davon überzeugt, dass Israels Bewertung in der Öffentlichkeit und insbesondere bei den Liberalen, die in Europa und Amerika die schärfsten Kritiker Israels sind, dramatisch verbessert werden könnte, wenn gewisse Fakten nur weitläufiger bekannt – oder besser präsentiert – würden.

Leider glaube ich nicht, dass das der Fall ist. Während mediale Auseinandersetzungen – so wie jene um das türkische Schiff vor der Küste des Gazastreifens – eine unvermeidliche Notwendigkeit sein mögen, so macht Kuhns Argumentation doch klar, dass die Ergebnisse dieser Debatten keine tatsächlichen Auswirkungen auf den Gesamtverlauf der Stellung Israels bei den gelehrten Menschen des Westens haben werden. Diese Position hat sich die vergangene Generation über verschlechtert, und zwar nicht aufgrund dieses oder jenes Bestandes an Fakten, sondern weil sich das Paradigma verändert hat, anhand dessen gelehrte Westler Israel betrachten. Wir sind Zeugen eines vollständigen Paradigmenwechsels geworden, in allen Belangen, die mit der Legitimität Israels als unabhängiger nationaler Staat zusammenhängen.

21. Immanuel Kant und das antinationalistische Paradigma

Wie lautete das alte Paradigma? Und wie lautet das neue, zu dem der internationale Raum gewechselt hat?

Ich will mit dem alten Paradigma beginnen, welches Israel überhaupt erst seine Legitimität verschafft hat. Der moderne Staat Israel wurde sowohl verfassungsmäßig als auch nach Auffassung der internationalen Gemeinschaft als nationaler Staat gegründet, als der Staat der jüdischen Nation. Will heißen: Er ist das Ergebnis einer frühneuzeitlichen politischen Theorie, welche die Freiheit der Nationen anerkannte, ihre Unabhängigkeit gegenüber den Raubzügen internationaler Imperien durchzusetzen und zu verteidigen.[197] Natürlich hatte es schon immer nationale Staaten gegeben.[198] Doch die moderne Idealvorstellung vom nationalen Staat verfestigte sich während des langen Völkerkampfes etwa der Engländer, der Niederländer und der Franzosen, sich von den universalen, imperialen Herrschaftsansprüchen der deutschen und spanischen Habsburger (also des „Heiligen Römischen Reiches") zu befreien. Was die Vernichtung der Spanischen Armada durch Elisabeth I. 1588 zu einem Wendepunkt der Geschichte machte, war genau der Umstand, dass die Königin durch ihren Widerstand gegenüber dem Anspruch Philipps II., England zu regieren, die Freiheit der Nationen von der österreichisch-spanischen Behauptung eines Rechtes, über die ganze Menschheit zu herrschen, verfestigte.

Die Niederlage des universalistischen Ideals im Dreißigjährigen Krieg führte 1648 zur Aufrichtung eines neuen Paradigmas für Europa – eines Paradigmas, worin der neu belebte Begriff des nationalen Staates Völkern auf dem gesamten Kontinent die Freiheit brachte. Zu Beginn des 19. Jahrhunderts hatte sich diese Vorstellung von nationaler Freiheit so weit ausgedehnt, dass manche sie als Ordnungsprinzip für die gesamte Welt ansahen. Die Institution des unabhängigen nationalen Staates sollte die Völker befreien und ihnen erlauben, ihren eigenen Weg zu bestimmen, indem sie über ihre je eigene Regierungsform sowie über ihre Gesetze, ihre Religion und ihre Sprache bestimmten. Griechenland erklärte sich 1822 für einen unabhängigen nationalen Staat. Italien wurde ab 1848 in einer Reihe von Kriegen geeint und erlangte seine Unabhängigkeit. Und Dutzende weitere nationale Staaten folgten. Die Zionistische Weltorganisation von Theodor Herzl, die für einen unabhängigen nationalen Staat für das jüdische Volk eintrat, passt in dieselbe politische Auffassung. 1947, ein paar Monate, nachdem Indien seine Unabhängigkeit erlangt hatte, stimmten die Vereinten Nationen mit einer Zweidrittelmehrheit für die Gründung dessen, was die offiziellen UN-Dokumente einen „jüdischen Staat“ in Palästina nannten.

Seit der Gründung Israels hat die Idee des nationalen Staates allerdings keine Blütezeit erlebt. Ganz im Gegenteil, sie ist weitgehend zusammengebrochen. Mit ihrem Drang danach, eine Europäische Union zu errichten, schufen die Nationen Europas ein neues Paradigma, in dem der unabhängige nationale Staat nicht länger als Schlüssel zum Wohl der Menschheit angesehen wird. Nichts weniger als das; der unabhängige nationale Staat wird mittlerweile von vielen politischen und intellektuellen Persönlichkeiten in Europa als Quell unermesslichen Übels betrachtet, während das multinationale Imperium – welches Mill als den Inbegriff des Despotismus herausgestellt hatte – immer und immer wieder voller Zärtlichkeit als Modell für eine postnationale Menschheit angeführt wird. Darüber hinaus dringt dieses neue Paradigma aggressiv auch in den politischen Mainstream-Diskurs anderer Nationen ein, einschließlich solcher Länder wie den Vereinigten Staaten und Israel, die lange immun dagegen zu sein schienen.

Wie kommt es, dass heute so viele Europäer dazu bereit sind, bei der Auflösung der Staaten, in denen sie leben, mitzuhelfen und diese gegen die Herrschaft eines internationalen Regimes einzutauschen?

Ich habe bereits erwähnt, dass es sich bei der Einigung der Nationen unter einem römisch-deutschen Heiligen Kaiser und einer Einheitskirche um einen alten europäischen Traum handelt. Die Philosophie der Aufklärung wandte sich zwar vom Christentum ab, doch folgte weitgehend dem gleichen Traum, der seine bekannteste moderne Ausformulierung im Manifest *Zum ewigen Frieden. Ein philosophischer Entwurf* von Immanuel Kant aus dem Jahr 1795 fand. Darin vollführte Kant einen berühmten Angriff auf das Ideal des nationalen Staates, indem er die nationale Selbstbestimmtheit mit der gesetzlosen Freiheit von Wilden verglich, welche – ihm zufolge –

zu Recht als „Rohigkeit" und „viehische Abwürdigung der Menschheit" verachtet wird. Er schrieb:

> Gleichwie wir nun die Anhänglichkeit der Wilden an ihre gesetzlose Freiheit, sich lieber unaufhörlich zu balgen, als sich einem gesetzlichen [...] Zwange zu unterwerfen, [...] mit tiefer Verachtung ansehen, und als Rohigkeit, Ungeschliffenheit und viehische Abwürdigung der Menschheit betrachten, so, sollte man denken, müßten gesittete Völker (jedes für sich zu einem [nationalen; YH] Staat vereinigt) eilen, aus einem so verworfenen Zustande je eher desto lieber herauszukommen: Statt dessen aber setzt vielmehr jeder Staat seine Majestät [...] gerade darin, gar keinem äußeren gesetzlichen Zwange unterworfen zu sein, und der Glanz seines Oberhaupts besteht darin, daß ihm [...] viele Tausende zu Gebot stehen, sich für eine Sache, die sie nichts angeht, aufopfern zu lassen [...].[199]

Dieser Sichtweise zufolge ist die politische Unabhängigkeit eine Lebensweise, in der sich „Wilde" an ihre „gesetzlose Freiheit" klammern. Zivilisierte Völker müssten „eilen, aus einem so verworfenen Zustande je eher desto lieber herauszukommen", wenn sie nur Vernunft walten ließen. Dies trifft auf den Einzelnen zu, der sich der Rechtsordnung des Staates unterwirft. Und es trifft auch auf Nationen zu, die ebenso jedes Anrecht auf Unabhängigkeit aufgeben sollen, um sich einem „internationalen Staat" zu unterwerfen:

> Für Staaten, im Verhältnisse unter einander, kann es nach der Vernunft keine andere Art geben, aus dem gesetzlosen Zustande, der lauter Krieg enthält, herauszukommen, als daß sie [...] ihre wilde (gesetzlose) Freiheit aufgeben, sich zu öffentlichen Zwangsgesetzen bequemen, und so einen (freilich immer wachsenden) *Völkerstaat* (civitas gentium), der zuletzt alle Völker der Erde befassen würde, bilden.[200]

In *Zum ewigen Frieden* vertritt Kant also die Ansicht, dass die Errichtung eines internationalen oder imperialen Staates das einzig mögliche Gebot der Vernunft sei. Jene, die nicht zustimmen, ihre nationalen Interessen den Anordnungen des imperialen Staates unterzuordnen, werden als Hindernisse auf dem historischen Marsch der Menschheit zur Herrschaft der Vernunft betrachtet. Jene, die auf ihrer nationalen Freiheit beharren, unterstützen demnach einen gewalttätigen Egoismus auf Völkerebene, der ebenso sehr einen Verstoß gegen die guten Sitten darstellt, wie es gewalttätiger Egoismus in unserem persönlichen Leben täte.

Viele Jahre lang fand das kantische Paradigma, das der Institution des nationalen Staates unterstellte, von Grund auf unmoralisch zu sein, nur wenige Abnehmer in Europa, wo die progressive Meinung fest auf der Seite derjenigen stand, die das Imperium auflösen und den Nationen ihre Unabhängigkeit gewähren wollten. Doch nach dem Zweiten Weltkrieg sah das Ergebnis ganz anders aus, als der Nazismus auf die Liste der Verbrechen, die man dem nationalen Staat unterschob, gesetzt wurde. Der Nazismus wurde als die verfaulte Frucht des deutschen nationalen Staates dargestellt, und Kant schien die ganze Zeit über recht gehabt zu haben. Dass die Nationen sich selbst bewaffnen und selbst über den Einsatz ihrer Waffen entscheiden könnten, galt nun als Rohigkeit und viehische Abwürdigung der Menschheit.

Ich habe dieses Argument bereits in Kapitel 5 behandelt und hervorgehoben, dass die Ordnung der nationalen Staaten davon ausgeht, die Welt sei dann am besten geordnet, wenn die Nationen ihren je eigenen unabhängigen Weg beschreiten können. Der Nazi-Standpunkt war das genaue Gegenteil: Hitler betrachtete sein Drittes Reich als verbesserte Verkörperung dessen, was er als „Erstes Reich" bezeichnete – und das war nichts anderes als das Heilige Römische Reich der Habsburger. Hitler träumte davon, sein Reich auf den Trümmern der Ordnung der nationalen Staaten in Europa zu errichten.

Viele Europäer aber weigerten sich, die Dinge so zu sehen, und akzeptierten die Anschauung, dass es sich beim Nazismus – mehr oder weniger – um das hässliche Ergebnis des nationalen Staates handele. Zur Verurteilung des westlichen nationalen Staates durch die Marxisten gesellte sich ein liberaler Antinationalismus, der sich eifrig um die Abräumung der alten Ordnung im Namen des kantischen Marsches in Richtung Aufklärung bemühte. Wie der Philosoph Jürgen Habermas, vielleicht der führende Theoretiker eines postnationalen Europa, angemerkt hat, war der Übergang für die Deutschen besonders einfach – angesichts der deutschen Rolle im Zweiten Weltkrieg und der Tatsache, dass Nachkriegsdeutschland ohnehin besetzt und nicht länger ein unabhängiger Staat war.[201] Er hätte noch hinzufügen können, dass die deutschsprachigen Völker Mitteleuropas – historisch betrachtet – im Gegensatz zu den Briten, Franzosen und Niederländern niemals in einem geeinten nationalen Staat gelebt hatten, sodass die von einem solchen Staat verkörperte Hoffnung für sie womöglich generell weniger wichtig war.

Wie dem auch sei: Diese postnationale Vision fand in ganz Europa Anhänger. 1992, nur eine Generation später, unterzeichneten europäische Staatschefs den Maastricht-Vertrag, begründeten so die Europäische Union als internationale Regierungsbehörde und beraubten die Mitgliedstaaten vieler Befugnisse, die geschichtlich mit nationaler Unabhängigkeit verbunden sind. Natürlich gibt es Europäer, die diesen Vorgang nicht akzeptieren. Doch die Wirkung des neuen Paradigmas, des Motors der Bewegung hin zur Europäischen Union, war nichtsdestoweniger überwältigend. Sowohl in Europa als auch in Amerika sehen wir, wie eine Generation junger Menschen aufwächst, die zum ersten Mal seit 400 Jahren den nationalen Staat nicht als Grundlage unserer Freiheiten ansieht. Tatsächlich herrscht überall ein mächtiges neues Paradigma, demzufolge wir ohne solche Staaten auskommen können. Und dieses Paradigma hat eine Flutwelle an Folgen entfesselt, für diejenigen, die es akzeptieren, ebenso wie für jene, die es ablehnen.

22. Zwei Lehren aus Auschwitz

Mich hat die Aussicht darauf, dass eine Nation wie Großbritannien, die anderen so oft ein leuchtendes Beispiel in Politik, Philosophie und Wissenschaft gewesen ist, irgendwann einmal für immer von der weltgeschichtlichen Bühne abtreten könnte, stets bedrückt. Ich sehe Großbritannien, Amerika, die Niederlande und andere als Teile einer Staatenfamilie an, deren fortdauerndes unabhängiges Bestehen mir persönlich etwas bedeutet. Nichtsdestoweniger gilt meine erste Sorge Israel, und ich möchte nun versuchen, zu verstehen, wie mein Land aussieht, wenn man es durch europäische Augen betrachtet – oder eher durch die Augen des neuen Paradigmas, das das Verständnis von Israel für so viele Menschen in Europa, und mittlerweile auch für eine wachsende Zahl gelehrter Menschen in Amerika und anderswo, prägt.

Man bedenke das Konzentrationslager Auschwitz. Für die meisten Juden hat Auschwitz eine ganz besondere Bedeutung. Es war nicht Herzls Zionistische Weltorganisation, die beinahe alle Juden auf der ganzen Welt davon überzeugte, dass es keinen anderen Weg gäbe, als möglichst rasch einen unabhängigen jüdischen Staat zu schaffen. Es waren Auschwitz und der Tod von sechs Millionen Juden durch die Deutschen und deren Helfer, die diese Leistung vollbrachten. Aus dem Schrecken und der Erniedrigung von Auschwitz ergab sich diese eine zwangsläufige Lehre: Die Abhängigkeit der Juden vom militärischen Schutz durch andere hatte diese Situation verursacht. Diese Schlussfolgerung wurde von David Ben-Gurion im November 1942 vor der Versammlung der Repräsentanten der Juden in Palästina mit absoluter Deutlichkeit gezogen:

> Wir wissen nicht genau, was im Tal des Todes der Nazis vor sich geht oder wie viele Juden schon abgeschlachtet worden sind. […] Wir wissen nicht, ob der Sieg von Demokratie und Freiheit und Gerechtigkeit Europa nicht als riesigen jüdischen Friedhof vorfinden wird, in dem die Knochen unseres Volkes verstreut liegen. […] Wir sind das einzige Volk auf der Welt, dessen Blut als das einer Nation vergossen werden darf. […] Unsere Kinder, unsere Frauen […] und unsere Alten allein

> werden zur Sonderbehandlung aussortiert, um in ihren Gräbern lebendig begraben zu werden, um in Krematorien verbrannt zu werden, um erdrosselt und mit Maschinengewehren ermordet zu werden […], für eine einzige Sünde: […] Weil die Juden kein politisches Ansehen haben, keine jüdische Armee, keine jüdische Unabhängigkeit und kein Heimatland. […] Gebt uns das Recht, als Juden zu kämpfen und zu sterben. […] Wir verlangen das Recht […] auf ein Heimatland und auf Unabhängigkeit. Was uns in Polen widerfahren ist, was uns – Gott bewahre! – auch in Zukunft widerfahren wird, all unsere unschuldigen Opfer, die Zehntausende, Hunderttausende und vielleicht Millionen […] sind die Opfer eines Volkes ohne Heimatland. […] Wir verlangen […] ein Heimatland und die Unabhängigkeit.[202]

In diesen Worten tritt die Verbindung zwischen dem Holocaust und dem, was Ben-Gurion die „Sünde" der jüdischen Machtlosigkeit nennt, kraftvoll in Erscheinung. Die Bedeutung von Auschwitz ist, dass die Juden in ihren Bemühungen, ihre Kinder zu verteidigen, versagt haben. Sie verließen sich auf andere, auf anständige Männer in Amerika oder Großbritannien, die wenig taten, um die europäische Judenheit zu retten, als es darauf ankam. Heute glauben weiterhin die meisten Juden, das einzige, was sich seit dem Sterben dieser Millionen Angehörigen unseres Volkes wirklich geändert habe – das einzige, was als Bollwerk gegen eine Wiederholung dieses Kapitels der Weltgeschichte stehe –, sei Israel.

Die Juden sind jedoch nicht die einzigen, für die Auschwitz zu einem wichtigen politischen Symbol geworden ist. Auch viele Europäer sehen Auschwitz als die zentrale Lektion des Zweiten Weltkrieges. Doch die Schlussfolgerungen, die sie ziehen, sind das genaue Gegenteil der jüdischen. Im Geiste Kants betrachten sie Auschwitz als den ultimativen Ausdruck jener Rohigkeit, jener viehischen Abwürdigung der Menschheit, die der nationale Partikularismus darstelle. Gemäß dieser Sichtweise stellen die Todeslager den endgültigen Beweis dafür dar, was für ein Übel es ist, Nationen zu gestatten, über den Einsatz der ihnen zur Verfügung stehenden militärischen Macht selbst zu entscheiden. Die naheliegende Folgerung ist, dass es falsch war, der deutschen Nation diese Macht über Leben und Tod zu gewähren. Wenn verhindert werden soll, dass ein solches Übel wieder und wieder geschieht, dann kann die Antwort nur sein, Deutschland und die anderen nationalen Staaten Europas aufzulösen und alle europäischen Völker gemeinsam in das Joch einer einzigen internationalen

Regierung zu spannen: Schaffe den nationalen Staat ein für allemal ab, und du versperrst jenen dunklen Pfad nach Auschwitz.

Man beachte, dass dieser Auslegung zufolge nicht Israel die Antwort auf Auschwitz ist, sondern die Europäische Union. Ein geeintes Europa soll es für Deutschland – und jede andere europäische Nation – unmöglich machen, sich erneut zu erheben und andere zu verfolgen. In diesem Sinne steht die Europäische Union als Garant für den zukünftigen Frieden der Juden und tatsächlich der gesamten Menschheit.

Wir sehen hier also zwei konkurrierende Paradigmen im Hinblick auf die Bedeutung von Auschwitz. Jedes von ihnen geht von denselben Fakten aus: Beide Paradigmen setzen als gegeben voraus, dass in Auschwitz von den Deutschen und deren Kollaborateuren Millionen ermordet wurden, dass die dort begangenen Taten zutiefst böse waren und dass die Juden sowie alle anderen, die dort umkamen, die hilflosen Opfer dieses Übels waren. An diesem Punkt aber endet die Übereinstimmung. Individuen, die dieselben Fakten anhand dieser unterschiedlichen Paradigmen betrachten, sehen unterschiedliche Dinge:

> *Paradigma A:* Auschwitz steht für das unaussprechliche Grauen jüdischer Frauen und Männer, die mit leeren Händen und nackt dastehen und ihre Kinder sterben sehen, weil es ihnen an einer Waffe fehlt, um sie zu beschützen.
>
> *Paradigma B:* Auschwitz steht für das unaussprechliche Grauen deutscher Soldaten, die anderen Gewalt antun – aus keinem anderen Grund als den Ansichten ihrer eigenen Regierung über ihre nationalen Rechte und Interessen.

Es ist wichtig, zu berücksichtigen, dass diese beiden Sichtweisen, die auf den ersten Blick nicht einmal von der gleichen Sache zu handeln scheinen, tatsächlich moralische Positionen beschreiben, die beinahe gänzlich unvereinbar sind. Die eine betrachtet die Motivation der Mörder als Quell allen Übels, die andere die Machtlosigkeit der Opfer – ein scheinbar subtiler Unterschied der Betrachtungsweise, der zu einem Abgrund aufklafft, wenn wir diese rivalisierenden Paradigmen in eine andere Richtung wenden und durch ihre Augen auf Israel blicken.

Mit Fokus auf den unabhängigen Staat Israel und das, wofür dieser steht, lauten die gleichen beiden Paradigmen wie folgt:

> *Paradigma A:* Israel steht für jüdische Frauen und Männer, die mit der Waffe in der Hand über ihre eigenen Kinder und alle anderen jüdischen Kinder wachen und sie beschützen. *Israel ist das Gegenteil von Auschwitz.*
>
> *Paradigma B:* Israel steht für das unaussprechliche Grauen jüdischer Soldaten, die anderen Gewalt antun – aus keinem anderen Grund als den Ansichten ihrer eigenen Regierung über ihre nationalen Rechte und Interessen. *Israel ist Auschwitz.*

In beiden Paradigmen erhält Israel als Tatsache außerordentliche Bedeutung durch die Identität der Juden als Opfer der Schoah. Für die Gründer Israels stellte der Umstand, dass man den Überlebenden der Todeslager und deren Kindern Waffen geben und sie zu Soldaten unter jüdischer Flagge ausbilden konnte, einen entscheidenden Fortschritt der Welt in Richtung Recht und Gerechtigkeit dar. Das konnte keinesfalls wiedergutmachen, was geschehen war. Aber es war nichtsdestoweniger gerecht, indem es den Überlebenden genau die Ermächtigung gewährte, die, wenn sie ein paar Jahre früher gekommen wäre, ihre Lieben vor dem Tod und Schlimmerem bewahrt hätte. In diesem Sinne *ist Israel das Gegenteil von Auschwitz.*

Gleichzeitig erhält Israel auch im neuen europäischen Paradigma außerordentliche Bedeutung. Denn in Israel griffen die Überlebenden und deren Kinder zu den Waffen und machten sich auf den Weg, ihr eigenes Schicksal zu bestimmen. Das heißt, dass dieses Volk, das nur wenige Jahrzehnte zuvor dem kantischen Ideal der vollständigen Selbstentsagung so nahegekommen war, stattdessen das wählte, was heute als Weg Hitlers betrachtet wird – den Weg der nationalen Selbstbestimmtheit. Dies ist es, was hinter der beinahe grenzenlosen Abneigung steht, die viele gegenüber Israel empfinden, und insbesondere gegenüber allem, was mit den Versuchen Israels zu tun hat, sich selbst zu verteidigen, ob diese Unternehmungen nun Erfolg haben oder scheitern, ob sie untadelig oder moralisch fragwürdig sind. So, wie es heute viele Europäer und andere sehen, haben die Juden, indem sie im Namen ihres eigenen nationalen Staates und ihrer eigenen Selbstbestimmtheit Waffen in die Hände nahmen, sich schlicht das gleiche Übel aufgeladen, das Deutschland dazu brachte, die Lager zu bauen. Die Details mögen sich unterscheiden, doch das Prinzip ist in ihren Augen das gleiche: *Israel ist Auschwitz.*

Versuchen wir, dies mit europäischen Augen zu sehen. Man stelle sich vor, heute ein stolzer Holländer zu sein, dessen Nation in der hoffnungslosen Erhebung gegen das katholische Spanien die Fackel der Freiheit hochhielt, in einem Unabhängigkeitskrieg, der 80 Jahre lang dauerte. „Und dennoch bin ich bereit", sagt dieser Holländer zu sich selbst, „dieses Erbe mit seinen Träumen vergangener Herrlichkeit zu opfern und dem Staat, den meine Vorväter gegründet haben, Lebewohl zu sagen, um etwas Höheren willen. Ich werde dieses schmerzliche Opfer für einen internationalen politischen Bund bringen, der schließlich die gesamte Menschheit umfassen wird. Ja, ich werde es für die Menschheit tun." Doch wer steht ihm entgegen? Wer unter allen zivilisierten Völkern würde es wagen, sich von seinem von Moral und Vernunft gesegneten Streben nach der letztendlichen Erlösung der Menschheit abzuwenden? Man stelle sich sein Entsetzen vor: „Die Juden! Diese Juden sollten eigentlich die ersten sein, die die Heraufkunft der neuen Ordnung begrüßen, die ersten, die die kommende Erlösung der Menschheit begrüßen, statt sich dagegenzustellen und ihren eigenen selbstsüchtigen kleinen Staat aufzubauen, der mit der ganzen Welt im Streit liegt. Wie können sie es wagen? Sollten sie nicht im Namen von Aufklärung und Vernunft die gleichen Opfer bringen, wie ich es muss? Sind sie so würdelos, dass sie sich nicht ihrer eigenen Eltern in Auschwitz erinnern können? Nein, sie können sich nicht erinnern – denn sie sind vom gleichen Übel verleitet und in die Irre geführt worden, das sich früher unserer Nachbarn in Deutschland bemächtigt hatte. Sie sind auf die Seite von Auschwitz übergelaufen."

Es ist daher kein Zufall, dass wir ständig hören müssen, wie Israel und seine Soldaten mit den Nazis verglichen werden. Wir reden hier nicht einfach von einer beliebigen alten Anschuldigung, die willkürlich oder nur ihres rhetorischen Wertes wegen ausgewählt worden wäre. In Europa und überall sonst, wohin sich das neue Paradigma ausgebreitet hat, ist der Vergleich mit dem Nazismus, so absurd er auch sein mag, ganz natürlich und unvermeidlich.

Dies ist die Antwort auf die Frage, wie es sein kann, dass die Tatsachen auf einer ganz grundsätzlichen Ebene nicht von Belang zu sein scheinen. Wie es sein kann, dass selbst dann, wenn leicht erkennbar sein sollte, dass Israel die Gerechtigkeit auf seiner Seite hat – wenn es zur Selbstverteidigung und mit mühevoller Zurückhaltung handelt –, das Land in Schmähkampagnen an den Pranger gestellt werden kann, die mit jedem Jahr giftiger und schärfer werden. Wie es sein kann, dass nach der Zerstörung der israelischen Sicherheitszone im

Südlibanon und nach dem israelischen Rückzug aus dem Gazastreifen der Hass auf Israel nur noch lauter wird.

Die Antwort ist, dass der Hass auf Israel zu einer bestimmten Zeit zwar durchaus konkret auf gewisse Fakten rund um die Sicherheitszone oder den Gazastreifen oder die türkischen Blockadebrecher bezogen gewesen sein mag, dass aber die Verlaufskurve des internationalen Anstoßes an oder Hasses gegenüber Israel mit diesen Fakten nichts zu tun hat. Sie hat zu tun mit dem rasanten Vormarsch eines neuen Paradigmas, das Israel, und insbesondere die unabhängige Anwendung von Gewalt zur Selbstverteidigung durch Israel, als von Grund auf illegitim betrachtet. Wenn man der Ansicht ist, dass Israel in einem bedeutsamen Sinne eine Variante des Nazismus darstellt, dann wird man nicht allzu beeindruckt von „Verbesserungen" der israelischen Politik oder Pressearbeit sein. Ein verbessertes Auschwitz ist immer noch Auschwitz.

Natürlich kann man die Frage stellen: Wenn das stimmt und der Vergleich zwischen Israel und der widerwärtigsten politischen Bewegung der europäischen Geschichte fest verbunden ist mit dem neuen Paradigma der internationalen Politik, das sich rasch unter uns verbreitet, werden dann nicht diejenigen, die sich diesem Paradigma verschreiben, zu dem Schluss kommen, dass Israel kein Existenzrecht hat und aufgelöst werden sollte?

Die Antwort auf diese Frage ist einfach. Natürlich führt dieser Vergleich zu dem Schluss, dass Israel kein Existenzrecht hat und aufgelöst werden sollte. Und warum auch nicht? Wenn Deutschland und Frankreich kein Recht darauf haben, als unabhängige Staaten zu existieren, warum sollte es dann bei Israel anders sein? Und wenn so viele Menschen an dem Tag, an dem Großbritannien und die Niederlande endlich Geschichte sind, keine Träne vergießen werden, warum sollten sie Israel gegenüber anders empfinden? Im Gegenteil, während die Juden und ihre Freunde noch mit Grauen von „Israels Zerstörung" sprechen, schreckt diese Phrase niemanden mehr, der das neue Paradigma akzeptiert hat – einige dieser Leute gestatten sich schon jetzt, öffentlich von politischen Arrangements zu fantasieren, die ein Verschwinden des jüdischen Staates möglich machen würden.[203]

23. Warum die Ungeheuerlichkeiten der Dritten Welt und des Islam unwidersprochen bleiben

Ich habe die These aufgestellt, dass der wesentliche Antrieb hinter der fortschreitenden Delegitimierung Israels in internationalen Gremien, in den Medien und an den Universitäten in den letzten Jahren das Umsichgreifen eines neuen, antinationalistischen Paradigmas der internationalen Beziehungen gewesen ist, das vor allem anderen von Europa ausging. So, wie ich die Sache sehe, hat der Drang, die nationalen Staaten Europas einer internationalen politischen Organisation – der Europäischen Union – unterzuordnen, dem Prinzip, das Israel ursprünglich seine Legitimität als unabhängiger nationaler Staat verschafft hatte, schwer geschadet: dem Prinzip nationaler Freiheit und Selbstbestimmtheit, das dem jüdischen Staat unabhängiges Handeln gestattete, wo es notwendig war, um sein Volk zu schützen. In Europa sehen viele Menschen solche nationale Unabhängigkeit und Selbsthilfe mehr und mehr als illegitim an, und das verleitet sie zu einer systematischen Ablehnung der Legitimität Israels. Zudem verbreitet sich diese Sichtweise rapide auch in Amerika und anderen Ländern.

Das wirft eine wichtige Frage auf: Wenn die sich verschärfende Feindseligkeit gegenüber Israel zu einem großen Teil durch den Zusammenbruch der Unterstützung für das Ideal des unabhängigen nationalen Staates vorangetrieben wird, warum unterstützen dann so viele der harschesten Kritiker Israels die Schaffung eines unabhängigen Staates für die palästinensischen Araber? Warum unterlassen sie es, auch den Gebrauch von Gewalt durch Staaten wie den Iran und die Türkei, durch verschiedene arabische Regierungen sowie durch viele andere Drittweltländer zu kritisieren? Viele dieser Regime greifen viel aggressiver zur Gewaltanwendung als Israel – in manchen Fällen verüben sie Gräueltaten unvorstellbaren Ausmaßes. Wenn das Paradigma des nationalen Staates zusammengebrochen ist, warum gibt es dann scheinbar Duldsamkeit, wenn nicht sogar offene Unterstützung für eigenmächtiges Handeln, wenn es von derartigen Regierungen ausgeht?

Wie schon zuvor findet sich der Beginn der Antwort im kantischen Antinationalismus. Ich erinnere daran, dass die menschliche Geschichte für Kant als eine Fortschrittsbewegung von der Barbarei zum schlussendlichen Triumph von Moral und Vernunft, den er mit der Schaffung eines allumfassenden Staates gleichsetzte, gesehen werden sollte. Dieser Sicht zufolge geben menschliche Wesen zuerst ihre eigensüchtige gesetzlose Freiheit auf, indem sie sich in nationalen Staaten zusammenschließen. Dann müssen diese nationalen Staaten das Gleiche tun und ihre selbstsüchtige gesetzlose Freiheit aufgeben, indem sie sich den öffentlichen Zwangsgesetzen des allumfassenden Staates unterordnen. Im Gegensatz zu vielen anderen ist Kant nicht davon überzeugt, dass dieser geschichtliche Vorgang unausweichlich sei. Doch er sieht ihn als die einzige historische Entwicklung an, die mit Recht als moralisch und im Einklang mit der Vernunft angesehen werden kann. Jeder andere Geschichtsentwurf „nöthigt [uns,] unsere Augen von ihm mit Unwillen wegzuwenden“[204].

Doch diese progressive Geschichtsauffassung bedeutet nicht, dass alle Nationen den Pfad von der Barbarei zur Vernunft im gleichen Tempo zurücklegen. Ganz im Gegenteil, Kant glaubt, dass diese Strecke über verschiedene Stufen der Entwicklung verläuft, die von unterschiedlichen Völkern zu unterschiedlichen Zeiten erreicht werden. Wie er 1784 in einem Aufsatz unter dem Titel „Idee zu einer allgemeinen Geschichte in weltbürgerlicher Absicht“ ausführte, verlassen Völker den „Zustand der Wilden“ und erreichen die Ebene der „Civilisirung“, wenn sie sich zu nationalen Staaten formieren, von denen jeder intern nach dem Prinzip der Rechtsstaatlichkeit regiert wird. Doch die Ordnung der nationalen Staaten ist nicht das Gleiche wie eine „moralisch-gute Gesinnung“, die die dritte und letzte – noch zu erreichende – Stufe der Menschheitsgeschichte darstellt. Um auf diese letzte Ebene zu gelangen, ist es für die Menschheit notwendig, „endlich […] aus diesen Zustande hinaus […] zu treten“, wie es die Vernunft gebietet, und sich einem allumfassenden Bundesstaat unterzuordnen. Kant erklärt, es handele sich dabei um

> einen Völkerbund[,] wo jeder, auch der kleinste Staat seine Sicherheit und Rechte nicht von eigener Macht, oder eigener rechtlichen Beurteilung, sondern allein von diesem großen Völkerbunde […], von einer vereinigten Macht und von der Entscheidung nach Gesetzen des vereinigten Willens erwarten könnte.[205]

Hier wird eine „moralisch-gute Gesinnung" gleichgesetzt mit dem Verzicht auf die eigene Urteilsfähigkeit darüber, was richtig ist, und auf das eigene Vermögen, im Sinne des Richtigen zu handeln. Das Urteil des universalen Staates wird bestimmen, was richtig ist, und die „vereinigte Macht" und der „vereinigte Wille" des universalen Staates werden erzwingen, was richtig ist.

Kant glaubte nicht daran, dass zu seinen Lebzeiten bereits irgendeine Nation diese Ebene der „moralisch-guten Gesinnung" erreicht hatte. Doch er glaubte sehr wohl, dass Europa wahrscheinlich letzten Endes dort anlangen würde, weil der Schmerz und das Leid so vieler Kriege es dazu trieben.[206] Der Rest der Welt bleibe unterdessen im Zustand der Wilden und habe noch nicht einmal den ersten Schritt des Zusammenschlusses zu nationalen Staaten unternommen. Dies müssten sie offensichtlich zuerst vollbringen, bevor sie weiter aufsteigen könnten.

Kants drei Stufen des menschlichen Fortschrittes wiederholen sich mehr oder weniger exakt in der Art und Weise, wie europäische Antinationalisten über internationale Angelegenheiten sprechen. Aus deren Sicht gibt es genau einen Ort auf der Welt, an dem man Nationen finden kann, die zu guter Letzt die Stufe einer „moralisch-guten Gesinnung" erreicht haben: die Europäische Union. Einzig in Europa ist vielen Millionen Menschen mittlerweile völlig klar, dass die Ordnung der nationalen Staaten nun überwunden werden muss. Nur dort ist das Ideal der nationalen Unabhängigkeit auf dem besten Wege, ausgemustert zu werden. Aus dieser Sicht liegt auf der Hand, was man vom Iran, der Türkei, den Arabern und der Dritten Welt zu halten hat, die alle als auf einer primitiveren Stufe in ihrer Geschichte befindlich angesehen werden. Das sollen Völker sein, die noch immer versuchen, aus der Wildheit auszubrechen, die immer noch versuchen, nationale, nach dem Prinzip der Rechtsstaatlichkeit regierte Staaten zu bilden. Wenn sie diesen Punkt erreicht haben werden, möglicherweise erst in Jahrhunderten, dann werden auch sie allmählich zu erkennen beginnen, wie vernünftig es ist, aus ihren nationalen Staaten hinauszuwachsen und unter einer internationalen Regierung die „moralisch-gute Gesinnung" zu erlangen.

Die Verbreitung dieser dreistufigen Geschichtsauffassung erklärt einiges vom Enthusiasmus vieler europäischer Führer, im Nahen Osten und der Dritten Welt neue Staaten zu errichten, ebenso wie ihr verhältnismäßiges Desinteresse an den Aggressionen und Grausamkeiten, zu denen es in diesen Regionen kommt. In ihren Augen sind diese Kriege und Gräuel nur eine Stufe, die die Völker der „Entwicklungsländer" eben durchmachen müssen. Wie Kinder wissen sie es angeblich nicht besser – und sie werden es noch eine ganze Weile nicht besser wissen.[207]

Natürlich kann man nichts davon über Israel behaupten. Aus dem Blickwinkel des europäischen Liberalismus sind die Juden kein Volk der muslimischen oder der Dritten Welt. Die Juden sind als europäisches Volk anzusehen, und die an uns angelegten Maßstäbe sollten die gleichen sein, die auch für Europa gelten sollen, das endlich die Stufe der „moralisch-guten Gesinnung" erreicht hat. Deshalb die Abscheu und der Zorn gegenüber Israelis und Juden dafür, dass wir auf unserer nationalen Selbstbestimmtheit beharren. Wann immer wir in militärischen Belangen eigenmächtig handeln oder uns in (verfassungs-)rechtlichen Angelegenheiten auf unser eigenes, unabhängiges Urteil verlassen, werden wir als frühere Europäer angesehen, die sich groteskerweise vom Pfad zur „moralisch-guten Gesinnung" abgewandt hätten. Wir sind nicht wie Kinder, die man nicht zur Verantwortung ziehen kann, weil sie es nicht besser wissen. Wir sind wie Erwachsene, die es sehr wohl besser wissen, und haben dennoch bewusst den Pfad der Unvernunft und Unmoral gewählt.

Das erklärt, warum es eine solche Schieflage gibt zwischen der Sichtweise vieler Europäer auf Israel und der Art, wie sie den Iran, die Türkei, die arabischen Staaten und die Dritte Welt betrachten. Die Doppelmoral entspringt direkt aus der kantischen Geschichtsinterpretation. Wo immer das neue Paradigma Wurzeln schlägt, wird man feststellen, dass die moralischen Forderungen gegenüber Israel immer strenger werden, während öffentliche Kritik an Israels muslimischen Nachbarn zurückgeschraubt wird oder gar nicht mehr stattfindet. Dies geschieht aus dem einfachen Grund, dass die Iraner, Türken und Araber als nicht auf der richtigen Stufe ihrer Geschichte stehend angesehen werden, um Moral und Vernunft verstehen zu können. Wie Kant sagen würde: Bei ihnen ist „doch endlich alles im Großen aus Thorheit, kindischer Eitelkeit, oft auch aus kindischer Bosheit und Zerstörungssucht zusammengewebt"[208].

Natürlich ist es weder höflich noch diplomatisch, davon auszugehen, dass all diese Nationen nicht besser seien als einfältige und ungestüme Kinder, und dass man aus diesem Grund nicht viel von ihnen erwarten könne. Doch wenn man an der höflichen Oberfläche kratzt, wird man diese bestürzende, an Rassismus grenzende Herablassung überall finden. Das Beharren darauf, dass Israelis einem höheren moralischen Maßstab zu genügen hätten als Araber oder Iraner, weil wir doch immerhin „Europäer“ seien, wird in Hintergrundgesprächen immer wieder laut. Die meisten Menschen, die dieser Ansicht sind, achten allerdings darauf, sie nicht öffentlich zu Protokoll zu geben. Anders der dänische Botschafter in Israel, der unlängst in einer öffentlichen Ansprache genau dieses Argument vorbrachte und ziemlich gut wiedergab, was wir schon von so vielen im privaten Rahmen gehört hatten:

> Es wird behauptet, dass Europa mit zweierlei Maß messe und diskriminiere. […] Ich bin der Ansicht, Israel sollte darauf bestehen, dass wir euch [sic!] diskriminieren. Dass wir mit zweierlei Maß messen. Denn ihr gehört zu uns. […] Manchmal reagiert ein israelischer Gesprächspartner mit der Aufforderung: „Schaut doch, was in Syrien passiert. Schaut doch anderswo hin.“ Das sind nicht die Maßstäbe, an denen ihr gemessen werdet. Es sind nicht die Maßstäbe, nach denen Israel beurteilt werden wollte. Deshalb denke ich, dass ihr mit Recht darauf bestehen könnt, dass wir mit zweierlei Maß messen und an euch die gleichen Maßstäbe anlegen wie an alle anderen europäischen Länder.[209]

24. Großbritannien, Amerika und andere beklagenswerte Nationen

Die gegen Israel gerichteten furchtbaren Schmähkampagnen scheinen also den folgenden Grund zu haben: Obwohl die Juden als ein „europäisches“ Volk begriffen werden, das es besser wissen sollte, handeln sie trotzdem weiterhin als ein unabhängiger nationaler Staat und verfechten ihre Interessen und Ansprüche, so wie sie es für richtig halten. Und sie tun lieber das, als eine europäische Auffassung davon zu übernehmen, was es bedeutet, eine „moralisch reife“ Nation zu sein. Wenn das der Fall ist, dann sollten sich Fälle finden lassen, in denen andere Nationen aus dem gleichen Grund in ähnlicher Weise verurteilt werden. Gibt es andere Beispiele, in denen Nationen zu Zielen vergleichbarer Schmutzkampagnen geworden sind? Und sind auch diese Nationen Beispiele für „europäische“ Nationen, an die andere Maßstäbe angelegt werden, weil sie es besser wissen sollten?

Diese Fragen sind eindeutig mit Ja zu beantworten. In den 1980er-Jahren bildete natürlich das Apartheidregime in Südafrika das herausragende Beispiel für eine Nation, die derartiger Abscheu und moralischer Herabwürdigung ausgesetzt war. In den 1990ern blickte die Welt mit Entsetzen auf Serbien. Heute, wo diese beiden Länder als Ziele für Schmähungen aus dem Weg sind, hat die lange gegen Israel gerichtete moralische Entrüstung sich auch gegen die Vereinigten Staaten gewandt, gegen Großbritannien, nachdem dieses für den Austritt aus der Europäischen Union votierte, und gegen osteuropäische Nationen wie Ungarn, Polen und Tschechien, die sich in einer Reihe von Belangen den europäischen Verhaltensmaßregeln entgegenstellen. Wenn ich diese Beispiele aufzähle, dann will ich damit nicht sagen, dass diese sehr unterschiedlichen Nationen alle der gleichen moralischen Kategorie angehören. Ich denke, es ist klar ersichtlich, dass dem nicht so ist. Dennoch sind sie alle Beispiele für Nationen, die jener Art von Schmäh- und Schandkampagnen ausgesetzt wurden, welche in den vergangenen Jahren vor allem mit Israel assoziiert wurde. Ich möchte ergründen, was diese Nationen – aus der Sicht des europäischen Liberalismus – so beklagenswert macht und was die Abscheu ihnen gegenüber antreibt.

Ich werde mit dem Fall Amerika beginnen. Man kann nur schwerlich den Hass übersehen, mit dem amerikanische Regierungen überschüttet worden sind, weil sie eine eigene, unabhängige, politische Haltung durchsetzten. Dies gilt ganz eindeutig für die unverhohlen nationalistischen Themen der Präsidentschaft Trumps. Doch das ist in vielerlei Hinsicht nichts Neues. Spätestens seit dem Ende des Kalten Krieges haben die Europäer amerikanische Regierungen für ihre „Verweigerungshaltung“ gegenüber internationalen Abkommen missbilligt, für die die „internationale Gemeinschaft“ sich begeisterte, vom Kyoto-Protokoll bis hin zum Internationalen Strafgerichtshof. Sie haben die amerikanische Bereitschaft beklagt, dringende Sicherheitsprobleme auf eigene Faust zu lösen, etwa im Fall des Irakkrieges, der ohne ein Mandat der Vereinten Nationen geführt wurde. Europäer finden es tatsächlich beunruhigend, dass Amerikaner nicht durchgängig davon ausgehen, dass ihr Militär nur existiert, um „der internationalen Gemeinschaft“ zu dienen, und dass Amerikaner dazu bereit sind, den Vereinten Nationen ihren Rang als „oberste Entscheidungsinstanz“ der Welt zu bestreiten. Mit anderen Worten: Abgesehen von ihrer Unruhe über den Inhalt dieser und jener politischen Maßnahme Amerikas hat die europäische Führung es durchweg als verstörend empfunden, dass die Vereinigten Staaten sich selbst im Recht sehen, eigenmächtig zu handeln, nach ihrem eigenen Gutdünken und im Sinne ihres eigenen Volkes, ihrer eigenen Werte und ihrer eigenen Interessen. Das Problem ist also, kurz gesagt, dass die Vereinigten Staaten als eine unabhängige Nation handeln.

Die Parallele zum Fall Israel liegt auf der Hand. Wie bei Israel richten sich die Wellen der Abscheu und des Zorns immer gegen eine bestimmte amerikanische Entscheidung oder Maßnahme. Doch während die konkreten Anlässe kommen und gehen, sind sie doch nicht der Antrieb der immer weiter ansteigenden Verlaufskurve von Abscheu und Zorn. Diese speist sich aus dem Beharren auf dem Recht zu eigenmächtigem Handeln, wo es notwendig ist – das heißt, aus dem Bestehen auf der alten Ordnung der nationalen Staaten. Und wie im Falle Israels ist die Bestürzung hier deckungsgleich mit einer systematischen Doppelmoral: Die Amerikaner werden verunglimpft und ihr Verhalten beklagt, weil sie in der Verfolgung ihrer Interessen als Nation ein unabhängiges Urteil walten lassen, während kein derartiger Skandal folgt, wenn China oder der Iran gemäß ihres unabhängigen Urteils ihre eigenen Interessen verfolgen. Auch hier ist es die nationale Unabhängigkeit eines „europäischen“ Volkes, das zur moralischen Reife gelangt sein und es besser wissen sollte, die die Wut und den Hass antreibt.

Die gleiche Entrüstung wurde auf Großbritannien ausgedehnt, in der Folge der dortigen Entscheidung, zu einem Kurs der nationalen Unabhängigkeit und Selbstbestimmtheit zurückzukehren, und ebenso auf Nationen wie Tschechien, Ungarn und Polen, die darauf beharren, ihre eigene Einwanderungspolitik beizubehalten, die nicht mit den Theorien der Europäischen Union über die Ansiedlung von Flüchtlingen konform geht. In diesen und in anderen, ähnlich gelagerten Fällen nehmen die realen Beschwerden gegenüber dem Zorn aufgrund der bloßen Möglichkeit einer unabhängigen Politik seitens einer europäischen Nation eine zweitrangige Stellung ein.[210] Und genau wie im Falle Israels werden diese unabhängigen politischen Entscheidungen mit Nazismus oder Faschismus verglichen.[211]

Die Kritik beschränkt sich auch nicht auf bloßes Gerede. Es gibt mindestens zwei Fälle, in denen auf eine solche moralische Verurteilung Zwangsmaßnahmen folgten: die Kampagnen zur Delegitimierung von Südafrika und Serbien, die schlussendlich in der Zerstörung des Apartheidregimes in Südafrika und der gewaltsamen Vertreibung der Serben aus dem Kosovo resultierten. Ich hege keinerlei Zweifel daran, dass das südafrikanische Regime moralisch abstoßend war, oder dass serbische Truppen nach dem Zerfall von Jugoslawien Gräueltaten verübt haben. Aber was hier für meine Belange von Interesse ist, ist nicht das objektive moralische Versagen dieser Nationen – eine Angelegenheit, über die man kaum geteilter Meinung sein kann. Ich möchte vielmehr wissen, warum diese zwei Nationen als Ziele für Schmähungen auserkoren wurden, wenn ihnen so viele andere Nationen in Sachen Blutvergießen, Unterdrückung und Folter Konkurrenz machten und doch weitgehend ignoriert wurden. Meine These ist, dass sich der gegen diese Nationen gerichtete Hass nicht einfach nur mit den von ihnen begangenen Untaten erklären lässt. Denn wer will schon ernsthaft behaupten, dass die Serben ein längeres menschenrechtliches Sündenregister gehabt hätten als Nordkorea, der Iran, die Türkei, Syrien, der Sudan oder der Kongo? Oder dass die Unterdrückung der Schwarzen in Südafrika, so schauderhaft sie ganz sicher war, verwerflicher gewesen wäre als die Unterdrückung der Frauen im heutigen Saudi-Arabien?

Dass diese beiden Nationen für ein besonderes Maß an Hass und Abscheu und für eine besondere Bestrafung ausgewählt wurden, liegt daran, dass weiße Südafrikaner und Serben als Europäer angesehen werden und man an sie Maßstäbe anlegt, die in keinerlei Verhältnis zu dem stehen, was von ihren afrikanischen oder muslimischen Nachbarn erwartet wird. Warum sollten denn schließlich auch zwei Millionen Albaner im Kosovo als ein zweiter, unabhängiger albanischer Staat anerkannt werden, während 30 Millionen Kurden weiterhin Jahr für Jahr Terror und Verfolgung vonseiten der Türken, Araber und Iraner erleiden müssen, weil ihnen ein unabhängiges Heimatland fehlt? Der entscheidende Unterschied zwischen den beiden Beispielen ist, so behaupte ich, dass die Serben, die das Kosovo als zu ihnen gehörig betrachten, als ein europäisches Volk gelten, das es besser wissen sollte, während die Türken, Iraner und Araber, die die Kurden weiter unterdrücken und ermorden, als (aus der Sichtweise des Paradigmas der europäischen Liberalen) kindische Wilde gesehen werden, von denen man in moralischer Hinsicht so gut wie nichts erwarten kann.

Diese Argumentation erscheint erst einmal widersinnig, aber wird eindeutig, wenn man darüber nachdenkt. Wenn eine Nation europäisch ist oder aus einer europäischen Ansiedlung entstand, dann werden an sie Erwartungen im Einklang mit europäischen Standards gestellt – was zunehmend gleichbedeutend ist mit der kantischen Abkehr vom nationalen Recht auf eigenständige Urteils- und Handlungsfähigkeit, besonders bei der Anwendung von Gewalt. Der Iran, die Türkei, die Araber und die Dritte Welt hingegen sind dieser Ansicht nach primitive Völker, die noch nicht einmal die Stufe des rechtsstaatlich regierten Nationalstaates erreicht haben. In der Praxis bedeutet das, dass für sie scheinbar überhaupt keine moralischen Standards gelten.

25. Warum Imperialisten hassen

„Liberaler Internationalismus“ ist nicht bloß eine positive Agenda zur Auslöschung nationaler Beschränkungen und Auflösung der nationalen Staaten in Europa und anderswo. Er ist eine imperialistische Ideologie, die gegen den Nationalismus und die Nationalisten hetzt und danach strebt, sie zu delegitimieren, wo immer sie in Europa auftauchen – oder in Nationen wie Amerika und Israel, die als Sprösslinge der europäischen Zivilisation betrachtet werden.

Warum ist Hass, der von liberalen Kreisen ausgeht, so wenig thematisiert worden? Das scheint so zu sein, weil die Existenz eines solchen Hasses nicht in das kantische Paradigma passt, demzufolge die Vernunft die Menschheit in Richtung des Verzichts auf den unabhängigen nationalen Staat – zusammen mit dem Hass und der Gewalt, die die Ära der unabhängigen Nationen bestimmten – treiben sollte. Dieser Ansicht nach werden zusammen mit dem kommenden internationalen Staat Vernunft und Frieden anbrechen. Wenn sich aber herausstellen sollte, dass die Unterstützung des liberal-imperialistischen Programmes nicht Vernunft und Frieden, sondern Hass und Gewalt hervorbringt, so würde die Behauptung schweren Schaden nehmen, dass das liberale Imperium die einzig mögliche Position für vernünftige Menschen sei.

Mit anderen Worten: Es gibt einen blinden Fleck im zeitgenössischen liberalen Diskurs. Infolge ihrer Hingabe an eine universale politische Ordnung neigen liberale Imperialisten dazu, Hass (wenn nicht auf Religion) auf nationalen und stammesbasierten Partikularismus zu schieben, während sie übergehen oder herunterspielen, dass Hass eine direkte Folge des Fortschreitens ihres eigenen Strebens nach universaler politischer Ordnung ist.

Nichts daran sollte überraschen. Geschichtlich betrachtet hatte jede uns bekannte imperiale Theorie – ob nun ägyptisch oder assyrisch, griechisch oder römisch, christlich oder muslimisch, liberal oder marxistisch – eine Ideologie der universalen Erlösung und des Friedens zu bieten.[212] Und jede derartige imperialistische Ideologie antwortete, sobald sie auf eine entschiedene Ablehnung der angebotenen Erlösung traf, mit intensivem und fortdauerndem Hass. Es scheint, als könne das Universale alle Menschen und Nationen lieben, solange sie ihr Denken und Handeln bereitwillig von diesem Universalen bestimmen lassen. In dem Moment, in dem partikulare Nationen und partikulare Menschen auf Selbstbestimmtheit beharren, ändert sich alles. Dann stellt sich heraus, dass das Universale das Partikulare hasst, dass es von ihm erschüttert und angewidert ist. Und dieser Hass, diese Abscheu werden nur umso mehr entfacht, wenn sich der Widerstand des Partikularen seinerseits als stabil und beständig erweist.

Das ist die Geschichte des christlichen Hasses auf die Juden, welche das Evangelium von Erlösung und Frieden ablehnten. Und es ist die Geschichte des europäischen Hasses auf das moderne Israel, welches die Botschaft der Europäischen Union von Erlösung und Frieden abgelehnt hat. Kants Vorschlag, die nationalen Staaten Europas aufzulösen und unter die Herrschaft eines internationalen Bundes zu stellen, ist also quasi die Wiederholung einer uralten christlichen Metapher im Gewand der Aufklärung. Der Zorn, den die Fürsprecher des liberalen Imperiums verspüren, wenn sie mit der israelischen Ablehnung ihres Programmes des ewigen Friedens konfrontiert sind, ähnelt sehr dem, was ihre Vorväter angesichts der jüdischen Ablehnung des Evangeliums empfunden haben müssen.[213] Und wenn sie einmal mehr diesen Hass auf sich zukommen sehen, empfinden auch die Juden etwas ganz Ähnliches wie das, was ihre Vorväter verspürt haben müssen.

Wenn das klar ist, müssen wir erneut Hitlers Hass auf die Juden betrachten, der so oft als ein mustergültiger Fall von nationalem oder stammesbasiertem Hass eingestuft wird, als der Hass einer Nation auf eine andere. Die Deutschen haben aber niemals eine alttestamentarische Auffasung von sich selbst als unabhängigem nationalen Staat kultiviert, so wie es die Engländer, Holländer und Amerikaner taten. Der katholisch-deutsche Traum von *Austriae est imperare orbi universo*, der nazi-deutsche Traum davon, zum „Herrn der Erde" zu werden, und der aufgeklärt-deutsche Traum vom „*Völkerstaat*, der zuletzt alle Völker der Erde befassen würde", sind allesamt Umformungen einer einzigen Idealvorstellung und Leidenschaft, jener von Imperatoren und Imperialisten, die davon träumen, alle selbstbestimmten und freien Nationen auf dieser Erde auszulöschen und sie mit einem allumfassenden Willen zu überziehen, der ihnen allen eine einzige, universale Erlösung verheißt.

Dies ist eine Idealvorstellung und Leidenschaft, für die die Juden mit ihrer unverhandelbaren Sorge um ihre eigene Sache und ihren einzigartigen Bund ein unerträgliches Hindernis darstellen.[214] Aus diesem Grund ist der deutsche Hass auf die Juden tatsächlich zur Phrase und zu einem Archetyp geworden. Doch ist dies nicht der Archetyp des Hasses einer Nation auf eine andere, mit der sie konkurriert. Es ist der Archetyp des Hasses von Imperatoren und Imperialisten, deren allumfassender Wille nicht ein einziges stur widersprechendes Volk ertragen kann, und sei es noch so klein. Man muss sich Zeit nehmen, dies zu bedenken, damit man es richtig versteht: Für diejenigen, die sich im Griff des universalistischen Wahnes befinden, gibt es keine Wahrheit, wenn sie nicht rein ist, ohne Ausnahmen. Und so kann die Erlösung, die sie verheißen, nicht wahr sein, solange sie nicht rein ist, ohne Ausnahmen – das heißt, dass sie für alle Nationen gelten muss, für jede Frau und jeden Mann jeden Alters. Nur diesen einen kleinen Widerspruch zu erlauben, nur diesen einen kleinen Widerspruch zu *dulden*, würde bedeuten, dass die allumfassende Erlösung, die der Menschheit angeboten wurde, falsch wäre. Und dennoch beharren die Juden auf ihrem Widerspruch.

Dieses Grauen vor dem Nationalen und dem Partikularen hat unter Christen ein Stück weit nachgelassen. Wo die hebräische Bibel mit Nachdruck angenommen wurde, finden wir mittlerweile viele Christen, die in der Lage sind, die Partikularität einer einzigartigen nationalen Bestimmung und Sichtweise zu lieben. Das ist der Grund, weshalb in Amerika und Großbritannien so viele gläubige Christen – sowohl Protestanten als auch Katholiken – Nationalisten bleiben, auch wenn das Engagement für die nationale Unabhängigkeit in schweren Verruf geraten ist. Sie identifizieren sich persönlich mit dem alten Israel, und es ist diese Zuneigung, die sie lehrt, die Partikularität einer einzigartigen nationalen Bestimmung zu lieben. Es ist auch der Grund, weshalb so viele Menschen in diesen Ländern Israel lieben, eine Liebe, die keinen anderen Ursprung hat als ihre persönliche Identifikation mit der alten israelitischen Nation des Alten Testamentes.

Unter „liberalen Internationalisten“ jedoch brennt das Grauen vor dem Nationalen und dem Partikularen, der Hass der Imperatoren und Imperialisten, heute lichterloh. Sie haben das Verlangen nach einem universalen Imperium übernommen und glauben daran, so wie einst die Christen daran glaubten und wie einst die Marxisten daran glaubten. Die Juden werden für Anhänger des liberalen Imperiums ein Objekt besonderer Empörung bleiben, ganz genauso, wie sie es für deren Vorgänger waren. Die Herzen der liberalen Imperialisten sind jedoch geräumig. Und ihr Hass auf das Partikulare, welches sich nicht unterordnen will, der sich zeitweilig fast ausschließlich gegen Israel richtete, hat in den vergangenen Jahren entdeckt, dass es noch viele andere gibt, die stur ihre eigene, einzigartige Bestimmung und Sichtweise zu verteidigen wünschen. Diese Verweigerer des universalen Liberalismus finden sich heute in Amerika und Großbritannien, in Frankreich, den Niederlanden und Dänemark, in Tschechien, Polen, Ungarn und Griechenland, in Indien und Japan und in vielen anderen Ländern. Und sie alle werden im Gegenzug ebenso gehasst werden, wie die Juden gehasst worden sind, weil sie einen unabhängigen Weg gehen wollen, der ganz ihr eigener ist.

Ironischerweise sehen in den Augen liberaler Imperialisten alle Kritiker und alle Kritik gleich aus.[215] Doch diese dissidenten Bewegungen und Nationen verfügen nicht über eine einzige Weltanschauung, die sie voranbringen möchten, und werden es auch in Zukunft nicht. Sie teilen keine universale Lehre, die sie zur Erlösung der gesamten Menschheit feilbieten. In manchen Ländern wurzelt die Opposition gegenüber dem liberalen Imperium in einem Streben, das ich beim besten Willen nur als anziehend und bewundernswert bezeichnen kann, während sie in anderen Ländern Ziele verfolgt, die ich als geschmacklos oder schlimmer empfinde. Was diese sehr unterschiedlichen Völker und Bewegungen gemeinsam haben, ist lediglich der Wunsch, ihre jeweilige Nation auf Gedeih und Verderb ihren eigenen Weg gehen zu sehen. Ich kann nicht alle partikularistischen Bewegungen in Schutz nehmen, die aus diesem Wunsch nach nationaler Freiheit entstehen, und das sollte man auch von niemandem verlangen. Freie Nationen können nicht immer nur die richtigen Entscheidungen treffen. Sie entwickeln sich durch Ausprobieren, indem sie nach dem streben, was sie für ihre eigenen Interessen erachten, gemäß ihren eigenen nationalen Traditionen und ihrem eigenen, einzigartigen Ansatzpunkt. Der Menschheit kann nicht daran gelegen sein, diese Ansichten im Namen irgendeiner starren Lehre, die nur ein weiteres Weltreich schaffen wird, zu unterdrücken. Es liegt vielmehr in unserem Interesse, den Nationen so weit wie möglich zuzugestehen, ihre ureigenen Ansprüche zu verfolgen. Wir werden nicht immer entzückt davon sein, was jede einzelne Nation mit dieser Freiheit anstellt. Doch indem wir die Eigenarten anderer Nationen dulden, werden wir frei vom alten imperialistischen Hass auf das Andere und Vielfältige. Und wir werden vielleicht sogar einsehen, dass eine Welt der Experimente und Innovationen ein größerer Segen für die Familien der Erde sein wird als jeder universale Entwurf, den wir vielleicht selbst gewählt hätten.

Fazit: Nationalismus als Tugend

Es ist bemerkenswert, dass Moses, der mit dem Herrn des Himmels und der Erde spricht, nichtsdestoweniger keinen weltumspannenden Eroberungszug beginnt und sich ausschließlich für Israel als Gesetzgeber präsentiert. Die Propheten Israels verstanden gewiss, dass die Tora zum Wohle der gesamten Menschheit gegeben worden war. Und doch wahrt die hebräische Bibel eine durchgehende Unterscheidung zwischen dem nationalen Staat, wie ihn Moses im Deuteronomium billigt, der innerhalb vorgeschriebener Grenzen bestehen soll, und dem Bestreben, Gottes Wort den Nationen der Welt zu verkündigen, was dann vonstattengeht, wenn die Völker Israel besuchen, um von ihm zu lernen, und nichts mit Eroberung zu tun hat. Wie sehr unterscheidet sich diese biblische Sensibilität vom Vorgehen der antiken Großreiche, die stets auf Eroberungen aus waren und den Nationen ihre Vorstellung von Frieden und Wohlstand aufzwingen wollten, um welchen Preis auch immer!

In diesem Buch habe ich nachzuvollziehen versucht, was hinter dem biblischen Vorzug für eine auf dem nationalen Staat basierende politische Ordnung steht, einem Vorzug, der in der Neuzeit zu einer Säule der protestantischen Struktur der westlichen Zivilisation geworden ist. Ich habe darauf hingewiesen, dass die Institution des nationalen Staates gegenüber den anderen uns bekannten Formen politischer Ordnung einige Vorteile bietet: Der nationale Staat wie auch das Imperium verbannen Kriege an die Grenzen einer großen, politisch geordneten Region und schaffen so einen geschützten Raum, in dem sich Frieden und Wohlstand etablieren können. Doch im Gegensatz zum Imperium ist der unabhängige nationale Staat geprägt von einer Abneigung gegenüber abenteuerlichen Eroberungszügen in ferne Länder. Darüber hinaus bietet eine Ordnung nationaler Staaten die größten Möglichkeiten zur kollektiven Selbstbestimmung. Sie schafft einen lebenslangen produktiven Wettbewerb zwischen den Nationen, von denen jede danach strebt, ihre Fähigkeiten und die ihrer einzelnen Angehörigen möglichst weit zu entwickeln. Und sie verschafft dem Staat die einzig bekannte Grundlage zur Herausbildung freier Institutionen und individueller Freiheiten. Dies sind beträchtliche Vorteile, und vor ihrem Hintergrund schlussfolgere ich, dass die beste der Menschheit bekannte politische Ordnung tatsächlich eine der unabhängigen nationalen Staaten ist.

Das legt nahe, dass man Nationalist sein sollte. Ich meine nicht nur, dass jemand ein Patriot sein sollte, also seiner oder ihrer eigenen Nation gegenüber loyal und darum bemüht, ihre Interessen zu verfolgen. Ich schlage vielmehr eine umfassendere Betrachtungsweise vor, die das übergeordnete Interesse erkennt, welches – in einer Welt der unabhängigen und selbstbestimmten Nationen, die allesamt Interessen und Absichten verfolgen, die ihre jeweils ganz eigenen sind – die gesamte Menschheit verbindet. Eine solche Sicht hat überhaupt nichts zu tun mit dem Verfechten eines utopischen universalen Rechts auf nationale Unabhängigkeit. Sie liefert jedoch ein dringend benötigtes Ziel oder einen Endzweck für die Politik zwischen den Nationen, über die bloße Anhäufung von Macht hinaus auf das Leben und das Gute gerichtet. Eine solche Sicht kann nützlich in der Außenpolitik sein, wo ein Nationalist stets auf der Hut sein wird gegenüber imperialistischen Plänen, Zwang ausübenden internationalen Institutionen und Vorstellungen von einklagbaren universalen Rechten – all diese lenken das Denken der Staatsmänner von den Bedürfnissen und Wünschen der Menschen, die sie tatsächlich regieren, ab zugunsten irgendwelcher Machenschaften in fremden Ländern, von denen sie ausnahmslos viel weniger Ahnung haben, als sie glauben. Und sie kann nützlich sein in der Innenpolitik, wo ein Nationalist stets darauf achten wird, was getan werden muss, um das materielle Wohlergehen, den inneren Zusammenhalt und das einzigartige kulturelle Erbe seiner Nation zu erhalten und auszubauen – denn all das will sorgfältig gepflegt sein, wenn die Nation stark werden soll, um ein Segen für ihre Angehörigen und ein Vorbild und eine Inspiration für andere zu werden.

Ich habe nirgends versucht, die vielen Ungerechtigkeiten zu leugnen oder zu rechtfertigen, die von Nationalisten aus verschiedenen Ländern begangen wurden. Genauso wenig glaube ich daran, dass uns eine Ordnung nationaler Staaten allesamt zu Engeln werden lässt. Aber ich glaube daran, dass die Hingabe an die imperiale Sache und an das Ideal, die Welt unter eine einzige Autorität und eine einzige Doktrin zu zwingen, das Eintreten für etwas weitaus Schlimmeres bedeutet. Ich habe mehr als einmal darauf hingewiesen, dass genau dieser Imperialismus die größten Zerstörer hervorgebracht hat, die die Erde jemals sah, zu denen aus der jüngeren Vergangenheit Napoleon, Hitler und nicht zuletzt Stalin zählen. Natürlich können meine liberalen Freunde weitschweifig erklären, dass sich ihr eigener Imperialismus von allen anderen vor ihm unterscheiden wird, dass sie neue konzeptionelle Zugänge und neue Methoden politischer Lenkung entwickelt haben und dass diese uns endlich Frieden und Wohlstand bringen werden. Die bisherigen Erfahrungen mahnen allerdings dazu, solchen Theorien keinen Glauben zu schenken, selbst wenn wir ihre Wortführer als wohlmeinende Menschen schätzen. In Wahrheit sind so gut wie alle von ihnen Utopisten, die fast zerspringen vor Liebe zu der abstrakten Theorie, die ihnen vor Augen steht. Letztendlich werden sie aufgezehrt werden vom Hass des Universalen auf das Partikulare, das sich nicht unterwerfen will, wie es auch ihren Vorgängern ergangen ist. Letztendlich werden sie zu dem Schluss gelangen, dass es keine andere Möglichkeit gibt, als die Abweichler – abweichende Individuen ebenso wie abweichende Nationen – mit Gewalt zu zwingen, sich der universalen Theorie zu ihrem eigenen Besten zu unterwerfen.

Das bedeutet, dass die Frage danach, ob Nationalismus erstrebenswert ist, zwei unterschiedliche Ebenen hat. Zunächst einmal gibt es die große theoretische Frage nach der besten politischen Ordnung. Ich habe behauptet, dass eine Ordnung der nationalen Staaten die beste Form der politischen Ordnung sei. Aber ich habe auch betont, dass eine solche Ordnung nicht als Utopie, als Blaupause für die Einrichtung einer perfekten politischen Welt angesehen werden darf, weil sich eine Ordnung nicht in der Welt perfektionieren lässt und die Welt nicht durch sie perfektioniert werden kann. Vielmehr sollte Nationalismus innerhalb der politischen Ordnung als Tugend angesehen werden – was bedeutet, dass sich die Bedingungen, unter denen die Menschheit lebt, verbessern, während wir einer Welt der unabhängigen nationalen Staaten zustreben.

Zweitens ist da die viel persönlichere Frage, ob Nationalismus beim Einzelnen eine Tugend oder eine Sünde sei. Mein ganzes Leben lang habe ich gehört, dass Nationalismus die menschliche Persönlichkeit verderbe und bösartig werden lasse. Ich habe diese Ansicht von Christen und Muslimen, von Liberalen und Marxisten gehört, die allesamt keine Probleme mit der Pflege von Visionen hatten, in denen die Erde eine politische Einheit darstellt, regiert von einer einzigen politischen Lehre, die rein zufällig jeweils ihre eigene ist. Für sie alle ist Nationalismus eine Sünde, weil sie glauben – wie Herzl es auf seine Forderungen nach einem jüdischen nationalen Staat in den 1890er-Jahren zu hören bekam –, man sollte „keine neuen Grenzen errichten, lieber die alten verschwinden machen“[216]. Natürlich ist jeder von ihnen der Meinung, dass dann, wenn die Grenzen erst einmal niedergerissen sein werden, es schon sein eigener Standpunkt sein wird, der sich auf der neuen grenzenlosen Erde durchsetzen wird, und nicht der von irgendeinem anderen – nicht gerade ein großzügiges oder liebenswürdiges Angebot, wenn man so darüber nachdenkt. Und dennoch ist es der Nationalist, der die Grenzen lieber stehen lassen möchte und glaubt, dass gute Zäune gute Nachbarn machen, der in ihren Augen bösartig ist.

Meine eigene Auffassung ist eine andere. Ich habe es immer für eine Tugend gehalten, Nationalist zu sein. Nicht nur, weil die Ordnung der nationalen Staaten die beste politische Ordnung ist und es bewundernswert ist, sich dem Vorhaben verschrieben zu haben, diese alte Erde einer solchen politischen Ordnung einen Schritt näher zu bringen. Darüber hinaus glaube ich, dass die Ausrichtung auf eine Ordnung unabhängiger nationaler Staaten gewissen positiven Charaktereigenschaften den Weg ebnet, die sich viel schwieriger, wenn nicht unmöglich herausbilden lassen, solange jemand weiterhin dem Traum vom Imperium anhängt. Ich möchte das etwas weiter ausführen.

Wie ich bereits erklärte, hat die Gier nach imperialer Ausdehnung eine lange Geschichte der Befeuerung durch universale Theorien von der Rettung der Menschheit. Christentum, Islam, Liberalismus, Marxismus und Nazismus haben in der jüngeren Vergangenheit allesamt als Motoren der Errichtung von Imperien gedient. Und was sie alle miteinander verbindet, ist die Behauptung, dass die Wahrheiten, die den Stämmen der Erde die Errettung bringen werden, endlich gefunden worden seien, und dass nun alle jene Lehre akzeptieren müssten, die allein die ersehnte Erlösung einleiten könne.

Menschliche Wesen sind von Natur aus intolerant, und es wäre töricht, diese Intoleranz ausschließlich dem einen oder anderen politischen oder religiösen Standpunkt zuzuschreiben. Dennoch: Wenn jemand diese angeborene Intoleranz anheizen wollte, um sie so brutal und giftig wie nur irgend möglich werden zu lassen, so könnte er es kaum besser anstellen als durch die Verbreitung einer Weltanschauung, wonach es nur eine wahre Lehre gibt und die Rettung der Menschheit davon abhängt, ob sich die ganze Welt ihr unterwirft. Solche Überzeugungen sind Nährböden für Imperien – aufgrund der Männer und Frauen, die sie hervorbringen: Imperialisten, die gleichzeitig Revolutionäre sind. Diese Individuen sind der Ansicht, dass das ihnen vor Augen stehende universale Ideal ebenso für alle anderen gilt, und deshalb werden sie nicht zögern, alle nur denkbaren tribalen oder nationalen Traditionen umzustürzen, die ihrer erwarteten Erlösung im Weg stehen. Es gibt keinen besseren Zerstörer als einen Menschen voller brennender Liebe zu einer allumfassenden Wahrheit. Und in jedem, der universale Heilsversprechen und die aus ihnen folgenden Imperien bejaht, liegt etwas Zerstörerisches – wenn auch noch nicht handfest, so doch zumindest intellektuell.

Die Ordnung von Stämmen und Clans fördert auch die Herausbildung eines gewissen Charaktertypus', nämlich den des Loyalisten gegenüber einem besonderen Clan oder Stamm. Angehörige eines unabhängigen Stammes oder Clans sind sich in der Regel sehr bewusst, dass das Funktionieren der politischen Gemeinschaft fast vollständig auf den Bindungen gegenseitiger Loyalität beruht. Aus diesem Grund kultivieren Clan- und Stammesangehörige eine Vorliebe für große Taten und Selbstopfer, die um dieser Loyalität willen geleistet wurden, sowie einen Ehrbegriff, der Loyalität über alles andere wertschätzt. Doch sie achten ebenso auf die Autorität und Ehre ihrer ererbten Stammestraditionen, die sie erbittert und sogar mittels körperlicher Gewalt verteidigen, doch bemerkenswert unbekümmert darum, ob diese Traditionen sie tatsächlich dazu anleiten, das Wahre und Richtige zu tun. Solche Männer und Frauen sind ohne Weiteres dazu in der Lage, den Untergang eines benachbarten Clans oder Stammes gutzuheißen, wenn sie den Eindruck haben, dass er für das Überleben ihres eigenen und die Bewahrung seiner üblichen Glaubensinhalte notwendig sei. Da sie keine universalistischen Bestrebungen hegen, finden ihre Missetaten allerdings nur im örtlichen und nicht im allgemeinen Maßstab statt, und man kann mit ihnen Frieden schließen, wenn sie davon überzeugt sind, dass ihr Clan oder Stamm nicht (mehr) bedroht ist.

Genau in der Mitte zwischen diesen beiden charakterlichen Polen – dem universalistischen Revolutionär und dem tribalen Loyalisten – findet man den Typus, der am meisten mit dem Nationalismus kompatibel ist. Der Nationalist ist wie der Stammesangehörige ein Partikularist, und seine Loyalität gegenüber dem nationalen Staat erinnert uns an die Treueverhältnisse innerhalb der Ordnung von Stämmen und Clans. Nichtsdestoweniger erinnert uns der Nationalist auch an den Imperialisten, und zwar in seiner Hingabe an ein Ideal, das größer ist als das Wohlergehen seines eigenen Clans oder Stammes, nämlich an die Ordnung unabhängiger nationaler Staaten. Er ist dadurch Teil einer politischen Bemühung, die sich sowohl von der unendlichen Ausdehnung eines Imperiums als auch von den Kleinkriegen der Anarchie stark unterscheidet. Und diese Bemühung ermutigt ihn zu einer anderen Geisteshaltung, und zwar in zweierlei Hinsicht:

Zum einen ist die Ordnung der nationalen Staaten eine Idealvorstellung, die auf einem Mindestmaß an Demut in Bezug auf die Weisheit und die Errungenschaften der Nationen basiert. Man könnte sagen, der Nationalist weiß zwei sehr gewichtige Dinge und bewahrt sie beide gleichermaßen in seiner Seele: Er weiß, dass in seinen eigenen nationalen Traditionen und seiner Loyalität ihnen gegenüber eine große Wahrheit und Schönheit liegt; und doch weiß er ebenso, dass sie nicht der menschlichen Weisheit letzter Schluss sind, denn es gibt auch anderswo Wahrheit und Schönheit, über welche seine eigene Nation nicht verfügt. Dieses Gleichgewicht zweier Faktoren erlaubt einen moderaten Skeptizismus im Hinblick auf das eigene nationale Erbe, das als Ergebnis einer besonderen Geschichte und besonderer Umstände anerkannt wird. Und es erzeugt eine Bereitschaft dazu, auf empirischer Grundlage die Vorzüge der Institutionen und Gebräuche anderer Nationen zu prüfen. Wie wir beispielsweise in den Schriften von Selden oder Burke nachlesen können, schließt ein solcher moderater Skeptizismus die intensive Loyalität zu den eigenen nationalen Traditionen keineswegs aus, sondern befördert vielmehr den Wunsch, diese – wenn nötig – aufzuarbeiten oder zu verbessern. Genauso wenig schrumpft eine solche Sichtweise auf den relativistischen Unwillen zusammen, aus Erfahrungen allgemeine Schlüsse zu ziehen, auch wenn das oft behauptet wird. Sie kultiviert vielmehr eine Skepsis gegenüber dem Überstrapazieren solcher Verallgemeinerungen, die bei der Anwendung auf eine konkrete Nation zu einer konkreten Zeit aus Gründen, die wir noch nicht erkennen können, vielleicht nicht verfangen mögen.

Zum anderen entsteht und besteht der freie nationale Staat, wie wir wissen, durch den Zusammenschluss vielfältiger Stämme und Clans, von denen wiederum jeder dank der Loyalität seiner Angehörigen zu ihren eigenen Stammesführern und -traditionen existiert. Der Nationalist bleibt zwar den Interessen und Zielen seines eigenen Stammes und Clans gegenüber weiterhin loyal, aber erkennt nichtsdestoweniger den immensen Wert an, den eine Einheit zwischen diesen verschiedenen Stämmen und der Friede zwischen ihnen bedeutet. Dieser Blickwinkel verändert seinen Charakter und macht ihn sehr verschieden von jenem der unabhängigen Stammes- oder Clanangehörigen früherer Zeiten. Denn auch wenn der Nationalist in den Streitfragen zwischen den Stämmen, aus denen die Nation noch immer besteht, hin und wieder Partei ergreifen wird, so wird er doch ihre jeweiligen Ansprüche mit einer gewissen Distanz betrachten, die seiner Sorge um die Nation als Ganzes entspringt. Auf diese Weise lernt der Nationalist einen moderaten Skeptizismus gegenüber dem Standpunkt seines eigenen Stammes und ist besser dazu in der Lage, die Vorzüge der Sichtweisen anderer Stämme zu erkennen. Er entwickelt somit ein besseres Gespür für die Vorteile empirischer und pragmatischer Politik, die die jeweiligen Ansichten der verschiedenen Stämme mitberücksichtigt – eine Vorgehensweise, die in vielen Fällen zu einem besseren Verständnis für das Wohl der Nation führt, als es die Perspektive eines einzelnen Stammes vermag.

In der Seele des Nationalisten findet man deshalb oft eine begrüßenswerte Spannung zwischen seiner tiefen Loyalität zu den überkommenen Traditionen seiner eigenen Nation und seines Stammes einerseits sowie dem Skeptizismus und dem Empirismus andererseits, welche aus seinem Bewusstsein der Vielfalt der Traditionen sowohl innerhalb der Stämme seiner eigenen Nation als auch unter fremden Nationen resultieren. Ich behaupte, dass diese Spannung in jedem Einzelnen eine außerordentliche Tugend darstellt und dass die ihr entwachsenden Früchte im Hinblick auf politische und moralische Erkenntnis von denen jeder anderen Gesinnung nicht zu übertreffen sind.

Natürlich will ich damit nicht sagen, dass jeder Nationalist es schaffen wird, die engstirnige Gebundenheit an seinen eigenen Stamm zu überwinden. Gewiss werden viele daran scheitern. Noch viel weniger nehme ich an, dass es unter den Imperialisten nicht auch skeptische und tolerante Individuen gibt. Ich hatte die Ehre, nicht wenige solcher Männer und Frauen kennenzulernen, die die rationalistische Starre ihrer Kollegen erfolgreich hinter sich gelassen haben. Mir geht es vielmehr darum, dass universale Erlösungstheorien – von denen das Streben nach einem universalen liberalen Imperium heute die einflussreichste ist – unerbittlich daran arbeiten, für Konformität zu sorgen und die Wirkung gegenläufiger Erwägungen zu zerstören, nicht nur innerhalb der Nationen, die ihnen unterworfen sind, sondern auch in der Seele des Individuums. Unter all den uns bekannten politischen Gesinnungen ist es einzig und allein der Nationalismus, der ein stimmiges Gegengewicht zu diesem universalistischen Fanatismus bietet, indem er die Vielfalt der unabhängigen Nationen als eine Tugend der politischen Ordnung etabliert – und die Toleranz und Wertschätzung einer solchen Vielfalt als Tugend des Einzelnen.

*****

Als Gott Abraham rief, soll er ihm verheißen haben, er werde „dich zu einem großen Volk machen […]. Durch dich sollen alle Sippen der Erde Segen erlangen“[217]. Und doch wurde den Erzvätern nirgends ein Weltreich angeboten, nur das Königtum über Israel. Die anderen Nationen, die eines Tages einen Weg zu Gott und seinen Lehren finden werden, werden dies jeweils in ihrer eigenen Zeit und nach ihrem eigenen Verständnis tun. Jede Nation fällt ihre Urteile in Übereinstimmung mit ihrer ganz eigenen Weltsicht. Es gibt kein menschliches Wesen und keine Nation, die für sich beanspruchen kann, die ganze Wahrheit für alle anderen erfasst zu haben.

Diese mosaische Sichtweise steht derjenigen diametral entgegen, die Kants angeblich aufgeklärter Imperialismus zu bieten hat, welcher behauptet, dass moralische Reife mit dem Verzicht auf nationale Unabhängigkeit und der Hinwendung zu einem einzigen universalen Imperium einhergehe. Doch es liegt keine Reife in der Sehnsucht nach einem gütigen Imperium, das die Erde beherrschen und sich um uns kümmern soll, indem es für uns entscheidet und uns seine Entscheidungen aufzwingt. In Wahrheit ist das nichts anderes als ein Vorwand, um in die Abhängigkeit der Kindheit zurückzukehren, als unsere Eltern für uns sorgten und in allen wichtigen Angelegenheiten für uns entschieden. Zur wahren moralischen Reife gelangen wir nur, wenn wir auf unseren eigenen Füßen stehen und lernen, uns selbst zu beherrschen, uns zu verteidigen, ohne jene um uns herum ohne Not zu schädigen, und – wo möglich – Nachbarn und Freunden unsere Unterstützung angedeihen zu lassen. Und das gilt auch für Nationen, die eine ganz eigene moralische Reife erreichen, wenn sie in Freiheit leben und ihren eigenen Kurs bestimmen können, auf dem sie andere fördern, wo es praktikabel ist, doch ohne die Absicht, anderen Nationen mit Gewalt ihre Herrschaft und ihre Gesetze aufzuzwingen.

Wenn wir zu dieser Reife gelangen wollen, sollten wir die Bürde der nationalen Freiheit und Unabhängigkeit schultern, die wir als Erbe von unseren Vorvätern erhalten haben. Lasst uns alles tun, was in unserer Macht steht, um sicherzustellen, dass dieses kostbare Geschenk noch immer intakt ist, wenn die Zeit kommt, diese nationale Freiheit in die Hände unserer Kinder zu legen.

Danksagungen

Dieses Buch entstand auf Anregung von Steven Grosby hin, dessen eigene Arbeit über Nationalismus und das Verhältnis desselben zur hebräischen Bibel lange eine Inspiration für mich war. Steven hat mich in dieser und in vielen anderen Angelegenheiten seit mittlerweile vielen Jahren angeleitet. Es ist mir eine Freude, bei dieser Gelegenheit meine Dankbarkeit für seine Mentorschaft, seine Mitarbeit und seine Freundschaft zum Ausdruck zu bringen.

Den Kern dieses Buches bildet eine Theorie des Nationalstaats, die ich ab 1994 im Gespräch mit Ofir Haivry während des ersten Jahrzehnts unserer Zusammenarbeit am Shalem Center entwickelt habe. Seitdem haben wir gemeinsam viel durchgemacht. Ohne seine vielen Beiträge zu meinem Denken hätte ich kein Buch wie dieses schreiben können, und sein Einfluss findet sich auf jeder dieser Seiten.

Meine Abhandlung über Locke und sein Verhältnis zur Bibel wurde von Jonathan Silvers Erkenntnissen zum Thema beeinflusst. Meine Auffassung von wechselseitigen Loyalitätsverhältnissen als Grundlage des politischen Lebens ist gleichermaßen in Diskussionen mit meiner Tochter Avital Hazony Levi herangereift. Ihnen beiden schulden meine Ausführungen viel.

Ich möchte den Gelehrten danken, die wertvolle Zeit für die Kommentierung von Teilen des Manuskripts aufgewendet haben, darunter Randy Barnett, Raphael Ben-Levi, Peter Berkowitz, Rabbi Rafi Eis, Steven Grosby, Ofir Haivry, Yael Hazony, Michael Kochin, Neal Kozodoy, Julius Krein, Walter Russell Mead, Joshua Mitchell, Glenn Moots, Paul Rahe, Rabbi R. Reno, Rabbi Mitch Rocklin, Eric Schliesser, Jerry Unterman, Joshua Weinstein und Jonathan Yudelman.

Die letzten paar Jahre waren hart für mich und meine Familie. Ich bin mit Freunden gesegnet, die auf jede nur erdenkliche Weise Unterstützung und Hilfe geleistet und es mir so ermöglicht haben, unbeschadet und guten Mutes so weit zu kommen. Ganz besonders danken möchte ich Barry und Lainie Klein, Seth und Nealy Fischer, Roger und Susan Hertog, David und Hila Brog, Rabbi Arnold Scheinberg, Michael Murray, John Churchill und Alex Arnold von der John Templeton Foundation, Rabbi Jay Marcus, Rabbi Menachem Zupnik, Bart Baum, Jack Berger, Stephanie Dishal, Ron Hersh, Fern Baker und Meirav Jones.

Ich habe das Glück, in meinem Agenten Andrew Stuart Inspiration und Geschick vereint vorzufinden. Lara Heimert von Basic Books hat zu jeder Zeit kluge Ratschläge und begeisterte Unterstützung beigesteuert. Ihr Kollege Dan Gerstle setzte sein ganzes Feingefühl und seinen Verstand ein, um das Buch auf jede nur denkbare Weise zu verbessern. Keith Urbahn, Jonathan Bronitsky und Frank Schembary von der Agentur Javelin haben zusammen mit Betsy DeJesu und Carrie Majer von Basic Books eine herausragende Marketingkampagne entwickelt, und Melissa Veronesi hat sich geschickt um die Herstellung gekümmert. Ich bin ihnen allen für ihre Bemühungen dankbar, die dieses Projekt weitaus besonderer gemacht haben, als ich es zu Beginn erwartet hatte.

Ich habe dieses Buch den Angehörigen meines Stammes gewidmet, den Kindern, die meine Ehefrau Yael und ich gemeinsam auf die Welt gebracht und aufgezogen haben. Ich wollte ihnen etwas vermitteln, und dabei habe ich selbst viel gelernt. Einiges von dem Gelernten habe ich hier festgehalten.

Anmerkungen

1 Zum „Neuen Nationalismus“ Reagans vgl. Norman Podhoretz: „The New American Majority“; in: *Commentary* 1/1981, sowie das Kapitel „The Emergence of Two Republican Parties“ in Irving Kristol: *Reflections of a Neo-Conservative*, New York 1983, S. 111.

2 Zu meinen Ansichten über den jüdischen Nationalismus vgl. Yoram Hazony: *The Jewish State*, New York 2000; ders.: „Did Herzl Want a Jewish State?“; in: *Azure* 9 (Frühjahr 2000); ders.: „The Guardian of the Jews“; in: *Azure* 13 (Sommer 2003); ders.: „Character“; in: *Azure* 14 (Winter 2003).

3 Meine Definition von Nationalismus speist sich aus einer Tradition politischen Denkens, für die Mill beispielhaft steht, dem zufolge „es generell eine unerläßliche Bedingung für freie Institutionen [ist], daß die politischen Grenzen sich im Großen und Ganzen mit den Nationalitätsgrenzen decken“. John Stuart Mill: *Betrachtungen über die repräsentative Demokratie*, Paderborn 1971, S. 244. In ganz ähnlicher Weise argumentierte Mazzini, „mit Ausnahme von England und Frankreich gibt es vielleicht kein einziges Land, dessen gegenwärtige Grenzen mit [Gottes] Plan übereinstimmen. [...] Natürliche Trennlinien und die angeborenen, spontanen Neigungen der Völker werden die willkürlichen Trennungen böswilliger Regierungen verdrängen. Die Karte Europas wird neu gezeichnet werden. Freie Nationen [...] werden erstehen“. Guiseppe Mazzini: „The Duties of Man“; in: ders.: *A Cosmopolitanism of Nations*, hg. v. Stefano Recchia u. Nadia Urbiniti, Princeton 2009, S. 93. Die traditionelle Verbindung des Nationalismus mit Ansichten dieser Art wurde durch die Ausbreitung neuer Definitionen durcheinander gebracht, wie sie der akademische Betrieb befördert hat. Von diesen liegt diejenige von Ernest Gellner wohl noch am nächsten an der traditionellen Sicht: Er postuliert, der Nationalismus sei „ein politisches Prinzip, das besagt, politische und nationale Einheiten sollten deckungsgleich sein“. Ernest Gellner: *Nationalismus und Moderne*, Berlin 1991, S. 8.

4 Vgl. Charles Krauthammer: „Universal Dominion: Toward a Unipolar World“; in: *The National Interest* (Winter 1989/90), S. 46–49. Krauthammer erklärt, dass er die Vereinigten Staaten nicht als Imperium bezeichnet, weil „wir nicht nach Territorien hungern“; vgl. Charles Krauthammer: „Democratic Realism: American Foreign Policy in a Unipolar World“, Irving Kristol Annual Lecture, American Enterprise Institute, 10. Februar 2004. Es ist gleichwohl ein Fehler, davon auszugehen, dass der Imperialismus Ausdruck eines Hungers nach Territorien sei. Vielmehr ist er ein Ausdruck des Hungers danach, andere Na-

tionen zu kontrollieren – etwas, das viele Analysten für durchführbar halten, indem man Luftangriffe und andere Methoden einsetzt, die nicht auf eine Besetzung von Land hinauslaufen. Ähnliche Ansichten finden sich in William Kristol u. Robert Kagan: „Toward a Neo-Reaganite Foreign Policy"; in: *Foreign Affairs* 4/96 (Juli/August 1996), S. 18–32, worin die Verfasser eine „wohlwollende globale Hegemonie" vorschlagen, wobei Hegemonie definiert wird als „vorrangiger Einfluss auf und Befehlsgewalt über alle anderen im Machtbereich" (S. 20).

5 Zu Thatchers Ansichten vgl. ihre Rede vor dem Europa-Kolleg am 20. September 1988 (die „Rede von Brügge"), abgedruckt in Margaret Thatcher: *Statecraft*, New York 2002, S. 320–411.

6 Im Hinblick auf die Zurückhaltung der Imperialisten, diese Bezeichnung zu gebrauchen, hat Thomas Donnelly angemerkt: „Es gibt nicht allzu viele Menschen, die bereit sind, offen darüber zu reden. [...] Vielen Amerikanern bereitet es Unbehagen. Deshalb benutzen sie verschlüsselte Formulierungen, etwa ‚Amerika ist die einzige Weltmacht'." Zitiert nach Thomas E. Ricks: „Empire or Not?"; in: *Washington Post* vom 21. August 2001. Nichtsdestoweniger begannen nach den Angriffen al Qaidas auf die Vereinigten Staaten am 11. September 2001 sowohl Fürsprecher als auch Gegner damit, betonter vom Imperium zu sprechen. Vgl. Max Boot: „The Case for American Empire"; in: *Weekly Standard* vom 15. Oktober 2001; Stephen Peter Rosen: „An Empire If You Can Keep It"; in: *National Interest* (Frühjahr 2002); Stanley Kurtz: „Democratic Imperialism: A Blueprint"; in: *Policy Review* (Mai 2003); Herfried Münkler: *Imperien. Die Logik der Weltherrschaft – vom Alten Rom bis zu den Vereinigten Staaten*, Berlin 2005; Niall Ferguson: „America as Empire, Now and in the Future"; in: *The National Interest* vom 23. Juni 2008. Kritischere Herangehensweisen finden sich bei Andrew Bacevich: *American Empire*, Cambridge 2002; Michael Ignatieff: „The American Empire"; in: *New York Times Magazine* vom 5. Januar 2003; John Judis: *The Folly of Empire*, New York 2004. [Einige der hier genannten Zeitschriftenbeiträge finden sich in deutscher Übersetzung im Sammelband Ulrich Beck u. Natan Sznaider (Hg.): *Empire Amerika. Perspektiven einer neuen Weltordnung*, München 2003.] Für Ausformulierungen einer universalen politischen Ordnung, die den Begriff „Imperium" nicht verwenden, vgl. u. a. Alexander Wendt: „Why a World State Is Inevitable"; in: *European Journal of International Relations* 9 (2003), S. 491–542; Anne-Marie Slaughter u. John Ikenberry: *Forging a World of Liberty Under Law*, Princeton 2006.

7 Zu den Autoren, die in jüngerer Vergangenheit eine Ordnung der unabhängigen nationalen Staaten oder Aspekte einer solchen Ordnung verteidigt haben, gehören Roger Scruton: „In Defense of the Nation"; in: ders.: *The Philosopher on Dover Beach*, New York 1990, S. 299–

328; David Miller: *Nationality*, Oxford 1992; Gertrude Himmelfarb: „The Dark and Bloody Crossroads: Where Nationalism and Religion Meet"; in: *The National Interest* 32/1993, S. 53–61; Margaret Canovan: *Nationhood and Political Theory*, Northampton 1996; Lenn Goodman: „The Rights and Wrongs of Nations"; in: ders.: *Judaism, Human Rights, and Human Values*, Oxford 1998, S. 137–161; John Bolton: „Should We Take Global Governance Seriously?"; in: *Chicago Journal of International Law* 1 (2000); David Conway: *In Defence of the Realm*, Hampshire 2004; Jeremy Rabkin: *Law Without Nations?*, Princeton 2005; Pierre Manent: *A World Beyond Politics?*, Princeton 2006; Natan Sharansky: *Defending Identity*, New York 2008; John Fonte: *Sovereignty or Submission*, New York 2011; Dani Rodrik: *Das Globalisierungs-Paradox. Die Demokratie und die Zukunft der Weltwirtschaft*, München 2011; Bernard Yack: *Nationalism and the Moral Psychology of Community*, Chicago 2012; Amitai Etzioni: „The Democratisation Mirage"; in: *Survival: Global Politics and Strategy* 57 (Juli 2015), S. 139–156.

8 Vgl. John Breuilly: *Nationalismus und moderner Staat. Deutschland und Europa*, Köln 1999, S. 15.

9 Ich habe versucht, den Begriff „Nationalstaat" möglichst zu vermeiden, der oft so verstanden wird, dass die Nation aus den im jeweiligen Staat lebenden Individuen bestehe. Zum Verhältnis zwischen Nation und Staat vgl. Kapitel 9 und 10.

10 Hier und das ganze Buch hindurch verstehe ich *Liberalismus* als eine rationalistische politische Theorie, die von der Annahme ausgeht, dass die Menschen von Natur aus frei und gleich seien und dass der Gehorsam gegenüber dem Staat und anderen Institutionen auf der Einwilligung der Individuen fuße. Da der Liberalismus eine rationalistische Theorie ist, haben seine Regeln zwangsläufig einen universalen Anspruch und sollen jederzeit und überall gelten. Es ist manchmal hilfreich, den „klassischen Liberalismus" gesondert hervorzuheben, der zusätzlich davon ausgeht, dass die politischen Antriebe der Menschen vor allem den Schutz des eigenen Lebens und Eigentums zum Ziel hätten.

11 Die Unterzeichner des „Vertrags zur Gründung der Europäischen Wirtschaftsgemeinschaft" von 1957 erklären ihren „festen Willen, die Grundlagen für einen immer engeren Zusammenschluß der europäischen Völker zu schaffen". In der „Feierlichen Deklaration zur Europäischen Union" von 1983 („Stuttgarter Erklärung") einigten sich zehn europäische Regierungen auf „eine[n] immer engeren Zusammenschluß der Völker und Mitgliedstaaten der Europäischen Gemeinschaft". Der Vertrag von Maastricht, der 1992 die Europäische Union schuf, erklärt auch: „Dieser Vertrag stellt eine neue Stufe bei der Verwirklichung einer immer engeren Union der Völker Europas dar [...]." (Titel I, Artikel A)

12 Die Idee der Vereinigten Staaten als Imperium mit Besitzungen in Übersee wurde von der amerikanischen politischen Führung in den 1890er-Jahren kurzzeitig aufgegriffen, geriet jedoch schnell in Verruf. Zur konstitutionellen Verfasstheit Amerikas als unabhängiger nationaler Staat und den Konsequenzen dieses Status' für die US-Außenpolitik vgl. Rabkin: *Law Without Nations?*, S. 98–129.

13 Vgl. Yoram Hazony: *The Philosophy of Hebrew Scripture*, Cambridge 2012, S. 103–160, sowie Rabkin: *Law Without Nations?*, S. 9–11.

14 Siehe unten, Anm. 33.

15 Dt. zit. nach Günter Burkard: „‚Als Gott erschienen spricht er'. Die Lehre des Amenemhet als postumes Vermächtnis"; in: Jan Assmann u. Elke Blumenthal (Hg.): *Literatur und Politik im pharaonischen und ptolemäischen Ägypten. Vorträge der Tagung zum Gedenken an Georges Posener, 5.–10. September 1996 in Leipzig*, Le Caire 1999, S. 153–173, hier S. 172.

16 Vgl. G. R. Driver u. John C. Miles: *The Code of Hammurabi*, Oxford 1955, sowie James B. Pritchard (Hg.): *Ancient Near Eastern Texts*, Princeton 1969, S. 163.

17 Zum „Sklavenhaus" vgl. Ex 13,3 u. 20,2 sowie Dtn 5,6.

18 In diesem Buch unterscheide ich zwischen der *Nation* sowie den *Stämmen* und *Clans*, die zusammen die Nation konstituieren. Das Wort *Volk* werde ich freier verwenden, um nationale, tribale oder clanbasierte Zusammenschlüsse ohne Berücksichtigung ihrer Größenordnung zu beschreiben. Zur Begriffsdiskussion siehe Kap. 9.

19 Zum altisraelitischen Königreich als klassischem Nationalstaat vgl. Hans Kohn: *Nationalismus. Über die Bedeutung des Nationalismus im Judentum und in der Gegenwart*, Wien u. Leipzig 1922; Stephen Grosby: *Biblical Ideas of Nationality*, Winona Lake 2002; Anthony Smith: *Chosen Peoples*, Oxford 2003; Aviel Roshwald: *The Endurance of Nationalism*, Cambridge 2006, S. 14–22; David Goodblatt: *Elements of Ancient Jewish Nationalism*, Cambridge 2006, 21 26; Doron Mendels: *The Rise and Fall of Jewish Nationalism*, New York 1992. Tatsächlich wird der nationale Staat in der biblischen Geschichte Israels nicht als Idealzustand dargestellt. Der anfängliche Wunsch Gottes ist es, die israelitische Nation möge unter Bewahrung der Stammes- und Clanordnung und ohne eine feste Regierung geeint werden. Erst nach dem Scheitern dieser Ordnung im Buch der Richter stimmt Gott der Errichtung des Staates zu. Vgl. Ri 17–21 u. 1 Sam 8 sowie Hazony: *Philosophy*, S. 144–154.

20 Zum König vgl. Dtn 17,15 sowie Jer 30,21. Zu den Propheten vgl. Dtn 18,15 u. 18. Zu den Priestern vgl. Dtn 17,18–20.

21 Dtn 2,4–19.

22 Aufforderungen zur Einigung der zerstreuten Stämme Israels unter eigener Führung finden sich u. a. in Jes 11,13–14; Jer 3,18 u. 30,21 u. 50,4; Hes 34,23 u. 37,15–24; Hos 2,2. Vgl. Jes 9,21 sowie Jer 33,24.

Hinsichtlich der Freiheit anderer Nationen siehe Jeremias Aufruf zur Erneuerung von Moab (48,47), Ammon (49,6) und Elam (49,39); vgl. auch Dan 11,41. Beachte auch die über das Schicksal Moab' geäußerte Trauer in Jes 15,5 sowie 16,11. Das erneuerte Israel wird in Jes 19,23–25 als mit Ägypten und Assyrien freundschaftlich verbunden beschrieben.

23 Dtn 17,14–20.

24 Bis ins späte 19. Jahrhundert hinein hatte der Begriff „Rasse" nicht die heutige, ausschließlich biologische Bedeutung. Nach dem Zweiten Weltkrieg wurden Begriffe wie „Ethnizität" und „Ethnie" geprägt, um „Rasse" zu ersetzen; dieses Wort war durch seine Assoziation mit den Rassentheorien der Nazis befleckt. Vgl. Azar Gat: *Nations*, Cambridge 2013, S. 27.

25 Sowohl in Ex 12,38 als auch in Num 11,4 ist von Nichtjuden die Rede, die sich den Israeliten beim Auszug aus Ägypten angeschlossen hatten. Zu Jitro vgl. Num 10,29 und zur Moabiterin Rut 1,16. Die mosaische Strafe *karet*, die „Ausmerzung" aus dem Volk, zielt besonders auf jene, die nicht an den grundlegendsten Aspekten der nationalen Identität der Israeliten teilnehmen: Beschneidung (Gen 17,14), Fasten am Jom Kippur (Ex 12,15 u. 19) und Bewahrung der sexuellen Reinheit (Lev 18,1–29). Vgl. Num 15,31 sowie Mischna Keretot 1,1; vgl. außerdem den Mischna-Kommentar des Maimonides zu Keretot 1,1 – darin wird eine noch längere Liste aufgeführt, die auch die Einhaltung von Sabbat und Pessach umfasst.

26 Vgl. Polybios: *Historien*, 5,104. Von Philipp II. von Makedonien berichtet er hingegen, dass dieser verächtlich gefragt habe: „Was ist dieses Griechenland, von dem ihr verlangt, dass ich es räume?" (18,5). Ausdrücke der Loyalität zur griechischen Nation insgesamt finden sich u. a. auch bei Herodot und Isokrates; vgl. Roshwald: *Endurance*, S. 26–30. Gleichwohl scheint es weder einen griechischen nationalen Staat noch ein philosophisches oder literarisches Werk, das einen solchen geeinten nationalen Staat beschrieben hätte, jemals gegeben zu haben. Für eine Erörterung der antiken nationalen Staaten von Edom, Aram und Armenien vgl. Grosby: *Biblical Ideas*, S. 120–165. Eine breitere Untersuchung antiker nationaler Staaten im Nahen Osten und in Asien findet sich bei Gat: *Nations*, S. 89–110.

27 Wie es der römische Staatsmann und Philosoph Cicero ausdrückte: „[…] noch wird ein anderes Gesetz in Rom sein, ein anderes in Athen, ein anderes jetzt, ein anderes später, sondern ein sowohl ewiges als auch unumstößliches Gesetz wird alle Völker zu allen Zeiten binden […]" (*De re publica* 3,33). Der Stoizismus steht in engem Zusammenhang mit der Idee des „Weltbürgertums" oder des Kosmopolitismus, die vom Kyniker Diogenes stammt. Vgl. Malcolm Schofield: *The Stoic Idea of the City*, Cambridge 1991, sowie Julia Annas: *The Morality of Happiness*, Oxford 1993, S. 159–179.

28 Zum römischen Streben nach einem universalen Imperium und der Übernahme dieses imperialistischen Ziels Roms durch das Christentum vgl. Anthony Pagden: *Lords of All the World*, New Haven 1995, S. 11–62. Zur christlichen Ordnung in Europa und dem Streben nach einem „christlichen Frieden" vgl. Garrett Mattingly: *Renaissance Diplomacy*, New York 1988.

29 Wie der osmanische Sultan Mehmed II., „der Eroberer", nach der Eroberung Konstantinopels gesagt haben soll: „‚[…] Nur ein Reich', sagt er, ‚dürfe auf der Welt sein, ein Glaube und eine Herrschaft.'" (Franz Babinger: *Mehmed der Eroberer und seine Zeit. Weltenstürmer einer Zeitenwende*, München 1953, S. 115). Nach dem Fall Konstantinopels erhob Russland Ansprüche darauf, das „Dritte Rom" und Schutzmacht der gesamten Christenheit zu sein, was seinerseits eine lange Tradition des russischen Imperialismus begründete. Vgl. Smith: Chosen Peoples, S. 98–106, sowie Henry Kissinger: *Weltordnung*, München 2014, S. 63–74.

30 Zur Herausbildung nationaler Staaten im christlichen Europa und dem Ausbleiben solcher Staaten unter islamischer Herrschaft vgl. Grosby: *Biblical Ideas*, S. 6, Anm. 17.

31 Wie Hastings schrieb: „Das Alte Testament lieferte die Vorlage. Eine Nation nach der anderen wandte sie auf sich selbst an und stärkte währenddessen die eigene Identität." (Adrian Hastings: *The Construction of Nationhood. Ethnicity, Religion and Nationalism*, Cambridge 1997, S. 196) Zu Frankreich vgl. Joseph Strayer: „France: The Holy Land, the Chosen People, and the Most Christian King"; in: John Benton u. Thomas Bisson (Hg.): *Medieval Statecraft and Perspectives of History*, Princeton 1971, S. 300–314. Zu den Tschechen vgl. Howard Kaminsky: *A History of the Hussite Revolution*, Berkeley 1967, sowie Derek Sayer: *The Coasts of Bohemia*, Princeton 1998.

32 In seiner Abhandlung der Suprematsakte Heinrichs VIII. betonte Robert Jackson, dass es sich dabei um einen Konflikt „nicht nur zwischen […] Heinrich und dem Papst [gehandelt habe]. Er ging viel tiefer: ein Konflikt zwischen einem Entwurf des öffentlichen Lebens, der auf einer weltbürgerlichen theologisch-politischen Grundlage konstruiert war, auf der einen Seite und einem anderen Entwurf auf der anderen, basierend auf einem abgetrennten Königreich und der Andeutung eines nationalen Staates". (Robert Jackson: *Sovereignty*, Malden 2007, S. 44–48, insbes. S. 47) Für England als Modell aller folgenden europäischen Nationalismen vgl. Hastings: *Construction of Nationhood*, S. 35–65 u. 96f., sowie Liah Greenfield: *Nationalism*, Cambridge 1992.

33 Der Einfluss der hebräischen Bibel auf die unabhängigen nationalen Staaten Westeuropas ist in einer ganzen Reihe wichtiger Studien thematisiert worden, so u. a. in Hastings: *Construction of Nationhood*; Philip Gorski: „The Mosaic Moment"; in: *American Journal of Socio-*

logy 105 (2000), S. 1428–1468; Grosby: *Biblical Ideas of Nationality*, passim, insbes. S. 217–231; Fania Oz-Salzberger: „The Jewish Roots of Western Freedom"; in: *Azure* 13 (Sommer 2002), S. 88–132; Smith: *Chosen Peoples*; Anthony Smith: „Nation and Covenant"; in: *Proceedings of the British Academy* 151 (2006), S. 213–255; Arthur Eyffinger: „Introduction"; in: Petrus Cunaeus: *The Hebrew Republic*, Jerusalem 2006; Arthur Eyffinger: „How Wondrously Moses Goes Along With the House of Orange! Hugo Grotius' ‚De Republica Emendana' in the Context of the Dutch Revolt"; in: Gordon Schochet, Fania Oz-Salzberger u. Meirav Jones (Hg.): *Political Hebraism*, Jerusalem 2008, S. 57–71; Eric Nelson: *The Hebrew Republic*, Cambridge 2010; Glenn Moots: *Politics Reformed*, Columbia 2010; Diana Muir Appelbaum: „Biblical Nationalism and the Sixteenth Century States"; in: *National Identities*, New York 2013, S. 1–16; Meirav Jones: „Philo Judaeus and Hugo Grotius's Modern Natural Law"; in: *Journal of the History of Ideas* 74 (Juli 2013), S. 339–359; Ofir Haivry: *John Selden and the Western Political Tradition*; Yechiel Leiter: *John Locke's Political Philosophy and the Hebrew Bible*, Cambridge 2018; ebenso wie diverse Essays in der Zeitschrift *Hebrew Political Studies*.

34 Was allerdings Ludwig XIV., den französischen „Sonnenkönig", nicht davon abhielt, im Nachgang sein eigenes universales Imperium anzustreben. Vgl. Franz Bosbach: „The European Debate on Universal Monarchy"; in: David Armitage (Hg.): *Theories of Empire 1450–1800*, New York 1998, S. 81–98.

35 Päpstliches Breve „Zelo Domus Dei" vom 26. November 1648.

36 Die drei westfälischen Verträge rufen keine neue politische Ordnung aus. Sie bezeichnen Europa nach wie vor als eine universale *respublica Christiana* – eine christliche Weltrepublik. Dieser Punkt wird ausführlich diskutiert bei Croxton, welcher argumentiert, dass die Auslegung, wonach die Verträge für das Entstehen eines „Westfälischen Systems" souveräner Staaten verantwortlich gewesen seien, in der Literatur der zwischenstaatlichen Beziehungen nicht auffindbar gewesen sei, bevor Pierre-Joseph Proudhon 1863 erstmals darauf hingewiesen habe (Derek Croxton: *Westphalia. The Last Christian Peace*, New York 2013, S. 339–362). Natürlich hat Vattel bereits 1758 – ein Jahrhundert vor den westfälischen Verträgen – über ein System vermeintlich „gleicher" und „souveräner" Staaten in Europa geschrieben, aber Croxton hat grundsätzlich recht: Was später als Westfälisches System bezeichnet wurde, ist mitnichten die einzig mögliche Sichtweise der Ordnung, die während des Dreißigjährigen Krieges entstand.

37 Der englische Rechtsgelehrte Matthew Hale, ein Schüler Seldens, schrieb, Gott habe zwar die Zehn Gebote „einem einzigen Volk gegeben, dem Judentum, doch ließ er durch Zeichen, Wunder und erkennbare Vorsehung dieses Volk über die ganze Welt ausstrahlen, aufragen und herausstechen, damit es wie ein Licht auf einem Hügel sei, wie

eine mächtige und prächtige Säule am Mittelpunkt der Welt, um daran diese Tafeln der natürlichen Rechtmäßigkeit aufzuhängen, auf dass sie viele Jahrhunderte lang für den Großteil selbst der nichtjüdischen Welt unübersehbar zu lesen seien". (Matthew Hale: *Treatise of the Nature of Laws in General*; zit. n. Richard Tuck: *Natural Rights Theories*, Cambridge 1979, S. 163)

38 Die nationalen Staaten Europas führten um Territorien Kriege gegeneinander, aber „sie löschten nicht die Souveränität des anderen aus". Vgl. Jackson: *Sovereignty*, S. 66.

39 In der *Summa Gloria* des Honorius Augustodunensis, geschrieben um 1123 unter dem Eindruck des Investiturstreites, heißt es, dass das Recht der katholischen Kirche, sich ungerechten Handlungen des Staates entgegenzustellen, auf die Schaffung des Königreiches von Saul durch den Propheten Samuel zurückgehe – die Herrschaft war nicht absolut, sondern durch die göttliche Gerechtigkeit eingeschränkt, selbst nachdem Israel von einem gesalbten König regiert wurde. Vgl. R. W. Carlyle u. A. J. Carlyle: *A History of Medieval Political Theory in the West*, Bd. 4, Edinburgh 1950, S. 286–289. 1159 berief sich Johannes von Salisbury auf die im Buch Deuteronomium genannten Beschränkungen, denen die jüdischen Herrscher unterworfen waren, und argumentierte, dass sich ein jeder „an das Gesetz halte, welches den Fürsten vorgegeben wird vom Größten König, dem alle Welt ehrfürchtig gegenübertritt. [...] Dies [Gesetz] ist gewiss göttlich und kann nicht straflos übertreten werden. " (John of Salisbury: *Policraticus*, hg. v. Cary Nederman, Cambridge 1990, S. 35f.).

40 Vgl. John Fortescue: „In Praise of the Laws of England"; in: ders.: *On the Laws and Governance of England*, hg. v. Shelley Lockwood, Cambridge 1997, sowie Ofir Haivry u. Yoram Hazony: „What Is Conservatism?"; in: *American Affairs* (Sommer 2017), S. 219–246, hier S. 221–225. Fortescues Werk entstand um 1470 und wurde ca. 1543, unter der Herrschaft Heinrichs VIII., undatiert veröffentlicht.

41 Die Formulierung „Privilegien und alte Gewohnheiten" findet sich in der niederländischen Unabhängigkeitserklärung, dem Plakkaat van Verlatinghe von 1581. Vgl. Oliver J. Thatcher (Hg.): *The Library of Original Sources*, Bd. 5, Milwaukee 1907, S. 190. [Dt. zit. n. Stephan Laux: „Das ‚Plakkaat van Verlatinghe' (1581). Die niederländischen Generalstaaten, die Souveränitätsfrage und das Problem des quasisäkularen Widerstandsrechts"; in: Gerhard Rehm (Hg.): *Adel, Reformation und Stadt am Niederrhein. Festschrift für Leo Peters*, Bielefeld 2009, S. 169–187, hier S. 179.] In gleicher Weise spricht die englische Petition of Right von 1628 von den „Rechten und Freiheiten der Untertanen", wie sie sich in „den Gesetzen und dem freien Brauchtum des Reiches" finden.

42 Zu Selden vgl. Haivry: *John Selden*, sowie Haivry u. Hazony: „What Is Conservatism?", insbes. S. 225–230.

43 Vgl. Hazony: *Philosophy of Hebrew Scripture*, S. 151f.

44 In Artikel 3 der Charta erklärten Roosevelt und Churchill: „Sie achten das Recht aller Völker, sich jene Regierungsform zu geben, unter der sie zu leben wünschen. Die souveränen Rechte und autonomen Regierungen aller Völker, die ihrer durch Gewalt beraubt wurden, sollen wiederhergestellt werden." Man kann die Atlantikcharta allerdings auch als Anfang vom Ende der Ordnung unabhängiger nationaler Staaten sehen, verweist sie doch in Artikel 8 auf eine zukünftige „Schaffung eines umfassenden und dauerhaften Systems allgemeiner Sicherheit". [Dt. zit. n. Herbert Krieger (Hg.): *Die Welt seit 1945. Materialien für den Geschichtsunterricht*, Bd. 1, Frankfurt a. M. 1983, S. 1.] Wie schon Woodrow Wilson neigte auch Roosevelt zu der Annahme, der klassische Imperialismus könne durch eine Art von „kollektiver Sicherheit" ersetzt werden, der es irgendwie gelingen würde, die Errichtung einer neuen imperialen Ordnung zu vermeiden. Churchill seinerseits war ein offener Verteidiger des außereuropäischen britischen Empire, sodass die Aussicht auf ein Weltsicherheitssystem problemlos mit seinen Ansichten zusammenging. Zu Roosevelts Verhältnis zum Christentum vgl. Franklin Roosevelt: „Radio Address on the President's Sixtieth Birthday" vom 30. Januar 1942.

45 Die gesamte *Zweite Abhandlung* kann als Kommentar zur hebräischen Bibel gelesen werden. Zur Erörterung des Biblizismus von Locke vgl. Joshua Mitchell: *Not by Reason Alone*, Chicago 1993, S. 73–97, sowie Leiter: *John Locke's Political Hebraism*. Insbesondere die liberale Theorie des Gesellschaftsvertrages stellt eine Interpretation der jüdisch-biblischen Bünde dar; vgl. Roshwald: *Endurance*, S. 16, sowie Michael Walzer: *Exodus und Revolution*, Frankfurt a. M. 1995. Damit soll keinesfalls gesagt sein, dass der liberale Gesellschaftsvertrag eine sonderlich gute Auslegung der biblischen Lehre ist.

46 Locke ist als Empiriker bekannt, aber diese Auslegung seines Denkens beruht vorwiegend auf seinem *Versuch vom menschlichen Verstande* (Altenburg 1757), der eine einflussreiche Fingerübung in empirischer Psychologie darstellt. Seine *Zweite Abhandlung über die Regierung* versucht jedoch nicht, seiner Staatstheorie in gleicher Weise einen empirischen Unterbau zu verschaffen. Locke war einer der wenigen politischen Autoren seiner Zeit, die nicht auf der Basis historischer Erfahrung argumentierten (vgl. Trevor Colbourn: *The Lamp of Experience*, Indianapolis 1998, S. 5f.), und die *Zweite Abhandlung* beginnt tatsächlich mit einer Reihe von Maximen, die keine erkennbare Verbindung zu irgendetwas haben, das sich aus historischen und empirischen Studien über den Staat ablesen lässt, wenn sie versichern, dass 1) die Menschen vor der Schaffung von Regierungen in einem „Naturzustand" gelebt hätten, in einem 2) „Zustand völliger Freiheit, innerhalb der Grenzen des Naturrechts ihre Handlungen zu regeln", ebenso wie in einem 3) „Zustand der Gleichheit, worin alle Gewalt und Jurisdik-

tion gegenseitig ist und einer nicht mehr hat als der andere". Darüber hinaus 4) wird dieser Naturzustand „durch ein natürliches Gesetz regiert", und 5) dieses Naturrecht ist, was für ein Zufall, nichts anderes als die menschliche „Vernunft", „sie lehrt die ganze Menschheit, wenn sie sie nur befragen will". Diese allumfassende Vernunft ist es, die die Menschen dazu anleitet, dem Naturzustand ein Ende zu setzen, indem sie „durch eigene Zustimmung sich zu Gliedern einer politischen Gesellschaft machen". (Vgl. John Locke: *Zweite Abhandlung über die Regierung*, Abs. 4, 6f. u. 15) Von diesen Maximen aus fährt Locke fort, den angemessenen Charakter der politischen Ordnung für sämtliche Nationen der Erde abzuleiten. Im Hinblick auf Lockes Rationalismus hat Quinton mit Recht geschlussfolgert: „Bei Locke wird ein empirischer Zugang zu Wissen im Allgemeinen kombiniert mit einer rationalistischen Theorie unseres Wissens von Moral, der Grundlage der Lockeschen Theorie selbstevidenter Naturrechte. Locke sagt, ‚dass auch das Wissen der Moral der Gewissheit ebenso wie die Mathematik fähig ist'. Moralische Wahrheiten betrachtet er als ebenso nachweisbare Notwendigkeiten wie geometrische Lehrsätze. Wenn er im 4. Buch seines *Versuch vom menschlichen Verstande* so weit gekommen ist, diese Stellung zu beziehen und sie (insbes. in Kap. 3 Abs. 18) auf erschreckend kraftlose Weise zu verfechten, hat Locke den moralischen Fallabilismus völlig vergessen, den er in Buch 1 mit seiner Ablehnung der ‚angebornen praktischen Grundsätze' ausgerufen hatte. Dieser ethische Rationalismus ist ein essenzieller Teil der politischen Theorie Lockes und dient somit als taugliche Unterstützung eines leidenschaftlichen dogmatischen Liberalismus." Vgl. Anthony Quinton: *The Politics of Imperfection*, London 1978, S. 41.

47 „[...] jeder Mensch [ist] von Natur frei, und nichts als allein seine eigene Zustimmung imstande [...], ihn einer irdischen Gewalt zu unterwerfen [...]." (Locke: *Zweite Abhandlung*, Abs. 119.)

48 Vgl. Locke: *Zweite Abhandlung*, Abs. 55–69. Locke ist genauso wenig dazu imstande, Verbindlichkeiten zwischen Eltern und Kindern zu begründen, sobald die Kinder das Erwachsenenalter erreicht haben, und muss auf die mosaische Anweisung „Ehre deinen Vater und deine Mutter" (Ex 20,12 sowie Dtn 5,16) zurückgreifen, damit sein System der Verbindlichkeiten funktioniert (vgl. Abs. 66).

49 „Der große und wichtigste Zweck, daß Menschen sich zu einem Staatswesen vereinigen und sich unter eine Regierung stellen, ist deshalb die Erhaltung ihres Eigentums." Mit „Eigentum" meint Locke nach eigenem Bekunden „Leben, Freiheiten und Vermögen" der Individuen, die sich unter einer Regierung zusammenfinden (Locke: *Zweite Abhandlung*, Abs. 123 u. 124). Vgl. auch Abs. 87, 173, 222. Locke erkennt nicht an, dass vor der Errichtung des Staates bereits Clans, Stämme oder Nationen bestanden haben könnten. Für ihn besteht das einzig interessante Kollektiv in jenem Volk oder jener Nation, welche dort

entstehen, „wo eine Anzahl von Menschen im Naturzustand zu einer Gesellschaft zusammentritt, *um ein Volk*, einen politischen Körper, unter einer höchsten Regierung *zu bilden*" (Abs. 89; Hervorhebung YH). Das ist nur eine andere Weise auszudrücken, dass für Locke – im Gegensatz zu Empiristen wie Selden und Burke – der politische Begriff der Nation überhaupt nicht existiert. Dieser Aspekt wird betont in Uday Singh Mehta: „Edmund Burke on Empire, Self-Understanding and Sympathy"; in: Sankar Muthu (Hg.): *Empire and Modern Political Thought*, Cambridge 2012, S. 181, sowie Ethan Alexander Davey: „Constitutional Self-Government and Nationalism"; in: *History of Political Thought* 35 (Herbst 2014), S. 458–484.

50 So berichtet in der *Morning Chronicle* vom 18. April 1794; zit. n. Richard Bourke: *Empire and Revolution*, Princeton 2015, S. 683. Burkes Verhältnis zu Locke wird ausführlich behandelt in Ofir Haivry: *The „Politick Personality"*, Diss. University College, London 2005.

51 Jeweils zuletzt erschienen Jean-Jacques Rousseau: *Vom Gesellschaftsvertrag oder Prinzipien des Staatsrechts*, Berlin 2020; Immanuel Kant: *Zum ewigen Frieden. Ein philosophischer Entwurf*, 2., durchges. Aufl., Kiel 2018; Ayn Rand: *Der Streik* [Neuausgabe von *Atlas wirft die Welt ab*], München 2012; John Rawls: *Eine Theorie der Gerechtigkeit*, 3., bearb. Aufl., Berlin 2013. Meine Bestandsaufnahme weicht ab von derjenigen von Leo Strauss und anderen, die Rousseau als einen Kritiker Lockes darstellen. Sicher, Rousseau spricht sich für die Rückkehr zu gewissen Werten aus, die es braucht, um den sozialen Zusammenhalt aufrechterhalten und zur Verteidigung der Gemeinschaft Krieg führen zu können. Es ist allerdings stark übertrieben, darin einen derartigen Bruch mit Hobbes und Locke zu sehen, dass es die „erste Krise der Moderne" (Leo Strauss: *Naturrecht und Geschichte*, Stuttgart 1977, S. 261) angestoßen hätte. Was heutzutage als politische Moderne angesehen wird, entsprang tatsächlich aus der englischen konservativen Tradition von Fortescue, Coke und Selden und aus ihrem Ringen mit den absolutistischen Theorien sowohl der Absolutisten als auch der Puritaner in England (vgl. Quinton: *Politics of Imperfection*, S. 21). Die erste Krise des modernen politischen Denkens war jene, die von den dieser konservativen Tradition entgegengesetzten, rationalistischen politischen Theorien von Hobbes, Locke und Rousseau ausging (vgl. Quinton: *The Politics of Imperfection*, S. 29 ff.). Rousseaus Festhalten am Lockeschen Grundsatzsystem als Ausgangspunkt politischen Denkens stellt ihn unmittelbar in die rationalistische Tradition. Seine Behauptung, dass es ein „Volk" nicht gebe, bevor es nicht vom Staat konstituiert worden sei, und die von ihm vorgeschlagene, durch die Anforderungen des Staates definierte „bürgerliche Religion" (Rousseau: *Vom Gesellschaftsvertrag*, Buch 1, Kap. 6 sowie Buch 4, Kap. 8) sind billige Ersatzschöpfungen des ratio-

nalistischen Universums à la Locke, in dem Rousseaus Denken gefangen bleibt.

52 Locke schreibt, dass dem Naturrecht nach „die ganze […] Menschheit *eine* Gemeinschaft" sei, „*eine* Gesellschaft verschieden von allen anderen Geschöpfen" (Hervorhebungen im Original). Tatsächlich würden die Menschen einzig durch ihre Schlechtigkeit in Nationen aufgeteilt: „[W]äre es nicht wegen der Verderbtheit und Lasterhaftigkeit entarteter Menschen, würde auch kein Bedürfnis […] vorhanden sein, […] sich von dieser großen und natürlichen Gemeinschaft zu trennen und sich durch positive Vereinbarungen zu kleineren oder Teilgenossenschaften zu vereinigen." (Locke: *Zweite Abhandlung*, Abs. 128) Locke unterscheidet also zwischen der natürlichen Gemeinschaft aller Menschen und den „kleineren oder Teilgenossenschaften", die geschaffen werden durch positive Vereinbarungen darüber, Leben und Eigentum zu beschützen. Diese „kleineren Genossenschaften", die sich politischer Herrschaft unterwerfen, können durch „jede beliebige Anzahl von Menschen" gebildet werden, weil dies „die Freiheit der übrigen nicht beeinträchtigt" (Locke: *Zweite Abhandlung*, Abs. 95; siehe auch Abs. 89). Was Lockes politische Theorie anbelangt, so liegt in der Teilung der Menschheit in unabhängige Nationen nichts Vorteilhaftes oder Erstrebenswertes, und die Art und Weise, in der Regierungen die menschliche Gemeinschaft aufteilen und Grenzen ziehen, ist völlig gleichgültig. Staatsgrenzen können überall und nirgendwo gezogen werden – deshalb ist der Lockesche Staat grundsätzlich grenzenlos. Zum Verhältnis zwischen der Theorie des Gesellschaftsvertrags und der Grenzenlosigkeit des Staates vgl. Scruton: „In Defense of the Nation", S. 320.

53 Liberale Autoren haben dem Nationalismus in England, Schottland, den Niederlanden und in Frankreich in der Zeit zwischen Heinrich VIII. und der Amerikanischen Revolution – immerhin 240 Jahre – nie sonderlich viel Aufmerksamkeit geschenkt. Die liberale Geschichtsschreibung begann erst Ende des 18. Jahrhunderts, infolge der Amerikanischen und der Französischen Revolution, den Nationalismus wahrzunehmen. Ihre Literatur wertet diese Revolutionen oft als Anfang vom Ende aller traditionellen nationalen Verfassungen und Anbruch einer allumfassenden vernunftbestimmten Verfassung, will heißen: einer liberalen Verfassung. Die daraus entstehende Kombination von Liberalismus und Nationalismus, die vielleicht von Mazzini am meisten vertraut ist, war den Großteil des 19. Jahrhunderts hindurch und bis ins 20. Jahrhundert hinein populär. In den 1930er-Jahren allerdings war Hayek der Ansicht, dass dieses Zusammengehen von Nationalismus und Liberalismus durch „geschichtliche Unfälle" verursacht worden sei: „Als sich der Liberalismus erstmals mit dem Nationalismus verbündete, tat er das aufgrund des historischen Zufalls, dass es während des 19. Jahrhunderts der Nationalismus war, der in

Irland, Griechenland, Belgien und Polen – und später in Italien und Österreich-Ungarn – gegen die Art von Unterdrückung kämpfte, der der Liberalismus entgegenstand.“ (Friedrich Hayek: „The Economic Conditions of Interstate Federalism“; in: *New Commonwealth Quarterly* 2/1939, S. 131–149.)

54 Diese Tendenz dazu, die nationalen Staaten abzuschaffen, war offensichtlich für Montesquieu, der der Ansicht war, dass „[die] ganze[] Welt [...] nur einen einzigen großen Staat bildet, von welchem die verschiedenen Nationen als so viele Glieder anzusehen sind“ (Charles-Louis de Montesquieu: *Vom Geist der Gesetze*, Buch 20, Kap. 23.)

55 Mises befürwortete „etwas [...], was wirklich den Namen Weltüberstaat verdient und den Völkern den Frieden gibt, dessen sie bedürfen“ (Ludwig von Mises: *Liberalismus*, Jena 1927, S. 132).

56 Hayek zufolge ist „die Aufhebung nationaler Hoheitsrechte und die Schaffung einer wirksamen internationalen Rechtsordnung eine notwendige Ergänzung und die logische Vollendung des liberalen Programms [...]. Die Idee des zwischenstaatlichen Zusammenschlusses ist die folgerichtige Weiterentwicklung des liberalen Standpunkts.“ (Hayek: „Interstate Federalism“.)

57 Ich denke an Auseinandersetzungen wie in der politischen Theorie beispielsweise zwischen *Eine Theorie der Gerechtigkeit* von John Rawls und Robert Nozicks *Anarchie, Staat, Utopia* (München 1979), in der Wirtschaft zwischen John Maynard Keynes: *Allgemeine Theorie der Beschäftigung, des Zinses und des Geldes*, München u. Leipzig 1936, und Friedrich Hayek: *Die Verfassung der Freiheit*, Tübingen 1971, oder in der Rechtswissenschaft zwischen Herbert Harts *Der Begriff des Rechts* (Frankfurt a. M. 1973) und Ronald Dworkins *Bürgerrechte ernstgenommen* (Frankfurt a. M. 1984). Bemerkenswert ist insbesondere, dass die zeitgenössische politische Theorie als ein Widerstreit zwischen den Lehren von Rawls und Nozick dargestellt wird, wo doch beide ihre Gedankengänge auf Lockes freie und gleiche Individuen im Naturzustand gründen – und auf den Gesellschaftsvertrag, der angeblich aus deren freier Zustimmung hervorgeht; vgl. Russell Kirk: *Rights and Duties. Reflections on Our Conservative Constitution*, Dallas 1997, S. 98.

58 Diese Sicht des liberalen Entwurfs als die „richtige Seite der Geschichte“ wurde von Bill Clinton popularisiert; vgl. Bacevich: *American Empire*, S. 32–38, sowie David A. Graham: „The Wrong Side of the ‚Right Side of History‘“, theatlantic.com vom 21. Dezember 2015. Clintons Amtsnachfolger George W. Bush und Barack Obama übernahmen diese Rhetorik, und Bush erklärte beispielsweise in seiner Rede vor der Stiftung National Endowment for Democracy am 6. November 2003: „Wir glauben, dass Freiheit die Marschrichtung der Geschichte ist.“

59 Siehe meine Erörterung in Kapitel 14, Abschnitt 2.

60 Tagesbefehl Kaiser Wilhelms II., gefunden bei gefangen genommenen Soldaten; zit. n. Charles Andler: *Pan-Germanism. Its Plans for German Expansion in the World*, Paris 1915, S. 81.

61 Hitler lehnte explizit sowohl den liberalen Staat des Gesellschaftsvertrages als auch den durch die Einigung verschiedenartiger Stämme auf Grundlage von Sprache und Geschichte gebildeten nationalen Staat ab und nannte solche Staaten „Fehlerscheinungen, ja Mißgeburten". Aus Hitlers Sicht hatte der Staat einen gänzlich anderen Zweck als der nationale Staat, nämlich erst einmal die „Erhaltung und Förderung eines durch die Güte des Allmächtigen dieser Erde geschenkten höchsten Menschentums" durch „Erhaltung und Förderung der unverletzt gebliebenen edelsten Bestandteile unseres Volkstums" sowie darüber hinaus, diese Rasse „zur beherrschenden Stellung emporzuführen", bis sie ein „Herrenvolk[]" und die „Herrin des Erdballs" geworden sei. (Adolf Hitler: *Mein Kampf*, ungek. einbd. Ausg., München 1936, S. 434, 439 u. 438.) Wenn die Deutschen konsequent mit der „Rassenvergiftung" umgingen, die sie befallen habe, müssten sie demnach „eines Tages zum Herrn der Erde werden" (Hitler: *Mein Kampf*, S. 782.).

62 Anthony Smith hat dem Nazismus Hitlers mit Recht eine „grundlegende Abweichung" vom Nationalismus diagnostiziert, und zwar aufgrund seiner Aneignung eines „biologischen Imperialismus", der mit der Existenz einer Vielheit unabhängiger nationaler Staaten unvereinbar ist; vgl. Anthony Smith: *Nationalism in the Twentieth Century*, Oxford 1979, S. 78ff. Wie es ein deutscher Gelehrter formuliert hat: Hitlers ganzes Streben zielte darauf, „die nationalstaatliche Ordnung [...] zu zerschlagen und zu einer imperialen Ordnung zurückzukehren". (Münkler: *Imperien*, S. 220). Und in der Tat: Wenn Hitler irgendetwas an Großbritannien bewunderte, dann dessen Empire; vgl. Niall Ferguson: *Empire*, New York 2002, S. 279–282.

63 Konrad Adenauer: *World Indivisible, With Liberty and Justice For All*, New York 1955, S. 6–10. [Dt. zit. n. konrad-adenauer.de: „Unsere beiden Völker" vom 26. Juni 1952; „Warum Deutschland die West-Verträge ratifiziert hat" vom 21. März 1953; „Das neue Jahr" vom 31. Dezember 1953.] Vgl. auch Jean Monnet: *Memoirs*, London 1978, S. 285f. [dt. *Erinnerungen eines Europäers*, München u. Wien 1978.] Man vergleiche diese Einstellung mit der des deutschen Bundeskanzlers Helmut Kohl 40 Jahre später: „Die Politik der europäischen Einigung ist in Wirklichkeit eine Frage von Krieg und Frieden im 21. Jahrhundert. [...] Wir wollen kein Zurück in den Nationalstaat alter Prägung." *The Times* vom 3. Februar 1996, zit. n. David Conway: *With Friends Like These*, London 2014, S. 105. [Dt. zit. n. helmut-kohl.de: „Rede anlässlich der Verleihung der Ehrendoktorwürde durch die Katholische Universität Löwen" vom 2. Februar 1996.]

64 Wie es Margaret Thatcher kurz nach ihrer Absetzung als Premierministerin ausdrückte: „Deutschlands Übermacht in der [Europäischen]

Gemeinschaft ist dergestalt, daß gegen seinen Willen praktisch keine größere Entscheidung getroffen werden kann. Bei dieser Sachlage verstärkt die Gemeinschaft die Macht Deutschlands eher, als daß sie sie eindämmt.“ (Margaret Thatcher: *Die Erinnerungen. 1925–1979*, Düsseldorf 1995, S. 719.]

65 Siehe meine Erörterung in den Kapiteln 21 und 23.

66 Eine sorgfältige Untersuchung der Ähnlichkeiten zwischen Liberalismus und Marxismus – ohne dabei die moralischen Unterschiede zwischen den beiden aus den Augen zu verlieren – liefert Ryszard Legutko: *Der Dämon der Demokratie. Totalitäre Strömungen in liberalen Gesellschaften*, Wien u. Leipzig 2017. Immer wichtiger werden außerdem Studien zu den geschichtlichen Verbindungen zwischen Liberalismus und Imperialismus, beispielsweise Uday Singh Mehta: *Liberalism and Empire*, Chicago 1999, oder Jennifer Pitts: *A Turn to Empire*, Princeton 2006.

67 Bush hat die Neue Weltordnung in fantastischen Worten beschrieben: „Hundert Generationen haben nach diesem schwer fassbaren Weg zum Frieden gesucht [...]. Heute nun ringt diese neue Welt um ihre Geburt, eine ganz andere Welt als die, die wir bisher kannten. Eine Welt, in der die Herrschaft des Rechts die Herrschaft des Dschungels verdrängt.“ Vgl. George H. W. Bush: „Address Before a Joint Session of Congress“, Rede vom 11. September 1990.

68 Jürgen Habermas hat diesen „Transnationalismus“ als „Weltinnenpolitik ohne Weltregierung im Rahmen einer Weltorganisation, die Frieden und die Implementierung von Menschenrechten erzwingen kann“ bezeichnet; vgl. Jürgen Habermas: *Der gespaltene Westen*, Frankfurt a. M. 2004, S. 135. Vgl. auch Rabkin: *Law Without Nations?*, S. 41ff.

69 Mises: *Liberalismus*, S. 132.

70 João Carlos Espada hat festgestellt: „Demokratie wird in Europa vor allem als Ausdruck eines dogmatischen rationalistischen Projekts wahrgenommen“, das losgelöst ist von seinen angloamerikanischen Verbindungen mit Empirismus, Traditionalismus und *Common Sense*. Aus diesem Grund, so schreibt er, würde die politische Bildung in Europa die englischen und amerikanischen Traditionen weitgehend ignorieren und sie als unvollständige Manifestationen liberaldemokratischer Herrschaft ansehen, „die sich erst 1789 mit der Französischen Revolution in voller Blüte zeigte“ (João Carlos Espada: *The Anglo-American Tradition of Liberty*, New York 2016, S. 10, 109 u. 187f.). Diese europäische Sichtweise hat sich gleichwohl auch in Großbritannien und Amerika mehr und mehr eingebürgert.

71 Siehe die Erörterung in Teil drei.

72 Zum Pluralismus der europäischen Ordnung in der Frühen Neuzeit vgl. Kissinger: *Weltordnung*, Kap. 1.

73 Zur amerikanischen globalen Politik nach dem Ende des Kalten Krieges vgl. Bacevich: *American Empire*. Bacevich schlussfolgert: „Nicht nur über eine, sondern über etliche Regionen von zentraler geopolitischer Bedeutung zu herrschen, die Legitimität aller politischen und ökonomischen Grundsätze, die nicht die eigenen sind, zu verachten, die bestehende Ordnung für unantastbar zu erklären, ungefragt militärische Vorherrschaft auszuüben, mit einer weltweit verteilten Streitmacht, die nicht auf Selbstverteidigung, sondern auf Nötigung ausgelegt ist: Das ist die Handlungsweise einer Nation, die mit der Herrschaft über ein Imperium beschäftigt ist. […] Ob es einem nun gefällt oder nicht, Amerika *ist* das heutige Rom" (S. 244). Tom Friedman hat es folgendermaßen ausgedrückt: „Die entstehende Weltordnung bedarf eines Vollstreckers. Das ist die neue Bürde Amerikas." (Thomas Friedman: „A Manifesto for a Fast World"; in: *New York Times Magazine* vom 28. März 1999. Vgl. unter vielen anderen derartigen Arbeiten auch Friedman: *Globalisierung verstehen*, Fukuyama: *Ende der Geschichte*, sowie Schimon Peres: *The New Middle East*, New York 1995.

74 Zur konservativen (oder „traditionalistischen") Schule der politischen Theorie in England vgl. Quinton: *Politics of Imperfection*, J. G. A. Pocock: *The Ancient Constitution and the Feudal Law*, Cambridge 1987, insbes. S. 30–55 u. 148–181, Harold J. Berman: „The Origins of Historical Jurisprudence: Coke, Selden, Hale"; in: *Yale Law Journal* 103/1994, S. 1652–1738, Colbourn: *Lamp of Experience*, Kirk: *Rights and Duties*, Ethan Alexander-Davey: „Restoring Lost Liberty: François Hotman and the Nationalist Origins of Constitutional Self-Government"; in: *Constitutional Studies* 1/2016, S. 37–66, Haivry: *John Selden*, sowie Hazony: „What Is Conservatism?".

75 Auch noch lange, nachdem die Aufklärung es für politische Theoretiker unmodisch gemacht hat, aus der Bibel zu zitieren, werden die biblischen Ideen noch immer von einer Generation zur nächsten weitergegeben, bloß ohne Quellenangaben. Wie Michael Lind über die zeitgenössischen Vereinigten Staaten geschrieben hat: „Der Calvinismus und das *Common Law* haben die vielleicht biblischste Nationalkultur der ganzen Welt hervorgebracht." (Michael Lind: *The Next American Nation*, New York 1996, S. 272)

76 Individuen handeln auch oft aus gemischten Motiven. Beispielsweise ist es für Eltern typisch, ihr eigenes Eigentum zu vermehren, teils aus dem Wunsch heraus, ihren Kindern Gutes zu tun, und ein Soldat mag aus dem Wunsch heraus handeln, einerseits sein Renommee zu erhöhen und andererseits seinem Land zu dienen. Dieser bedeutende Umstand beeinträchtigt jedoch nicht die These, die ich hier aufgestellt habe, nämlich dass das menschliche Handeln die meiste Zeit über durch den Einsatz für das eine oder andere Kollektiv motiviert ist.

77 Diese Ausdehnung des Ich wird bei Hume beschrieben, der der Ansicht ist, dass wir Stolz und Niedergedrücktheit empfinden im Hinblick auf Dinge, die „entweder Teile von uns selbst sind oder nahe mit uns zusammenhängen" (*Traktat über die menschliche Natur*, Bd. 2: Über die Affekte, Leipzig 1906, S. 15), so auch Stolz auf die eigene Familie und das Vaterland (S. 38). Er schließt daraus, dass ein solcher Stolz in Wahrheit Liebe sei (S. 60). Für eine ähnliche Theorie im Lichte aktueller psychologischer Forschungen vgl. Jonathan Haidt: *The Righteous Mind. Why Good People are Divided by Politics and Religion*, New York 2012, S. 256–318.

78 Zur moralischen Bedeutung solcher Bindungen der gegenseitigen Loyalität vgl. David Miller: *Nationality*, Oxford 1992, S. 65–80, sowie Yack: *Moral Psychology*, S. 169–183.

79 Weitere kleine Institutionen, die sich dank Bindungen gegenseitiger Loyalität zwischen Mitgliedern, die einander persönlich kennen, unter Belastung als widerstandsfähig erweisen, sind Kleinstädte oder Dörfer, Kirchengemeinden, lokale politische Zusammenschlüsse und Gewerkschaften sowie Straßengangs.

80 Diese Übertragung der Loyalität gegenüber Familie, Clan, Stamm oder Nation auf die Kinder, die in einer konkreten Familie aufwachsen, vollzieht sich nicht automatisch oder in einer stets gleichartigen Weise. Die Intensität, mit der diese Loyalitäten verspürt werden, verändern sich in Abhängigkeit vom Bestehen (oder Fehlen) von Gefahrenzuständen für Familie, Clan, Stamm oder Nation. Sie ist auch abhängig von der Intensität, mit welcher die Eltern die Herausforderungen für ihre Familie, ihren Stamm und ihre Nation empfinden, und von der Sensibilität eines jeden Kindes. Manche Kinder widersetzen sich den Loyalitäten ihrer Eltern und werden stärker von denen eines Lehrers, eines Geistlichen oder eines militärischen Kommandeurs beeinflusst; diese Personen werden gewissermaßen ein zweiter Vater oder eine zweite Mutter für das Kind. Und natürlich können selbst von Kindheit an gepflegte Loyalitäten zerbrechen oder geschwächt werden, wenn das ihnen inbegriffene Vertrauen missbraucht wird.

81 Dieser Gebrauch des Begriffs „Zusammenhalt" orientiert sich an John Stuart Mill: *Betrachtungen über Repräsentativ-Regierung*, Leipzig 1873, sowie an Henry Sidgwick: *The Elements of Politics*, o. O. 2005. Sedgwick schreibt: „Was […] für eine Nation wirklich essenziell ist, ist […] dass die Personen, aus denen sie besteht, ein Bewusstsein davon haben sollten, zueinander zu gehören, Teile des gleichen Körpers zu sein, über alles hinaus, was sich aus der bloßen Tatsache, einer einzigen Regierung unterstellt zu sein, für sie ergibt; in solcher Weise, dass sie noch immer fest zusammenhielten, wenn ihre Regierung durch Krieg oder Revolution zerstört würde" (S. 202). Er bezieht sich auf das gleiche Phänomen, das Mill auch „gemeinschaftliches Gesammtgefühl" (S. 222) nennt und welches sich als „Sympathie der Theile ge-

gen einander" bei Johann Gottfried Herder: *Ideen zur Philosophie der Geschichte der Menschheit*, Bd. 2, Riga u. Leipzig 1786, S. 316, als „ein spezifisches Solidaritätsempfinden anderen gegenüber" bei Max Weber: *Wirtschaft und Gesellschaft*, Tübingen 1922, S. 627 findet.

82 Nachvollziehbare Erörterungen der Ordnung der Stämme und Clans finden sich in Mark Weiner: *The Rule of the Clan*, New York 2013, sowie Azar Gat: *Nations*, Cambridge 2013, S. 29–66. Vgl. auch Adam Ferguson: *Versuch über die Geschichte der bürgerlichen Gesellschaft*, Leipzig 1768, S. 111–121. Steven Grosby weist darauf hin, dass in der Bibel der Clan (*mischpacha*) eindeutig als Untereinheit des Stammes (*schewet*) und die Familie (*bet ab*) als Untereinheit des Clans beschrieben wird. Die zwölf Stämme stellen Untereinheiten der Israeliten als Volk (*am*) dar. Vgl. Steven Grosby: *Biblical Ideas of Nationality*, Winona Lake 2002, S. 15–22.

83 Einer unter Universitätsgelehrten verbreiteten Ansicht nach soll es sich bei der Nation um eine Fiktion oder eine noch junge Erfindung handeln. Vgl. u. a. Hans Kohn: *Die Idee des Nationalismus. Ursprung und Geschichte bis zur Französischen Revolution*, Heidelberg 1950; Elie Kedourie: *Nationalism*, Oxford 1960; Ernest Gellner: *Nationalismus und Moderne*, Berlin 1991; Eric Hobsbawm: *Nationen und Nationalismus. Mythos und Realität seit 1780*, Frankfurt a. M. u. New York 1991; Benedict Anderson: *Die Erfindung der Nation. Zur Karriere eines erfolgreichen Konzepts*, Frankfurt a. M. u. New York 1988. Für kritische Auseinandersetzungen mit der These, dass Nationen eine Erfindung der Moderne seien, vgl. Anthony D. Smith: „The Myth of the ‚Modern Nation' and the Myth of Nations"; in: *Ethnic and Racial Studies* 1/1988, S. 1–26; Gat: *Nations*, S. 214–220; Susan Reynolds: *Kingdoms and Communities in Western Europe, 900–1300*, Oxford 1984, S. 255f.; Len Scales u. Oliver Zimmer (Hg.): *Power and the Nation in European History*, Cambridge 2005.

84 Vgl. Jer 32.39, Hes 11.19 sowie 2 Chr 30.12.

85 Dieser Entwurf einer politischen Zusammengehörigkeit verwirft den Gegensatz zwischen traditionalistischen, am Gemeinwesen orientierten *Gemeinschaften* und modernen, individualistischen *Gesellschaften*, der in der akademischen Literatur bislang vorherrschte. Für eine parallele Erörterung mit einer etwas anderen Herangehensweise vgl. Yack: *Moral Psychology*, S. 44–67. Jüngere Arbeiten zum Thema Loyalität, die Beachtung verdienen, sind u. a. Andrew Oldenquist: „Loyalties"; in: *Journal of Philosophy* 4/1982, S. 173–193; George P. Fletcher: *Loyalität. Über die Moral von Beziehungen*, Frankfurt a. M. 1994; Richard Rorty: „Gerechtigkeit als erweiterte Loyalität"; in: ders.: *Philosophie & die Zukunft*, Frankfurt a. M. 2000, S. 79–100; Anna Stilz: *Liberal Loyalty*, Princeton 2009; John Kleinig: *On Loyalty and Loyalties*, Oxford 2014. Für Erörterungen des Problems, welches kollektive Bindungen für das liberale politische Denken dar-

stellen, vgl. Alasdair MacIntyre: *Der Verlust der Tugend. Zur moralischen Krise der Gegenwart*, Frankfurt a. M. u. New York 1987; Michael Sandel: *Liberalism and the Limits of Justice*, Cambridge 1982; Charles Taylor: *Quellen des Selbst. Die Entstehung der neuzeitlichen Identität*, Frankfurt a. M. 1996; Amitai Etzioni: *Die Entdeckung des Gemeinwesens. Ansprüche, Verantwortlichkeiten und das Programm des Kommunitarismus*, Stuttgart 1995; Will Kymlicka: *Multicultural Citizenship*, Oxford 1995; Patrick J. Deneen: *Warum der Liberalismus gescheitert ist*, Salzburg u. Wien 2019.

86 Die Grundlage für derartig familiäre Gefühle bilden gemeinsame Sprache, Religion oder Gesetze. Doch diese sind oft nicht ausreichend, um Nationen von der Kriegführung gegeneinander abzuhalten, wie es bei Amerika und Großbritannien der Fall war. Wirkungsvoller ist eine Geschichte des früheren vereinten Kampfes gegen gemeinsame Feinde, also Zeugnisse von altehrwürdigen wechselseitigen Loyalitäten, die dann und wann durch Umstände gemeinsamer Not und gemeinsamen Triumphes wiederbelebt werden können.

87 Damit soll keinesfalls bestritten werden, dass Mitgefühl gegenüber anderen menschlichen Wesen oder anderen Lebewesen im Allgemeinen möglich ist. Die Neigung dazu, sich mit anderen zu identifizieren oder anderen zu helfen, ist gewiss sehr weit verbreitet und beschränkt sich nicht auf die Kollektive, denen gegenüber wir loyal sind. Auf der anderen Seite vermögen solche Empfindungen des Mitgefühls in den meisten Fällen nur zu kurzfristigen Gefälligkeiten zu motivieren, die im unmittelbaren Zusammenhang bedeutsam sein mögen, aber keine derart fortwährende Bindung stiften, wie es wechselseitige Loyalität vermag. Aufgrund des verhältnismäßig schwachen und unzuverlässigen Charakters solcher Mitgefühlsregungen spielen derartige Gefühle keine bedeutende Rolle bei der Schaffung und Erhaltung politischer Ordnung. Wo kontinuierlich Hilfe geleistet wird oder die angebotene Hilfeleistung große Opfer erfordert, stellen wir so gut wie immer fest, dass diesem Verhalten die wechselseitigen Loyalitäten des Kollektivs zugrunde liegen. Für eine sorgfältige Untersuchung vgl. Eric Schliesser (Hg.): *Sympathy*, Oxford 2015.

88 Vgl. Miller: *Nationality*, S. 42–45.

89 Einige Nationen bewahren explizite Traditionen ihrer gemischten nationalen Ursprünge, darunter die Engländer, Franzosen und viele andere.

90 Zur in liberalen Gesellschaften schwindenden Fähigkeit, in menschlichen Kollektiven zu denken, vgl. Haidt: *Righteous Mind*, S. 111–133.

91 Es wird oft behauptet, dass eine große Bandbreite von Faktoren zur menschlichen Identität beitragen könne. Die dabei gemeinten unterschiedlichen „Identitäten“ führen allerdings kaum zur Gründung neuer Clans und neuer Stämme, selbst dort, wo sie neue Lebensaspekte widerspiegeln, die in der früheren Menschheitsgeschichte unbekannt waren.

92 Auch wenn dieser Wortgebrauch im Zusammenhang mit der Gesellschaft des modernen Staates eher ungewöhnlich ist, werde ich weiter den Begriff *Clan* für lokale Institutionen und Organisationen verwenden und den Begriff *Stamm* für größer angelegte Kollektive, die stark genug sind, um nationalen Einfluss zu buhlen. Ich habe mich für diese Begriffe statt für einen geläufigeren wie „Gemeinschaft" entschlossen, weil Letzterer der Konnotation einer hierarchischen Ordnung von Kollektiven ermangelt, welche essenziell für die empirische politische Theorie ist. Um der Vereinfachung willen habe ich mich für eine vierstufige Hierarchie entschieden: *Familie, Clan, Stamm* und *Nation*. Die Wahl eines vierteiligen Systems ist allerdings ein Stück weit willkürlich. In realen politischen Gesellschaften stößt man oft auf noch viele weitere hierarchische Ebenen, ehe man die Spitze des politischen Systems erreicht.

93 Ein solches kulturelles Erbe ist natürlich niemals gleichförmig. Eine nationale Tradition hat viele Elemente, und jeder Stamm, jeder Clan und jede Familie betont und entwickelt unterschiedliche Traditionsstränge, oft im Zusammenhang eines bewussten Wettbewerbes mit den anderen.

94 Eine derartige Beweisführung beruft sich typischerweise auf die Abschnitte 13 und 14 des ersten Teils von Thomas Hobbes' *Leviathan*, auf Absatz 97 in John Lockes *Zweiter Abhandlung* oder auf Kapitel 6 des ersten Buches von Jean-Jacques Rousseaus *Vom Gesellschaftsvertrag*.

95 Wie Hume schrieb: „Nichts beweist schlagender, dass eine Theorie [...] irrig ist, als die Feststellung, dass sie zu Paradoxa führe, die den allgemeinen Empfindungen und den Gebräuchen und Überzeugungen aller Nationen und Zeitalter widersprechen würden. Die Lehre, nach der jede rechtmäßige Regierung auf einem ursprünglichen Vertrag [...] beruhe, gehört eindeutig zu dieser Art." (David Hume: „Über den ursprünglichen Vertrag"; in: ders.: *Politische und ökonomische Essays*, Tbd. 2, Hamburg 1988, S. 301–324, hier S. 323.) Die Zurückweisung des Gesellschaftsvertrages als Grundlage des Staates findet sich ebenso in Adam Smith: *Vorlesungen über Rechts- und Staatswissenschaften*, Sankt Augustin 1996, S. 41–51; Ferguson: *Geschichte der bürgerlichen Gesellschaft*; Edmund Burke: *Betrachtungen über die französische Revolution*, Berlin 1794; Benjamin Constant: „Grundprinzipien der Politik, die auf alle repräsentativen Regierungssysteme und insbesondere auf die gegenwärtige Verfassung Frankreichs angewandt werden können"; in: ders.: *Werke*, Bd. 4: Politische Schriften II, Frankfurt a. M., Berlin u. Wien 1972, S. 9–244; Georg Wilhelm Friedrich Hegel: *Grundlinien der Philosophie des Rechts*, Berlin 1821, S. 305; Mill: *Repräsentativ-Regierung*; Theodor Herzl: *Der Judenstaat*, 8. Aufl., Berlin 1920, S. 55–58.

96 Diese kurze Abhandlung zur politischen Ordnung in Stämmen und Clans ist zwangsläufig unvollständig. Man kann eine solche politische Ordnung insbesondere dann nicht verstehen, wenn man nicht die Bedeutung von *kewod* für den Zusammenhalt dieser politischen Organisationsformen würdigt. Der hebräische Begriff *kewod* (oft mit „Ehre“ oder „Frömmigkeit“ übersetzt) steht für das Gewicht und die Bedeutung, die den älteren und mächtigeren Angehörigen des Kollektivs zukommen, ebenso wie für ihre Art, sich zu verhalten und die Welt zu betrachten. Menschliche Kollektive werden nicht nur durch wechselseitige Loyalität gekennzeichnet, sondern auch durch die Hierarchie innerhalb eines jeden Kollektivs, welche durch die Anerkennung der Unterschiede im *kewod* seiner jeweiligen Angehörigen gestiftet wird. Ich werde diese Thematik jedoch ein andermal untersuchen müssen. Vgl. in diesem Zusammenhang Roger Scruton: *The Meaning of Conservatism*, New York 2001, S. 23ff.

97 Nachzulesen in den biblischen Büchern Josua, Richter und Samuel, welche den anfänglichen Erfolg der israelitischen Stämme im Rahmen ihres freiwilligen Bündnisses sowie den Niedergang ihrer gemeinsamen Bemühungen hin zu Bürgerkrieg und Wehrlosigkeit gegenüber Fremden beschreiben. Als sich ihre Stammeskrieger als chancenlos gegenüber den stehenden Heeren der umliegenden Staaten erweisen, rufen sie ebenfalls nach einer nationalen Regierung – oder, mit anderen Worten, nach einem König. Zur Erörterung des Themas vgl. Yoram Hazony: *The Philosophy of Hebrew Scripture*, Cambridge 2012, S. 144–150.

98 Diese Bereitschaft, zum nationalen Staat beizutragen, ist das Ergebnis eines grundsätzlichen Vertrauens auf andere, das nur dort möglich ist, wo die fragliche Gemeinschaft als die eigene wahrgenommen wird. Vgl. Sedgwick: *Elements of Politics*, S. 201ff. u. 276; Miller: *Nationality*, S. 90–98; Roger Scruton: *England and the Need for Nations*, London 2004, S. 6–12 u. 24f.

99 Der nationale Staat herrscht weder über jeden Angehörigen der Nation, die ihn gründet, noch ausschließlich über Angehörige dieser Nation. Nationalisten sind allerdings, wie Yack korrekt hervorgehoben hat, meist mehr darum besorgt, dass Grenzen nationale Freiheit und Selbstbestimmtheit gewährleisten, als darum, dass politische und nationale Grenzen exakt übereinstimmen; vgl. Yack: *Moral Psychology*, S. 123f. Siehe auch meine Abhandlung über nationale Freiheit in Kapitel 13.

100 Zum Bewusstsein einer umfassenden, Griechisch sprechenden hellenischen Nation in Athen und anderen Stadtstaaten vgl. Roshwald: *Endurance*, S. 26–30, sowie Jonathan Hall: *Hellenicity*, Chicago 2002. Es wurde auch behauptet, dass es sich bei den Athenern um eine „Nation“ gehandelt habe (so etwa bei Edward Cohen: *The Athenian Nation*, Princeton 2000), aber es ist nur unnötig verwirrend, von

Athen als Nation zu sprechen, wenn dieser Begriff doch so gut die umfassende griechische Nation beschreibt, deren Stadtstaaten stammesmäßige Staaten waren, die daran scheiterten, sich unter einem einzigen nationalen Staat zu vereinen.

101 Meine Abhandlung führt den berühmten Vergleich weiter aus, den Burke zwischen dem Vertrag „wie [in einem] unbedeutenden Gemeinhandel mit Pfeffer oder Caffee“ und der Verbindung zur Aufrechterhaltung der Gesellschaft gezogen hat; vgl. Edmund Burke: *Betrachtungen*, S. 139f. Zum „Abschwören der Berechnung vorübergehender Vorzüge“ in Partnerschaften vgl. Michael S. Kochin: „The Constitution of Nations“; in: *The Good Society* 3/2005, S. 68–76.

102 Gen 12,3 sowie Am 3,2. Vgl. Gen 10,31 u. 22,18 u. 26,4.

103 Vgl. Marc van de Mieroop: *Cuneiform Texts and the Writing of History*, New York 1999, S. 70.

104 Einer treffenden Formulierung Manents entsprechend: „Die Stadt stand für Krieg und Freiheit. Das Imperium stand für Frieden [...] und Wohlstand.“ (Manent: *A World Beyond Politics?*.)

105 Die „feudalen“ Ordnungen im Europa und Japan des Mittelalters waren hoch entwickelte Varianten der Ordnung der Stämme und Clans. Wie Brierly betont, ist es anachronistisch, sich in Erörterungen über „den Staat“ auf diese und viele andere Epochen der Menschheitsgeschichte zu beziehen; vgl. James Brierly: *The Law of Nations*, 2. Aufl., Oxford 1936, S. 3. Ein zeitgenössisches Plädoyer für eine anarchische oder feudale politische Ordnung ist Hedley Bull: *The Anarchical Society*, 4. Aufl., New York 2012. Zum Übergang vom Feudalismus zum nationalen Staat vgl. Hendrik Spruyt: *The Sovereign State and Its Competitors*, Princeton 1994.

106 Viele imperiale Herrscher haben keine Mühen gescheut, um ihren Untertanen ihre persönlichen Eigenschaften nahezubringen, damit diese sich fühlen, als seien sie einem konkreten Individuum gegenüber loyal. Das Resultat ist dennoch weit entfernt von der Loyalität gegenüber einer tatsächlichen, vertrauten Person.

107 Zur menschlichen Einheit als Ordnungsprinzip imperialer Staaten vgl. Michael Walzer: „Nation und Welt: Universalismus und Partikularismus in Moral und Politik“; in: ders.: *Lokale Kritik – globale Standards. Zwei Formen moralischer Auseinandersetzung*, Hamburg 1996, S. 139–198.

108 Vgl. Theodor Herzl: „Judaism“; in: ders.: *Zionist Writings*, New York 1973, S. 51.

109 Vgl. Ferguson: *Geschichte der bürgerlichen Gesellschaft*.

110 Vgl. oben, Anm. 87.

111 Vgl. Gat: *Nations*, S. 111–131.

112 Historiker stellen diese Bedrohung durch die Auflehnung unterworfener Völker oft so dar, als ob sie von einem Groll über ökonomische Unterdrückung motiviert sei. Zweifellos kommt es in den meisten Fäl-

len imperialer Eroberung auch zu wirtschaftlicher Ausbeutung. Diese Tatsache derart zu betonen, verschleiert jedoch die grundsätzliche Ähnlichkeit zwischen den Konflikten in angrenzenden, unabhängigen Nationen und jenen, die innerhalb des imperialen Staates entbrennen – dort sind Revolten beinahe immer Aufstände einer unterworfenen Nation gegen die fremde Nation, die sie unterjocht hat.

113 Fürsprecher des imperialen Staates sehen sich selbst im Regelfall nicht als Verfechter einer reinen Ausbeutung der anderen Nationen auf der Welt. Natürlich gibt es auch hiervon Ausnahmen, und Niall Ferguson beschreibt den Aufstieg des Britischen Empire auf genau diese Weise; vgl. Niall Ferguson: *Empire. The Rise and Demise of the British World Order*, New York 2002. Für eine ausgewogenere Darstellung vgl. Anthony Pagden: *Lords of All the World*, New Haven 1995, sowie David Armitage: *The Ideological Origins of the British Empire*, Cambridge 2000.

114 Vgl. Gen 6,5–8,14 sowie 11,1–9.

115 Die dreifache Unterscheidung zwischen Stadtstaaten, nationalen Staaten und Imperien wird behandelt in Grosby: *Biblical Ideas*, S. 29–39 u. 121f.; Yoram Hazony: „Empire and Anarchy"; in: *Azure* 12 (Winter 2002), S. 27–70; Gat: *Nations*, S. 3 u. 83.

116 Mill ist der Ansicht, dass das gemeinsame Erbe der Nation eine Abteilung der Menschheit schaffe, deren Angehörige „unter sich durch gemeinsame Sympathien verbunden sind". Diese gemeinsamen Sympathien beruhten auf „Identität des politischen Lebens und der politischen Entwickelung, der Besitz einer nationalen Geschichte und die sich daraus ergebende Gemeinsamkeit der Erinnerungen, sowie die Uebereinstimmung in Stolz und Scham, Freude und Leid, die sich an dieselben Ereignisse der Vergangenheit knüpfen". (Mill: *Repräsentativ-Regierung*, S. 220f.) Zur Religion als grundlegendem Faktor bei der Definition von Nationalität vgl. Himmelfarb: „Dark and Bloody Crossroads". Üblicherweise bildet ein zusammenhängendes Land oder Territorium einen Teil dieses nationalen Erbes. Doch es gilt zu beachten, dass ein Stück Land seine Identität von der darauf lebenden Nation erhält, nicht – wie oft behauptet wird – die Nation die ihre vom Land. Vgl. hierzu Steven Grosby: „Territoriality"; in: ders.: *Biblical Ideas*, S. 191–212.

117 Vgl. Miller: *Nationality*, S. 19–27, sowie Gat: *Nations*, S. 23. Ich habe es vermieden, das derzeit in der akademischen Literatur so beliebte Wort „Ethnie" zu verwenden, weil es meines Erachtens nur zu einer sinnlosen Begriffsschwemme beiträgt. Das griechische Wort *ethnos* wird üblicherweise mit „Nation" oder „Volk" übersetzt.

118 Folglich ist ein Nationalist jemand, der nicht nur die Unabhängigkeit der Nation verficht, sondern auch ihre Einigkeit. Das ist gemeint, wenn Joseph Ellis über George Washington aufgrund von dessen unerschütterlichem Streben nach Einigkeit unter einer starken Zentral-

regierung während des Revolutionskrieges und danach schreibt, dass dieser „der nationalistischste von allen Nationalisten" gewesen sei; vgl. Joseph Ellis: *The Quartet*, New York 2015, S. 109.

119 Micha 4,4. Vgl. 1. Könige 5,5.

120 Vgl. Ex 15,20–21.

121 Vgl. Milton u. Rose Friedman: *Chancen, die ich meine*, Berlin, Frankfurt u. Wien 1980. [Der englische Originaltitel lautet *Free to Choose*.]

122 Man mag dagegen einwenden wollen, dass das Wort „Schmerz" nur metaphorisch gebraucht wird, wenn vom Schmerz einer Familie die Rede ist, weil das Gemeinte nicht exakt das Gleiche ist wie der Schmerz eines Individuums. Dem lässt sich zustimmen, solange klar ist, dass das Empfinden der Familie kein bisschen weniger real ist, auch wenn es sich vom Empfinden des Einzelnen unterscheidet. So zu denken, bedarf einer Anwendung des Begriffes „Metapher", die dem üblichen aristotelischen Wortgebrauch widerspricht.

123 Vgl. Lenn Goodman: „The Rights and Wrongs of Nations"; in: ders.: *Judaism, Human Rights, and Human Values*, Oxford 1998, S. 137–161, hier S. 143. Die akademische Forschung hat meist den Einfluss der modernen Kommunikationsmittel auf derartige kollektive Erfahrungen hervorgehoben. Wie Gat jedoch betont, haben analphabetische Gesellschaften ihre eigenen Mittel der weit ausgreifenden kulturellen Übertragung, von einem Netzwerk religiöser Zentren im ganzen Land über die Volksversammlung an Markttagen, um Neuigkeiten auszutauschen, bis hin zu reisenden Musikern, Dichtern, Geschichtenerzählern und Vorlesern; vgl. Gat: *Nations*, S. 12f.

124 Zu „kollektiver Autonomie" vgl. Miller: *Nationality*, S. 88f.

125 Zu Gewalt in der Ordnung der Stämme und Clans vgl. Steven Pinker: *Gewalt. Eine neue Geschichte der Menschheit*, Frankfurt a. M. 2011.

126 In einem föderalen oder ähnlichen System wird es örtliche Gerichte und eine örtliche Polizei geben, und sogar örtliche Gesetze. Diese sind jedoch noch immer der nationalen Regierung gegenüber rechenschaftspflichtig, die sie beaufsichtigt. Vgl. Kapitel 15.

127 Herder: *Ideen zur Philosophie*, Bd. 2, S. 315f. Hume argumentiert ähnlich und verweist auf das mangelnde Interesse, das der Großteil der Nation an Kriegen hat, die weit weg von der Heimat ausgefochten werden. In der Folge schreibt er über Imperien, dass „[ihr] Fall[] niemals von ihrer Gründung weit entfernt seyn kann". (David Hume: „Von der Balanz der Macht"; in: ders.: *Vermischte Schriften über die Handlung, die Manufacturen und die andern Quellen des Reichthums und der Macht eines Staats*, Hamburg u. Leipzig 1754, S. 129–144, hier S. 143.) Montesquieu, Burke und Adam Smith haben ebenso ihr Missfallen über Imperien zum Ausdruck gebracht. Ihre Ansichten werden in Aufsätzen von Michael Mosher, Uday Singh Mehta und Emma Rothschild behandelt in Sankar Muthu (Hg.): *Empire and Modern Political Thought*, Cambridge 2012.

128 Wie Mill über das Verhalten der Engländer in Indien schreibt, geschah ihre Einmischung „fast immer an der unrechten Stelle. Die wahren Ursachen, welche über das Gedeihen oder das Elend, den Fortschritt oder Rückschritt der Hindus entscheiden, liegen den meisten Engländern zu fern, um ihnen erkennbar zu sein. Sie haben nicht einmal die nöthige Kenntniß, um auch nur das Vorhandensein solcher Ursachen zu ahnen, geschweige denn, um ihre Wirkung zu beurtheilen. Die Art, wie die wesentlichsten Interessen des Landes wahrgenommen werden, kann [...] die allerelendeste [sein], ohne auch nur ihre Beachtung auf sich zu ziehen." (Mill: *Repräsentativ-Regierung*, S. 250.)

129 Das war keine unbedeutende Errungenschaft, hatten doch von 1337 bis 1453 fünf englische Könige die besten Ressourcen ihres Volkes dem erfolglosen Ansinnen geopfert, Frankreich zu erobern. Um ein jüngeres Beispiel für eine derartige eliminatorische Politik zu finden, muss man nur die Teilung Polens betrachten, welche 1795 die unabhängige Existenz dieser Nation austilgte. Bei keiner der an dieser Teilung beteiligten Parteien – Österreich, Russland und Preußen – handelte es sich um einen nationalen Staat.

130 Eine vergleichbare Darstellung mit anderen Worten findet sich bei Henry Kissinger: *Weltordnung*, München 2016, S. 41–62.

131 Dementsprechend erklärte Hitler, dass die slawischen Völker für Deutschland das sein würden, was Indien für die Briten war; vgl. Ferguson: *Empire*, S. 279.

132 Die Diskussion über Fritz Fischers Buch *Griff nach der Weltmacht. Die Kriegszielpolitik des kaiserlichen Deutschland 1914–1918* (Düsseldorf 1961) drehte sich vorwiegend um Fischers These, dass Deutschland einen Großteil der Schuld am Ersten Weltkrieg getragen habe. Man muss dieser Schlussfolgerung allerdings nicht beipflichten, um die Schlagkraft von Fischers Argumentation anzuerkennen, wonach die Deutschen auf dem Kontinent von einer imperialistischen Strategie angetrieben worden seien, die Umsetzung dieser Strategie über Jahre hinweg vorbereitet hätten und die Serbienkrise als Gelegenheit zu ihrer Anwendung begrüßt hätten. Diese Tatsachen lassen sich nur dann so interpretieren, dass Deutschland auf diese Weise die Kriegsschuld zugeschoben werden solle, wenn man davon ausgeht, dass der britische und französische Imperialismus eine nur geringe oder gar keine Rolle bei der Anfachung der Krise und der Verlängerung des Krieges, nachdem dieser einmal ausgebrochen war, gespielt hätte. Bücher wie Christopher Clarks *Die Schlafwandler. Wie Europa in den Ersten Weltkrieg zog* (München 2013), die davon ausgehen, dass der Erste Weltkrieg beinahe versehentlich ausgebrochen wäre, ignorieren oder vernachlässigen meist die Jahrzehnte des imperialistischen Wettbewerbs, der Deutschland in die Konfrontation mit Großbritannien über die Art der durchzusetzenden Weltordnung führte (wodurch praktischerweise die serbischen Nationalisten, de-

ren Umtriebe die unmittelbare Kriegsursache waren, als die einzigen wirklich „bösen Jungs" in der Geschichte übrig bleiben). Für einen Überblick über die Fischer-Kontroverse vgl. John C. G. Röhl: „Goodbye to All That (Again)? The Fischer Thesis, the New Revisionism, and the Meaning of the First World War"; in: *International Affairs* 1/2015, S. 153–166. Zu den imperialen Ansprüchen der Deutschen vgl. auch Vejas Gabriel Liulevicius: *Kriegsland im Osten. Eroberung, Kolonisierung und Militärherrschaft im Ersten Weltkrieg*, Hamburg 2002, sowie Manent: *A World Beyond Politics?*, S. 83f.

133 Noch kurz zuvor war die Vermeidung überseeischer Besitzungen eine Konstante der amerikanischen Politik gewesen. Präsident Grover Cleveland beispielsweise hatte 1893 bekundet, die Annexion Hawaiis sei „eine Pervertierung der Bestimmung unserer Nation. Die Bestimmung unserer Nation ist es, das, was wir haben, aufzubauen und ein besseres Land daraus zu machen, nicht aber, Inseln zu besetzen"; zit. n. John Judis: *The Folly of Empire*, New York 2003, S. 26.

134 Vgl. Stuart Creighton Miller: *Benevolent Assimilation*, New Haven 1984. Für ein aussagekräftiges Beispiel der imperialen Ansprüche jener Zeit vgl. Theodore Roosevelt: „Expansion and Peace"; in: *The Independent* v. 21. Dezember 1899.

135 Teddy Roosevelt, ursprünglich selbst einer der unverblümtesten Verfechter des amerikanischen Imperialismus, wechselte die Seiten und attackierte „professionelle Internationalisten" sowie „Mitläufer aller Art, die einen gesunden Nationalismus zerstören"; zit. n. Judis: *Folly of Empire*, S. 113. Tatsächlich sollte kein amerikanischer Präsident mehr dazu in der Lage sein, die Nation für Kriege in Übersee zu begeistern, bis die Japaner 1941 Pearl Harbor angriffen.

136 Die Perversität dieser Doppelzüngigkeit zeigt sich vielleicht am deutlichsten in der Tatsache, dass England, dessen traditionelles *Common Law* die Sklaverei auf eigenem Boden verbot, gleichzeitig massiv am Sklavenhandel beteiligt war und mit seinen Schiffen Millionen afrikanischer Sklaven nach Amerika transportierte. Schließlich gelang es Ende des 18. Jahrhunderts christlicher Agitation, die britische Regierung zu einem Aktivposten für die weltweite Abschaffung der Sklaverei umzudrehen; vgl. David Brog: *In Defense of Faith*, New York 2010, S. 125–156. Doch selbst dieser Sinneswandel hielt Großbritannien nicht davon ab, weiter nach der Ausdehnung seines Empire zu trachten, in dem Glauben daran, der Menschheit Christentum und Zivilisation zu bringen.

137 Die amerikanische Unterstützung für eine Ordnung der unabhängigen nationalen Staaten fiel allerdings nicht unzweideutig aus. Woodrow Wilsons Einsatz für die nationale Selbstbestimmtheit hielt ihn nicht davon ab, an der Errichtung des Völkerbundes als einer Form von internationaler Zwangsregierung mitzuarbeiten. Sein Ziel war es, ein gerichtlich einklagbares Völkerrecht „als Richtschnur für das

tatsächliche Verhalten der Regierungen" zu etablieren – das genaue Gegenteil von Selbstbestimmtheit für die Mitgliedstaaten (vgl. Völkerbundsatzung, Präambel sowie Art. 10–17). Während des Zweiten Weltkrieges verband auch Franklin Roosevelt ein Eintreten für die nationale Selbstbestimmtheit mit dem Glauben an ein „umfassendes und dauerhaftes System allgemeiner Sicherheit" (Atlantikcharta, Art. 8). Solche Ansichten waren offen antiimperialistisch, aber strebten gleichzeitig nach der Errichtung einer neuen Weltordnung, die wiederum der Schaffung einer Art von Imperium bedurfte.

138 Emer de Vattel: *Le droit des gens ou principes de la loi naturelle appliqués à la conduite et aux affaires des nations et des souverains*, 3.47–48. Übersetzung YH. Für eine allgemeinere Abhandlung über Freiheit, die der „Verteilung und Dezentralisierung der Gewalten in der Gesellschaft" bedarf, vgl. Robert Nisbet: „The Contexts of Democracy"; in: E. J. Feulner jr. (Hg.): *The March of Freedom*, Washington, D.C. 2003, S. 223, sowie Michael Oakeshott: „The Political Economy of Freedom"; in: ders.: *Rationalism in Politics and Other Essays*, Indianapolis 1991, S. 388f.

139 Vgl. Goodman: „Rights and Wrongs", S. 155f.

140 Sowohl in Indien als auch in Israel dienen auch viele Muslime in den Streitkräften und in Führungspositionen der Regierung. Die Frage, inwieweit diese muslimischen Bevölkerungsgruppen völlig integriert werden können, bleibt jedoch offen.

141 Napoleons Sichtweise entstammte der Französischen Republik, deren Repräsentant er war. Die Zerstörung Venedigs befahl er, noch bevor er sich an die Spitze des Staates setzte; vgl. Robert R. Palmer: *Das Zeitalter der demokratischen Revolution. Eine vergleichende Geschichte Europas und Amerikas von 1760 bis zur Französischen Revolution*, Frankfurt a. M. 1970.

142 Vgl. Moses Hess: *Rom und Jerusalem. Die letzte Nationalitätsfrage*, Leipzig 1862.

143 Für eine berühmte Kritik an rationalistischen Spekulationen in der politischen Philosophie vgl. Michael Oakeshott: „Rationalism in Politics"; in: ders.: *Rationalism in Politics*. Zu Rationalismus und Empirismus im politischen Denken vgl. Thomas Sowell: *A Conflict of Visions*, bearb. Aufl., New York 2007; Gertrude Himmelfarb: *The Roads to Modernity*, New York 2005; Yuval Levin: *The Great Debate*, New York 2014; João Carlos Espada: *The Anglo-American Tradition of Liberty*, New York 2016; Haivry u. Hazony: „What Is Conservatism?". Zu Rationalismus und Empirismus in den Naturwissenschaften vgl. Yoram Hazony: „Newtonian Explanatory Reduction and Hume's System of the Sciences"; in: Zvi Biener u. Eric Schliesser (Hg.): *Newton and Empiricism*, Oxford 2014, S. 138–170. Wie Quinton betont, handelt es sich bei der konservativen Abneigung gegenüber „abstrakten" Theorien nicht um eine Verweigerung der Verallgemeine-

rung auf Grundlage von Erfahrungen, ohne welche logisches Denken unmöglich wäre. Der Empiriker lässt „sehr allgemeine“ Grundsätze zu, die von Erfahrungen abgeleitet werden, doch diese Ableitung wird als fehlbar betrachtet, und die allgemeinen Grundsätze sind in ihrer Anwendbarkeit möglicherweise beschränkt; vgl. Anthony Quinton: *The Politics of Imperfection*, London 1978, S. 13.

144 John Stuart Mill: *Ueber die Freiheit*, Frankfurt a.M. 1860, S. 102. Ähnliche Plädoyers für Systeme vieler, miteinander konkurrierender Staaten finden sich bei David Hume: „Über Aufstieg und Fortschritt der Künste und Wissenschaften“; in: ders.: *Essays*, Tb. 1, Hamburg 1988, S. 122–153; Ferguson: *Geschichte der bürgerlichen Gesellschaft*; William McDougall: *Ethics and Some World Problems*, London 1924, S. 46ff.; Anthony D. Smith: *The Ethnic Origins of Nations*, Cambridge 1986, S. 218; Pierre Manent: „Democracy Without Nations?“; in: Daniel Mahoney u. Paul Seaton (Hg.): *Modern Liberty and Its Discontents*, New York 1998, S. 195. Diese empiristische Sorge um die Vielfalt der nationalen Perspektiven ist nicht zu verwechseln mit jener der deutschen Romantik oder der des französischen „Postmodernismus“, die leugnen, dass es in Politik oder Moral letztgültige Wahrheiten gibt. Der empiristische Standpunkt betrachtet die Vielfalt der nationalen Perspektiven als einen Vorteil beim Streben nach ebendiesen Wahrheiten.

145 Diese imperiale Lethargie hatte Charles de Gaulle im Sinn, als er vorhersagte, dass ein geeintes Europa zu einer „materialistischen, seelenlosen Masse ohne jeden Idealismus“ werden würde; zit. n. Thatcher: *Statecraft*, S. 365.

146 Vgl. Hayek: „Interstate Federalism“.

147 Thatcher: *Statecraft*, S. 374ff. u. 420. Eine vergleichbare Argumentation findet sich ausführlich bei Rodrik: *Globalisierungs-Paradox*.

148 Im Hinblick auf die Übertragung von Entscheidungsfindungskompetenzen der Briten an die Europäische Union kommt Thatcher zu dem Schluss, dass die Briten naiv gewesen seien. Sie beschreibt, wie europäische Einrichtungen gewisse dieser Kompetenzen erhielten, die dann unweigerlich durch die Entscheidungen europäischer Gremien, in denen Großbritannien ein Mitspracherecht, aber wenig effektive Macht hatte, immer weiter ausgedehnt wurden; vgl. Thatcher: *Statecraft*, S. 368.

149 Das Prinzip der nationalen Selbstbestimmtheit bedarf grundsätzlich nicht einer demokratischen Regierungsform oder einer Tradition der Sorge um individuelle Freiheiten; vgl. Miller: *Nationality*, S. 90, sowie John Plamenatz: *On Alien Rule and Self-Government*, London 1960.

150 Wie Miller hervorhebt, führt das Eintreten für den universalen Schutz der Rechte des Individuums, wenn es Vorrang vor allen anderen Überlegungen erhält, unaufhaltsam zu einem „wohlwollenden Imperialis-

mus"; vgl. Miller: *Nationality*, S. 77. Diese Dynamik ist der Hintergrund beispielsweise des Plädoyers von Sidgwick für die Ausdehnung eines liberalen Imperiums (was er die „segensreiche Ausübung von Vorherrschaft" nennt) auf Nationen, die „deutlich weniger zivilisiert" sind; vgl. Sidgwick: *Elements of Politics*, S. 278f.

151 John Stuart Mill: *Betrachtungen über Repräsentativ-Regierung*, Leipzig 1873, S. 224. Mill fügt sich nur schlecht in die grundsätzlich liberale Tradition ein, die von rationalistischen Theoretikern wie Hobbes und Locke begründet wurde. In vielen Bereichen sorgt sein Empirismus dafür, dass seine Beweisführung eher der anderer Empiriker wie Hume und Burke ähnelt. Mills' Nationalismus fügt sich nahtlos in dieses Gesamtmuster ein.

152 In der ursprünglichen Verfassung der Vereinigten Staaten wurde nur das Repräsentantenhaus in unmittelbarer und allgemeiner Wahl gewählt. Selbst heute noch ist der Oberste Gerichtshof kein gewähltes Organ.

153 Mills Standpunkt in dieser Frage ist wohlbekannt: „Freie Institutionen sind in einem Staate, der aus verschiedenen Nationalitäten besteht, nahezu unmöglich. Unter einer Bevölkerung ohne ein gemeinschaftliches Gesammtgefühl, besonders wenn sie in verschiedenen Sprachen liest und spricht, kann jene einheitliche öffentliche Meinung nicht bestehen, welche eine wesentliche Bedingung für die Wirksamkeit einer Repräsentativregierung ausmacht. [...] Eine aus verschiedenen Nationalitäten bestehende Armee kennt keinen andern Patriotismus als die Anhänglichkeit an ihre Fahne. Solche Armeen sind während der ganzen Dauer der neuern Geschichte die Henker der Freiheit gewesen." (Mill: *Repräsentativ-Regierung*, S. 222f.) Deutlich weniger bekannt ist Mills Schlussfolgerung, wonach Großbritannien niemals genug über Indien wissen werde, um es angemessen regieren zu können; vgl. Anm. 127.

154 Raymond Aron beispielsweise schlug ein internationales föderales Regime als Mittelweg zwischen einem homogenen nationalen Staat und einem universalen imperialen Staat vor; vgl. die Einführung von Tony Judt in ders.: *The Dawn of Universal History*, New York 2002, S. 5.

155 Kant bekundete seine Position unzweideutig in der „Idee zu einer allgemeinen Geschichte in weltbürgerlicher Absicht" von 1784 [zit. n. Immanuel Kant: *Idee zu einer allgemeinen Geschichte in weltbürgerlicher Absicht*, Leipzig 1917]: „[...] in einen Völkerbund zu treten; wo jeder, auch der kleinste Staat seine Sicherheit und Rechte nicht von eigener Macht, oder eigener rechtlichen Beurteilung, sondern allein von diesem großen Völkerbunde [...], von einer vereinigten Macht und von der Entscheidung nach Gesetzen des vereinigten Willens erwarten könnte." (S. 13.) Oder, an anderer Stelle: „eine vereinigte Gewalt, die [...] Nachdruck gibt, mithin einen weltbürgerlichen Zustand der öffentlichen Staatssicherheit einzuführen" (S. 15.), und: „daß [...]

endlich das, was die Natur zur höchsten Absicht hat, ein allgemeiner weltbürgerlicher Zustand, [...] worin alle ursprünglichen Anlagen der Menschengattung entwickelt werden, dereinst einmal zu Stande kommen werde“ (S. 18.). Ein ähnliches Bild wird gezeichnet in Immanuel Kants spätem Essay „Zum ewigen Frieden. Ein philosophischer Entwurf“; in: ders.: *Schriften zur Anthropologie, Geschichtsphilosophie, Politik und Pädagogik*, Werkausg. Bd. 6, Frankfurt 1964, S. 191–251, hier S. 212f., wo ein *„Völkerstaat“*, offenbar ohne föderale Unterteilungen, als Ideal dargestellt und eine internationale Föderation als zwischenzeitliches Ziel beschrieben wird; vgl. Kapitel 21 u. 23.

156 Vgl. August Heckscher: *Woodrow Wilson. A Biography*, New York 1993, S. 551. Wilsons angestrebter Völkerbund verpflichtete alle Mitgliedstaaten, „die Unversehrtheit des Gebiets und die bestehende politische Unabhängigkeit aller Bundesmitglieder zu achten und gegen jeden äußeren Angriff zu wahren“ (Art. 10 Völkerbundsatzung), in Übereinstimmung mit einer komplexen Maschinerie der internationalen Steuerung. Dies veranlasste den US-Republikaner Henry Cabot Lodge zu seinem berühmten Aufruf an das amerikanische Volk, „jetzt und immerdar für Amerikanismus und Nationalismus und gegen Internationalismus“ einzutreten; vgl. William Widenor: *Henry Cabot Lodge and the Search for an American Foreign Policy*, Berkeley 1980, S. 347f.

157 Vgl. Hayek: „Interstate Federalism“. Vgl. auch Sidgwick: *Elements of Politics*, S. 268f., sowie Mises: *Liberalismus*, S. 132. Vgl. auch Anm. 65 u. 66.

158 Vgl. Jes 2,4, Micha 4,3 sowie Ps 46,9–10.

159 Vgl. insbesondere den 9. und den 10. Zusatzartikel zur Verfassung der Vereinigten Staaten.

160 Vgl. Philip Hamburger: *Separation of Church and State*, Cambridge 2002, S. 147–189.

161 Trotz der hinlänglich bekannten Positionierung Lincolns, wonach er den Krieg zur Erhaltung der Union und nicht zur Ausrottung der Sklaverei führe, sehe ich wenig Sinn darin, die beiden Themen voneinander zu trennen. Das kulturelle Erbe des sklavenhaltenden Südens und sein Unwille, davon abzulassen, waren die Gründe für die Sezession. Hinzu kommt, dass die Bundesregierung – nachdem der Krieg einmal ausgebrochen war – eilends daran ging, jegliche Sklaverei in den Vereinigten Staaten abzuschaffen, und dies zwischen 1863 und 1865 auch in Bundesstaaten durchsetzte, die sich nicht abgespalten hatten. Wenn der Krieg nur wegen der Formsache der Sezession geführt worden wäre, hätte er nicht zu einer so schlagartigen und gründlichen Abschaffung der Sklaverei geführt; vgl. Eric Foner: *The Fiery Trial*, New York 2011.

162 Ein bedeutsamer Schritt auf diesem Weg war die Ratifizierung des 14. Zusatzartikels zur Verfassung der Vereinigten Staaten. Er ordnete

1868, nach dem Bürgerkrieg, die Gesetze der jeweiligen Bundesstaaten in allen Belangen der Privilegien und Immunitäten ihrer Bürger explizit der Aufsicht der Bundesregierung unter: „Keiner der Einzelstaaten darf Gesetze erlassen oder durchführen, die die Vorrechte oder Freiheiten von Bürgern der Vereinigten Staaten beschränken, und kein Staat darf irgendjemandem ohne ordentliches Gerichtsverfahren nach Recht und Gesetz Leben, Freiheit oder Eigentum nehmen oder irgendjemandem innerhalb seines Hoheitsbereiches den gleichen Schutz durch das Gesetz versagen." (Abs. 1.)

163 Zu den biblischen Ursprüngen des Föderalismus vgl. Daniel Elazar: *Covenant and Polity in Biblical Israel*, New Brunswick 1995.

164 Die Unterzeichner des Vertrages, darunter Deutschland, Frankreich und Großbritannien, beschließen in der Präambel, „den Prozeß der Schaffung einer immer engeren Union der Völker Europas, in der die Entscheidungen entsprechend dem Subsidiaritätsprinzip möglichst bürgernah getroffen werden, weiterzuführen". Für den zitierten Abschnitt vgl. Titel II, Artikel G, Abs. 5.

165 Vgl. Rabkin: *Law Without Nations?*, S. 43. Das Recht der Bürger europäischer Staaten, das Recht der Europäischen Gemeinschaft gegen die Gesetze ihrer eigenen nationalen Regierungen anzurufen, wurde 1963 durch den Europäischen Gerichtshof begründet (Rechtssache 26/62, „van Gend & Loos gegen Niederländische Finanzverwaltung"); vgl. Fonte: *Sovereignty or Submission*, S. 132f.

166 Gesetze der Europäischen Union müssen von ernannten und gewählten Gremien ratifiziert werden, und die nationalen Gesetzgebungsinstitutionen verfügen auch über begrenzte Möglichkeiten, zu intervenieren. In jedem Fall jedoch verbleibt die Entscheidungsfindungskompetenz bei den europäischen Gerichtshöfen. Schätzungen besagen, dass ungefähr die Hälfte aller neuen Gesetze in europäischen Staaten diesen gemäß dieser Prozedur von der EU-Bürokratie auferlegt und von der Justizhierarchie gestützt werden. Für einen Überblick über die Beschneidung der nationalstaatlichen Autorität in der Europäischen Union vgl. Fonte: *Sovereignty or Submission*, S. 121–158.

167 Für einen Überblick zu diesem Thema vgl. Will Kymlicka: *Politics in the Vernacular*, Oxford 2001, S. 23f. Die Vorteile des staatsbürgerlichen oder neutralen Staates werden insbesondere von Lord Acton hervorgehoben; vgl. John Emerich Edward Dalbert-Acton: „Nationalismus"; in: Alexander Dörrbecker: *Geschichte und Freiheit. Ein Lord-Acton-Brevier*, Zürich 2010, S. 46–53. Diese Lehre wurde zum wesentlichen normativen Prinzip der akademischen Forschung über Nationalismus in der Folge solcher Werke wie Kohn: *Idee des Nationalismus*, oder Kedourie: *Nationalism*.

168 Zur Kritik am Mythos der „Staatsbürgernation" vgl. Yack: *Moral Psychology*, S. 23–45; Roshwald: *Endurance*, S. 253–295; Taras Kuzio: „The Myth of the Civic Nation. A Critical Survey of Hans Kohn's

Framework for Understanding Nationalism"; in: *Ethnic and Racial Studies* 1/2002, S. 20–39; Stephen Shulman: „Challenging the Civic/Ethnic and West/East Dichotomies in the Study of Nationalism"; in: *Comparative Political Studies* 5/2002, S. 554–585; Kymlicka: *Vernacular*, S. 23–27.

169 Michael Walzer beispielsweise bezeichnet die Vereinigten Staaten als geprägt von einer „scharfen Trennung von Staat und Ethnie", auch wenn er einräumt, dass „amerikanische Ureinwohner und Schwarze von dieser Einigkeit weitestgehend ausgeschlossen worden sind"; vgl. ders.: „Pluralism in Political Perspective"; in: ders. et al. (Hg.): *The Politics of Ethnicity*, Cambridge 1982, S. 17f. Der Wunsch nach einer Trennung des Volkstums vom Staat taucht im deutsch-jüdischen politischen Denken wiederholt auf, insbesondere in den Schriften Hermann Cohens und Martin Bubers sowie ihrer Anhänger. Vgl. dazu meine Abhandlung in Yoram Hazony: *The Jewish State. The Struggle for Israel's Soul*, New York 2000, S. 181–264. Eine zeitgemäße Ausarbeitung dieser Tradition findet sich bei Yael Tamir: *Liberal Nationalism*, Princeton 1993.

170 Zur Theorie eines „Verfassungspatriotismus" als Alternative zum Nationalismus in einem „postnationalen" Deutschland vgl. Jürgen Habermas: „Der europäische Nationalstaat – Zu Vergangenheit und Zukunft von Souveränität und Staatsbürgerschaft" sowie „Braucht Europa eine Verfassung? Eine Bemerkung zu Dieter Grimm"; in: ders.: *Die Einbeziehung des Anderen. Studien zur politischen Theorie*, Frankfurt a. M. 1996, S. 128–153 u. 185–190. Einige Fürsprecher dieses Konzeptes betonen, dass es nicht die Verfassungsdokumente an sich seien, sondern die in diesen verankerten Prinzipien, die den Gegenstand der Loyalität darstellen sollen. Meine Entgegnung bleibt aber die gleiche, ganz egal, ob die Loyalität nun einem Dokument oder den darin beschriebenen Grundsätzen gelten soll.

171 Zur religiösen Ehrfurcht gegenüber der amerikanischen Flagge, die in den Vereinigten Staaten nach dem Bürgerkrieg kultiviert wurde, vgl. Samuel P. Huntington: *Who are we? Die Krise der amerikanischen Identität*, Hamburg u. Wien 2004, S. 163ff.

172 Ich habe hier die quantitativ größte Nation innerhalb eines freien nationalen Staates als die *Mehrheitsnation* bezeichnet. Es kann allerdings auch einen freien nationalen Staat geben, in dem die zahlenmäßig stärkste Nation nicht in der Mehrheit ist, sondern lediglich Teil einer Vielheit, während der Rest der Bevölkerung aus einer großen Anzahl kleinerer nationaler Minderheiten besteht. Um unnötige Fachsprache zu vermeiden, werde ich weiter von der „Mehrheitsnation" sprechen, wobei in diesen Begriff nach meiner Auslegung auch der zweitere Fall mit eingeschlossen ist. Natürlich gibt es gelegentlich auch Staaten, in denen zwei Nationen oder Stämme, die auf ihrem jeweils eigenen Territorium in der überwältigenden Mehrheit sind, einander innerhalb

eines einzigen föderalen Staates ausbalancieren. Allseits bekannte Beispiele hierfür sind Kanada, Belgien und – bis zu ihrer Auflösung 1992 – die Tschechoslowakei.

173 Wie John Jay in den *Federalist Papers* schrieb: „Mit gleicher Freude habe ich immer wieder bemerkt, daß es der Vorsehung gefallen hat, dieses eine zusammenhängende Land einem vereinten Volk zu geben – einem Volk, das von denselben Ahnen abstammt, dieselbe Sprache spricht, sich zu demselben Glauben bekennt, denselben Regierungsgrundsätzen verhaftet ist, sehr ähnlichen Sitten und Gebräuchen folgt und das mit vereinten Gedanken, Waffen und Anstrengungen einen langen und blutigen, Seite an Seite geführten Krieg hindurch seine allgemeine Freiheit und Unabhängigkeit tapfer erkämpft hat." (Publius [d. i. John Jay]: „Nr. 2"; in: Alexander Hamilton, James Madison u. ders.: *Die Federalist Papers*, München 2007, S. 57–61, hier S. 58.) Vgl. auch Gregory Jusdanis: *The Necessary Nation*, Princeton 2001, S. 155–162.

174 Das öffentliche Schulsystem Amerikas wurde in den 1830er-Jahren mit dem Ziel eingerichtet, eine öffentliche Kultur auf der Grundlage von Protestantismus und amerikanischem Nationalismus zu pflegen; vgl. Carl Kaestle: *Pillars of the Republic*, New York 1983, S. 75–103. Zu den politischen Maßnahmen vonseiten der Schulen und anderer Institutionen, die im 20. Jahrhundert auf die „Amerikanisierung" von Einwanderern abzielten, vgl. Huntington: *Who are we?*, S. 246–255.

175 Die Bemühungen, mittels deutschsprachiger Schulen in Wisconsin die deutsche Kultur zu bewahren, wurden 1889 ebenfalls durch den Gesetzgeber abgewürgt; vgl. James A. Morone: „The Struggle for American Culture"; in: *PS: Political Science & Politics* 3/1996, S. 424–430. Neue Territorien wurden ohne Weiteres in das traditionelle angloamerikanische Rechtssystem integriert, sofern sie über englischsprachige Mehrheiten verfügten. In Louisiana, wo man ein Gesetzbuch nach dem Vorbild des französischen Code Napoléon gestattete, schrieb die Bundesregierung vor, dass sowohl der Gesetzestext als auch Gerichtsverhandlungen in englischer Sprache gehalten sein müssen; vgl. Rabkin: *Law Without Nations?*, S. 109ff. u. 306f., Anm. 19 u. 22.

176 Den amerikanischen Ureinwohnern wurden 1924 der Status als US-Staatsbürger und 1968 viele der in der Verfassung der Vereinigten Staaten garantierten Rechte zugebilligt. Eine wichtige Abhandlung zur Zerstörung des Stammes der Crow findet sich in Jonathan Lear: *Radikale Hoffnung. Ethik im Angesicht kultureller Zerstörung*, Berlin 2020.

177 Vgl. Gat: *Nations*, S. 260–264; Anthony Marx: *Faith in Nation*, Oxford 2003; Eugen Weber: *Peasants into Frenchmen*, Stanford 1976; Linda Colley: *Britons*, New Haven 1992.

178 Sidgwick spricht von nationalen Staaten als „organischen Staaten“, wohingegen ein „unorganischer Staat“ einer sei, „in welchem die Herrschaft bei einem fremden Element liegt, das von einer Armee unterstützt wird, die gefühlsmäßig vom Rest der Bevölkerung abgeschnitten ist. Der auf diese Weise künstlich zusammengehaltenen Gesellschaft mangelt es an jenem Zusammenhalt, der eine Nation kennzeichnet.“ (Sidgwick: *Elements of Politics*, S. 236.)

179 Zu Israel als jüdischem nationalen Staat vgl. Hazony: *The Jewish State*, S. 267–275.

180 In Osteuropa, Indien und dem Nahen Osten sind viele der erfolgreicheren nationalen Staaten als Ergebnisse eines Bevölkerungsaustausches entstanden, oft unter gewaltsamen Umständen. Roshwald schreibt: „Wie es scheint, sind pluralistische Werte viel einfacher zu akzeptieren, wenn es an Vielfalt fehlt.“ (Roshwald: *Endurance*, S. 264.) Wo diese nationalen Staaten sich dennoch mit langwierigen inneren Konflikten konfrontiert sahen, geschah dies in Regionen, in denen eine nationale Minderheit eine starke lokale Mehrheit bildete: in Indien im muslimischen Kaschmir, in der Türkei in den kurdischen Südostprovinzen, in Israel in den Gebieten mit einer arabischen Mehrheitsbevölkerung usw.

181 Wie Margaret Canovan schrieb: „Das Problem der Aufrechterhaltung von Einigkeit und Stabilität war […] geschichtlich stets auf demokratische Weise schwieriger zu lösen als auf undemokratische. […] Je demokratischer der Staat sein soll, desto mehr brauchen die Menschen eine Bindung der Einigkeit, die über jene der gemeinsamen Abhängigkeit hinausgehen.“ (Canovan: *Nationhood*, S. 22.) Dorina Bekoe stützt diese Schlussfolgerungen in ihrer Studie über innerlich geteilte afrikanische Staaten: „Democracy and African Conflicts: Inciting, Mitigating, or Reducing Violence?“; in: *Democratization in Africa* (Konferenzband des National Intelligence Council 2008, S. 30). Vgl. auch Smith: *Ethnic Origins*, S. 146.

182 Vgl. Kapitel 14, Abschnitt 5.

183 Als Woodrow Wilson die Kriegsziele der Vereinigten Staaten im Ersten Weltkrieg festlegte, erklärte er im Hinblick auf die Nachkriegsregelungen: „Nationale Ansprüche müssen berücksichtigt werden. Die Völker dürfen nunmehr nur mit ihrer eigenen Zustimmung beherrscht und regiert werden. ‚Selbstbestimmtheit‘ ist nicht nur eine Phrase. Sie ist ein verpflichtendes Handlungsprinzip, das Staatsmänner von nun an auf eigene Gefahr missachten werden.“ (Woodrow Wilson: „Ansprache an eine gemeinsame Sitzung des Kongresses zur Beurteilung der deutschen und österreichischen Friedensandeutungen“ am 11. Februar 1918.) Die Annahme, dass sich eine solche allgemeingültige Verpflichtung durchsetzen ließe, entsprang dem Glauben Wilsons, dass er der Geburt einer „neuen Welt“ beiwohne, in der „die Tage der Eroberung und Selbsterhöhung gezählt“ sein würden – und dass

„dieser glückliche Umstand [...] heute jedem politisch interessierten Menschen klar vor Augen [steht], dessen Denken nicht länger einem vergangenen Zeitalter anhängt.“ Im Zusammenhang mit dieser messianischen Sicht auf die politische Welt erklärte er sein 14-Punkte-Programm zum „moralischen Höhepunkt des [...] furchtbarsten und letzten Krieges um die Freiheit der Menschheit“, nach welchem „alle Völker und Nationalitäten“ ein „Recht darauf, auf Augenhöhe miteinander zu leben“, haben würden. (Woodrow Wilson: „Ansprache an eine gemeinsame Sitzung des Kongresses zu den Friedensbedingungen“ am 8. Januar 1918.)

184 Himmelfarb vertritt die Ansicht, dass der Übergang von Mill zu Wilson eine Verschiebung vom realistischen zum utopischen Denken bei der Reflexion über Nationen darstelle; vgl. Himmelfarb: „Dark and Bloody Crossroads“, S. 60. Vgl. Gellner: *Nations and Nationalism*, S. 1ff., sowie Yack: *Moral Psychology*, S. 233–252. Vgl. auch die Studie von Tamar Meisel: *Territorial Rights*, 2. Aufl., Dordrecht 2009.

185 Viele von ihnen werden vorgestellt in James Minahan (Hg.): *The Encyclopedia of Stateless Nations*, Westport 2002.

186 Eine klägliche Zusammenfassung dieses Sachverhaltes lieferte Wilson bei einem Treffen in Paris am 11. Juni 1919 mit Edward Dunne und Frank Walsh, die ihn aufgesucht hatten, um seine Unterstützung für das Unabhängigkeitsstreben Irlands zu erbitten. Wilson beschrieb ihnen seine Erlebnisse in Versailles als Reaktion auf seinen Vorschlag, dass alle Völker ein Selbstbestimmungsrecht haben sollten, folgendermaßen: „Als ich diese Worte sprach, war mir nicht klar, dass es [unterhalb der Ebene der Völker noch] Volksgruppen gibt, die uns nun Tag für Tag aufsuchen. [...] Sie machen sich keine Vorstellung von den Ängsten, die ich auszustehen habe, weil sich aufgrund meiner Worte jetzt viele Millionen Menschen Hoffnungen machen. [...] Niemand weiß, was ich im Inneren fühle. [...] Es bereitet mir großen Kummer.“ (*Hearings of the Committee of Foreign Relations, U.S. Senate* 106/1919, S. 835–838, hier S. 838.) In der Sekundärliteratur wird Wilsons Aussage oft irrtümlich als Teil einer Rede vor dem Senat beschrieben.

187 Vgl. Woodrow Wilson: „Ansprache an eine gemeinsame Sitzung des Kongresses zu den Friedensbedingungen“ am 8. Januar 1918, sowie Henry Kissinger: *Diplomacy*, New York 1994, S. 242f.

188 Vgl. Michael Doran: *Ike's Gamble*, New York 2016.

189 Wie Sidgwick anmerkt, müssten die Prinzipien, die oft als „Völkerrecht“ bezeichnet werden, eigentlich „Völkermoral“ genannt werden; vgl. Sidgwick: *Elements of Politics*, S. 256. Die „Naturrechte“ (oder „Naturpflichten“) der Nationen, von denen ich hier spreche, sind Grundsätze oder Verpflichtungen, die wir aus Erfahrung kennen, und sind demnach wie in den Naturwissenschaften offen für Revisionen. Sie müssen unterschieden werden von rationalistischen Behauptungen

natürlicher Gesetze oder Rechte, die von angeblich selbstverständlichen Axiomen abgeleitet werden.

190 Die Begriffe *Recht* und *Souveränität* haben nur dann einen Nutzen, wenn sie in eingeschränktem Sinne gebraucht werden. Der Begriff „Souveränität" ist problematisch, weil seine Wurzeln in absolutistischen Doktrinen liegen, wonach der Wille des Königs innerhalb seines Reiches unantastbar sei. Tatsächlich kann man den Willen weder des Königs noch des Parlamentes noch des Volkes (à la „Volkssouveränität") als absolut bezeichnen. Das Volk ist kein bisschen weniger fehlbar als der König oder das Parlament, wie der Wahlsieg der Nazis 1933 bestätigt. In gewissen Extremfällen mögen daher Individuen, Stammes- oder Volksgruppen sowie ausländische Akteure einen Grund haben, die Gesetze oder politischen Direktiven einer nationalen Regierung auf deren Boden zu brechen. Kein Wille irgendeines einzelnen Menschen oder irgendeiner Institution kann als wirklich unantastbar bezeichnet werden. Wahre Souveränität liegt aus diesem Grund allein bei Gott. Zur „Volkssouveränität" vgl. Edmund Morgan: *Inventing the People*, New York 1988. Der Begriff „Recht" wird heute oft im Sinne einer erfahrungsunabhängigen Ableitung aus allgemeingültiger Vernunft gebraucht und kann in gleicher Weise hier nicht so verwendet werden. Im Völkerrecht können Rechte – ebenso wie im nationalen Recht – nur aus der Erfahrung abgeleitet werden, als Normen, die erwiesenermaßen eine bestimmte Moral oder ein Rechtssystem abstützen und denjenigen nützen, die ihnen unterliegen.

191 Die angloamerikanische Verfassungstradition gesteht dem Einzelnen gleichwohl das Recht zu, zur Selbstverteidigung Waffen zu tragen, anstatt ein absolutes Regierungsmonopol auf die Anwendung von Gewalt festzuschreiben. Aus diesem Grund spreche ich vom staatlichen Monopol auf *organisierten* Zwang.

192 Zur Demografie und dem nationalen Niedergang vgl. David Goldman: *How Civilizations Die*, New York 2011. Kissinger betont, dass der Zweck des europäischen „Konzertes der Großmächte" im 19. Jahrhundert nicht darin gelegen habe, die Grenzverläufe zu zementieren, sondern „evolutionäre" Veränderungen sicherzustellen; vgl. Kissinger: *Weltordnung*. Diese Herangehensweise ist realistischer, als quasi alle Grenzen in Ewigkeit aufrechterhalten zu wollen, was faktisch der Standpunkt vieler Politiker und Intellektueller unserer Tage ist.

193 Vgl. Miller: *Nationality*, S. 114f.

194 Einige Nationen oder Stämme ziehen es selbst heute noch vor, als Protektorat im Rahmen eines auf die eine oder andere Weise gearteten föderativen Arrangements von einem viel stärkeren nationalen Staat beherrscht zu werden. Die Oberhoheit der Vereinigten Staaten über Puerto Rico, ein spanischsprachiges Land mit fast vier Millionen Einwohnern, ist ein bekanntes Beispiel. Amerika, Großbritannien, Frankreich und andere Länder herrschen noch immer über Dutzende

solcher Protektorate, auch wenn deren Einwohnerzahlen in der Regel niedriger ausfallen.

195 Zur Welthandelsorganisation vgl. Rabkin: *Law Without Nations?*, S. 193–232. Zur „Globalisierung" der Innenpolitik unter dem Vorwand des Strebens nach universalen Menschenrechten vgl. ebd., S. 158–192, sowie Fonte: *Sovereignty or Submission*, S. 201–278.

196 Vgl. Thomas Kuhn: *Die Struktur wissenschaftlicher Revolutionen*, Frankfurt a. M. 1967.

197 Vgl. Kapitel 3.

198 Vgl. Kapitel 2, insbes. Anm. 26.

199 Immanuel Kant: „Zum ewigen Frieden", S. 212.

200 Kant: „Zum ewigen Frieden", S. 212f. Hervorhebung im Original. Wenn Kant hier den Begriff „Völkerstaat" verwendet, dann meint er offenbar einen nicht föderalen Staat mit einheitlicher Rechtsprechung („Idee *einer Weltrepublik*"). Er erkennt an, dass ein solcher Staat noch nicht realisierbar ist, und schlägt daher einen „bestehenden, und sich immer ausbreitenden Bund[]" (S. 213) als praktikable Alternative vor. Ein allumfassender Bund ist aber nichtsdestoweniger ein allumfassender imperialer Staat und keinesfalls wünschenswert. Vgl. dazu meine Abhandlung in Kapitel 15.

201 Vgl. Habermas: „Der europäische Nationalstaat".

202 Rede von Ben-Gurion vor einer Sonderversammlung der Repräsentanten der Juden in Palästina am 30. November 1942; Akte J/1366, Central Zionist Archives, Jerusalem.

203 Vgl. etwa Tony Judt: „Israel: The Alternative"; in: *The New York Review of Books* vom 23. Oktober 2003. [Für eine deutschsprachige Zusammenfassung vgl. Henning Ritter: „Die Alternative", faz.net vom 12. November 2003.]

204 Kant: „Idee zu einer allgemeinen Geschichte", S. 20.

205 Kant: „Idee zu einer allgemeinen Geschichte", S. 13.

206 Kant: „Idee zu einer allgemeinen Geschichte", S. 12–15. Mehr noch, der europäische Kontinent werde „wahrscheinlicher Weise allen anderen dereinst Gesetze geben" (S. 19).

207 Kant vergleicht die moralische Unreife der Menschheit wiederholt mit der Unreife von Kindern; vgl. etwa „Idee zu einer allgemeinen Geschichte", S. 6.

208 Ebd.

209 So Botschafter Jesper Vahr auf der Diplomatischen Konferenz der *Jerusalem Post* am 11. Dezember 2014.

210 In einem besonders bemerkenswerten Fall ermächtigte die Legislative in Arizona die staatlichen Vollstreckungsbeamten, scharf gegen illegale Einwanderung vorzugehen. Daraufhin fügte die Obama-Regierung ihre rechtlichen Einsprüche gegen das Gesetz dieses Bundesstaates einem Bericht an den Hohen Kommissar der Vereinten Nationen für Menschenrechte bei. Anstatt die Freiheit der Amerikaner gegen

fremde Übergriffe zu verteidigen, verbündete sich die US-Regierung mit einer internationalen Institution, um Arizona das Stigma moralischer Illegitimität anzuheften; vgl. „Report of the United States of America Submitted to the U.N. High Commissioner for Human Rights in Conjunction with the Universal Periodic Review“, August 2010; o. A.: „State Department Stands by Decision to Include Arizona in U.N. Human Rights Report“, foxnews.com vom 30. August 2010; Chandra S. Bhatnagar u. Alessandra Soler Meetze: „Reporting Arizona Law to UN Was Correct“, edition.cnn.com vom 4. September 2010.

211 Justin Welby beispielsweise, der Erzbischof von Canterbury, sah das Votum für die britische Unabhängigkeit „in einer nationalistischen, populistischen oder sogar faschistischen Traditionslinie der Politik“. (Harriet Sherwood: „Archbishop of Canterbury suggests Brexit ‚in fascist tradition‘“, theguardian.com vom 13. Februar 2017.)

212 Selbst der Nazi-Imperialismus war eine Erlösungsreligion, die mit Verheißungen vom Weltfrieden nicht geizte. Wie Hitler in *Mein Kampf* schreibt, werde der Triumph der deutschen Rasse herbeiführen, „was so viele verblendete Pazifisten heute durch Winseln und Flennen zu erbetteln hoffen“, allerdings nicht in deren Sinne: „Ein Friede, gestützt nicht durch die Palmwedel tränenreicher pazifistischer Klageweiber, sondern begründet durch das siegreiche Schwert eines [...] Herrenvolkes.“ (Hitler: *Mein Kampf*, S. 438.) Vgl. demgegenüber Anthony Smith, der unterstreicht, dass der Nazismus eine Erlösungsreligion sei, die einen „Krieg zur ‚Weltenrettung‘“ führe, um „die Verseuchung durch niedere Sklavenrassen auszurotten“. (Anthony Smith: *Nationalism in the Twentieth Century*, Oxford 1979, S. 80.)

213 Vgl. Matti Friedman: „An Insider's Guide to the Most Important Story on Earth“, tabletmag.com vom 26. August 2014.

214 Vgl. die Abhandlung über Kants philosophischen Antisemitismus in Michael Mack: *German Idealism and the Jew. The Inner Antisemitism of Philosophy and German Jewish Responses*, Chicago u. London 2003.

215 Vgl. Yoram Hazony: „There's No Such Thing as an ‚Illiberal‘“, wsj.com vom 4. August 2017.

216 Herzl: *Judenstaat*, S. 68.

217 Gen 12,2–3.

Register